感谢

甘肃省高等学校人文社会科学重点研究基地——陇右文化研究中心建设经费支持

陇右文化研究丛书

主　编　雍际春　副主编　霍志军

LONGYOU SHIBEI JISHI

陇右诗碑辑释

邵郁　方翔◆著

中国社会科学出版社

图书在版编目（CIP）数据

陇右诗碑辑释／邵郁，方翔著．—北京：中国社会科学出版社，2016.4
ISBN 978 - 7 - 5161 - 7589 - 7

Ⅰ．①陇… Ⅱ．①邵…②方… Ⅲ．①金石—文献—汇编—甘肃省
Ⅳ．①K877.2

中国版本图书馆 CIP 数据核字（2016）第 025339 号

出 版 人	赵剑英
责任编辑	张　林
特约编辑	宋英杰
责任校对	高建春
责任印制	戴　宽

出　　版	中国社会科学出版社
社　　址	北京鼓楼西大街甲 158 号
邮　　编	100720
网　　址	http://www.csspw.cn
发 行 部	010 - 84083685
门 市 部	010 - 84029450
经　　销	新华书店及其他书店

印刷装订	三河市君旺印务有限公司
版　　次	2016 年 4 月第 1 版
印　　次	2016 年 4 月第 1 次印刷

开　　本	710×1000　1/16
印　　张	23.75
插　　页	2
字　　数	392 千字
定　　价	88.00 元

凡购买中国社会科学出版社图书，如有质量问题请与本社营销中心联系调换
电话：010 - 84083683

陇右文化研究丛书编委会
及主编名单

总　序

　　大千世界，万象竟呈。因区域自然和人文社会环境的差异性，在中国广袤无垠的土地上孕育了丰富多彩的地域文化，彰显着各地人们的文化气质。燕赵、齐鲁、巴蜀、三秦、荆楚、吴越等文化已广为人知。这其中，陇右文化更是因其所处的农牧交错、华戎交汇与南北过渡的区位优势，成为我国地域文化百花园中绽放的一朵奇葩，具有迷人的风采，散发着瑰丽的芬芳。

　　陇右文化源远流长。若从原始人类遗迹来看，从陇东华池县赵家岔、辛家沟和泾川大岭上发现的旧石器时代早期石器，到旧石器时代晚期距今3.8万年前的"武山人"遗迹的发现，已昭示着陇右远古文化的曙光即将来临。进入新石器时代，以天水地区大地湾、西山坪、师赵村等遗址为代表的新石器早期遗存，翻开了陇右文化源头的第一页。继之而起的仰韶文化、马家窑文化、齐家文化等文化类型，在多样化农业起源与牧业起源，中国最早的彩陶与地画、文字刻画符号、宫殿式建筑、水泥的发现，最早的冶金术和铜刀、铜镜与金器的出土，礼仪中心的出现，表明等级身份的特殊器具玉器的发现，贫富分化与金字塔式的社会等级的出现等，这一系列与文明起源相关的物质与精神文化成就，既为中华文明起源与形成提供了佐证、增添了异彩，也是黄河上游地区开始迈入文明时代的重要标志。在齐家文化之后的夏商之际，西戎氐羌部族广泛活动于陇右地区，并与中原农耕文化保持频繁的接触与交流，开创了农耕与草原文化相互介入、渗透和交融创新的文明模式。与此同时，周人起于陇东，秦人西迁并兴起于天水，陇右成为周秦早期文化的诞生地，并奠定了陇右以华戎交汇、农牧结合为特征的第一抹文化底色。自秦汉至于明清，陇右地区民族交融不断，中西交流不绝，在悠久的历史积淀中形成了兼容并蓄、多元互补、尚武刚毅、生生不息的地域文化特质。这种独具特色的地域文化元素，成为华夏文化中最具活力的基因和重要组成部分，在华夏文明的传承中发挥了不可估量的作用。

然而，在国内各地域文化研究如火如荼、成果层出不穷，地域文化与旅游开发日益升温的形势下，陇右文化的研究却相对冷寂，只是在近年来才引起人们的重视。这其中，天水师范学院陇右文化研究中心的同仁们做了不少有益的工作。2001 年，在学校领导的支持和学校陇右文化研究爱好者共同的努力下，国内唯一的陇右地域文化研究学术机构——陇右文化研究中心成立。中心以开放的管理方式，以学校内部的学术力量为基础，广泛联系省内外的科研院所和相关文博专家，同气相求，共同承担起陇右文化学术研究和文化旅游资源开发的重任。以期中心的研究成果庶几能为甘肃区域经济社会和文化事业的发展提供智力支持和决策参考。

中心成立至今，已经走过了 12 个春秋。12 年里，我校的陇右文化研究与学科建设取得长足的进步。一是通过理论研究和实践探索，初步构建了陇右文化的学科体系和课程体系，为陇右文化研究和知识普及奠定了坚实的基础。二是催生和形成了一个省级重点学科，将科研团队建设与人才培养有机结合，使陇右文化研究工作迈上可持续发展有了基础保障。三是2010 年中心被确定为甘肃省人文社科重点研究基地，为陇右文化学科建设与科学研究搭建了平台。四是汇聚和成长起一支富有既充满活力又富有潜力的学术研究队伍。五是通过在《天水师范学院学报》长期开办"陇右文化研究"名牌栏目，编印《陇右文化论丛》连续出版物和出版天水师范学院"陇右文化研究丛书"，为研究和宣传陇右文化营造了一块探索交流的学术阵地。在此基础上，产生一批高质量的科研成果，在推进学科建设，服务甘肃文化大省建设，促进区域经济社会文化事业的发展等方面发挥了积极作用。

在 2010 年，学校为了进一步加大对陇右文化学科建设与科学研究的扶持力度，将陇右文化重点学科建设作为重大项目，申报中央财政支持地方高校专项经费，并得到资助，这为陇右文化研究基地的建设与发展提供了坚实的经费保障。由此我们研究条件大为改善，先后启动了项目研究、著作出版和资料购置等计划。现在展现在读者面前的这套"陇右文化研究丛书"，即是著作出版计划的一部分。我们深知，陇右文化内涵丰富，博大精深，但许多领域的研究几近空白，基础研究工作亟待加强。所以，对于"丛书"的编写，我们秉持创新的理念，科学的精神，求实的态度，提倡作者以陇右地域文化为研究范围，立足各自的研究领域和学术特长，自拟选题自由探讨。只要有所创新，成一家之言，不限题材和篇幅，经申报评审获得立项后，即可入编"丛书"。

经过各位作者一年多的辛勤努力和创造性劳动，"丛书"按计划已基本完成。入编"丛书"的著作，涉及陇右文化研究的各方面，主要包括始祖文化、关陇文化、陇右文学、杜甫陇右诗、陇右旅游文化、陇右石窟艺术、陇右史地、陇右方言和放马滩木板地图等主题。各书的作者均是我校从事陇右文化研究和学科建设的骨干，其中既有多年从事陇右文化研究的知名学者，也有近年来成长起来的中青年才俊。因此，"丛书"的出版，无疑是我校陇右文化研究与学科建设最新进展与成果的一次整体亮相；也必将对深化陇右文化的研究产生积极的影响。我们深知学海无涯，探索永无止境，"丛书"所展示的成果也只是作者在陇右文化研究探索道路上的阶段性总结，可能还有这样那样的不足与欠缺。作为引玉之砖，我们希望并欢迎学界同仁和读者多提批评指导意见，激励我们做得更好，以推动陇右文化研究不断走向深入。

"丛书"出版之际，正值甘肃省华夏文明传承创新区建设启动实施之时。这一发展战略确定了围绕"一带"，建设"三区"，打造"十三板块"（简称"1313 工程"）的工作布局。"一带"就是丝绸之路文化发展带；"三区"为以始祖文化为核心的陇东南文化历史区、以敦煌文化为核心的河西走廊文化生态区和以黄河文化为核心的兰州都市圈文化产业区；"十三板块"即十三类文化发展与资源保护开发工作，分别为文物保护、大遗址保护、非物质文化遗产保护传承、历史文化名城名镇名村保护利用、民族文化传承、古籍整理出版、红色文化弘扬、城乡文化一体化发展、文化与旅游深度融合、文化产业发展、文化品牌打造、文化人才队伍建设、节庆赛事会展举办等。这一战略以华夏文明传承创新区为平台，对加快甘肃文化大省建设，探索一条在经济欠发达但文化资源富集的地区实现科学发展的新路子，都具有重要的现实意义。

　　由此可见，甘肃省华夏文明传承创新区建设战略及其实施重点，也就是我们陇右文化研究与学科建设的主旨所在。人才培养、科学研究、文化传承与服务社会是高校所肩负的神圣职责。甘肃省华夏文明传承创新区建设战略的实施，为高校与地方经济社会文化发展的深度融合提供了契机，也为我院陇右文化研究学科提供了前所未有的发展机遇。我们将以此为新的起点，充分利用陇右文化研究基地这一平台，发挥人才和学术优势，积极参与华夏文明传承创新区建设，为甘肃省文化大省建设和文化产业的发展建言献策、奉献智慧。我们相信，我校的陇右文化研究与学科建设，无疑将在这一战略实施中大显身手，发挥排头兵的作用；也必将在华夏文明传承创新区建设战略的实施中进一步深化合作，不断提升服务社会的能力，并开拓新的发展空间和学科生长点。

　　祝愿本套丛书的出版为甘肃省华夏文明传承创新区建设增光添彩！

雍际春

2013 年春于天水师范学院陇右文化研究中心

陇右诗碑的地域文化价值（代序）

地域文化，是指一定地域内历史形成并被人们所感知和认同的各种文化现象。陇右诗碑是指在陇右区划范围内各地区陆续发现的以石质为载体的金石文学文献。从地域范围看，诗碑涵盖了陇右九个市州五十二个县*，这些诗碑具有深厚的地域文化表征，是深入研究陇右史地文化的客观依据。

石刻文献的价值历来为学者所重视，郑樵在《通志·金石略序》中说："三代而上，惟勒鼎彝。秦人始大其制而用石鼓，始皇欲静其文而用丰碑。自秦迄今，惟用石刻。"[1] 陇右留存下来的众多诗碑，是陇右历史文化繁荣的具体表现。清代学者王昶在《金石萃编》序言中说："宋欧、赵以来，为金石之学者众矣。非独字画之工，使人临摹把玩而不厌也。迹其囊括包距，靡所不备。"[2] 揭示了石刻文献的丰富价值。不仅在经史、宗教伦理及书法艺术等多个方面。陇右诗碑以自然区域和历史轨迹为依据，形成了独特而鲜明的地域文化特征，具有多方面可开掘和研究的价值和意义。

一 历史价值

诗碑是历史信息的重要载体之一，是历史遗产的一个重要组成部分。陇右诗碑以内容丰富、所记亲历等特点不但扩大了历史撰述的范围，丰富了史家采撰的信息，尤其详细地记录了复杂的民族关系，无疑是一部反映

---

* "陇右地区则占有甘肃省东半部，包括兰州市、白银市、临夏回族自治州、甘南藏族自治州、定西市、天水市、武都市、平凉市和庆阳市等9个市州。"参见雍际春主编《陇右文化概论》，甘肃人民出版社2005年版，第32页。

[1] 郑樵：《通志》卷七十三，文渊阁四库全书本。

[2] 王昶：《金石萃编》，中国书店1985年缩小影印本。

陇右历史的鲜活长卷。庆阳为轩辕黄帝部落的发祥地，是陇右历史最为悠久的地区之一。夏代，周先祖不窋于豳地（今庆阳、宁县）始建邦国。今庆阳地区留存有《周祖庙告成诗刻》：

> 苍苍王气抱古城，流峙周遭今古横。
> 傅子当年测海若，邠人此日忆河清。
> 松声不逐笳声落，山色每随月色明。
> 感慨周家千载业，原陵一片野云生。

《周祖庙诗刻》：

> 有基开帝业，无国窜戎原。
> 文士崇羲勺，村农莫酒尊。
> 山围云气暖，溪抱雨声喧。
> 不见荒岗上，牛羊践墓门。

周祖庙在庆城县城南，祀周祖不窋。明嘉靖初，知府莆海修。顺治五年，知府李曰芳建坊。周人在庆阳教民稼穑，开创了先周农耕文化的先河，史称"周道之兴，始于庆阳"。

宋元时期，庆阳位处边关前哨，范仲淹知庆州，屯田戍边，约和诸羌，抵抗西夏，促进了西北地区的民族大融合。庆阳遗存下来的诗碑：《庆阳府军事地图刻诗》《庆州大顺城记碑》《范仲淹画像赞碑》《鹅池临川阁诗碑》《观鹅池诗石刻》《〈庆阳寓中〉诗刻》《周祖庙诗刻》《鹅池诗刻》《鹅池谦集诗刻》等是庆阳作为陇右历史活化石的重要凭据。

《庆州大顺城记》记载了大顺城的来历及修建。《宋史·范仲淹传》："庆之西北马铺砦（同寨），当后桥川口，在贼腹中。仲淹欲城之，度贼必争，密遣子纯祐与番将赵明先据其地，引兵随之。"[1] 马铺寨是边防要塞，它切断了西夏与明珠、灭藏之间的通路，钳制了西夏与明珠等各部落的往来，具有非常重要的战略意义。《宋史·范仲淹传》说："大顺既城，

---

[1]　脱脱：《宋史》卷三百十四，文渊阁四库全书本。

而白豹、金汤皆不敢犯，环庆①自此寇盗益少。"② 当时西北有民谣云：
"军中有一范，西贼闻之惊破胆。"广泛传扬了范仲淹的历史功绩。

庆阳在陇右特殊的地理位置，无论外御边患，还是内击强敌，都具有
关键的战略地位。清代学者顾祖禹曾说："欲保关中，必固陇右""欲保
秦陇，必固河西""欲固河西，必斥西域"。③ 指出了陇右的战略地位非同
一般。北宋能臣蒋之奇的《鹅池临川阁诗碑》："陕右号名郡，庆阳乃雄镇。
临拊多时才，结构甚闳峻。城端耸华阁，千里归一瞬。不窋陵庙存，其旁
接烽烬。"概括了陇右名郡庆阳作为西北重要历史古城，同时又兼顾军事堡
垒的重要地位。立于明成化十一年的《庆阳府军事地图刻诗》：

> 几载提兵寓庆阳，凯旋南去喜洋洋。
> 关中黎庶停供亿，塞外羌胡远遁藏。
> 圣主永纾西顾虑，王师尽返北征装。
> 时来屡有雪盈尺，来岁丰登已兆祥。

该地图刻诗由时任陕西巡抚、都宪的马文升撰文。诗碑前的小序交代了
事情的原委"予奉命训兵，以防胡虏，寓于环庆者，将五载。今年冬，虏贼
举众入寇，各路将官协谋，军士效勇，贼大遭挫。渡河而北，边境用宁。九
重无纾西顾之忧，三军无北伐之苦，而关中黎庶亦得以息转输之劳，兼瑞雪
屡降，来岁丰登已兆其祥，是皆可喜之事也。停车之遐，故书此以见意耳"。
（《庆阳府军事地图刻诗》）可见这是一次鼓舞斗志、大获全胜的军事行动。

马文升在陕西巡抚任上"不惮艰危，遍历边境，相度地里形势，凡
所以提备之策，靡不周密。其在环庆也，修灵武、洪德、本钵、马岭四
城，以遏贼西入之路；修怀安、柔远二城，以遏贼东入之路；并韩家山等
堡洞五百六十余所，以便屯伏；增塌儿掌等墩台一百五十余座，以便瞭
望；虑汲饮之困乏也，则浚鹅池、葫芦之泉；利师旅之往来也，则植衢

---

① 环庆：指环庆路。辖境相当于今陕西长武、武功、旬邑、礼泉等县间地和甘肃环江、马
莲河流域以东地域。宋代康定二年（1041 年）分陕西路置环庆路经略安抚使，治所在庆州，后
升庆阳府，今甘肃庆城。

② 陈邦瞻：《宋史纪事本末》卷六，文渊阁四库全书本。

③ 顾祖禹：《读史方舆纪要》卷六十三，中华书局 2005 年版。

道、邮亭之树；精选士马，分守要害，赏罚严明，声威大振，四五载间，贼不复敢深入"。(《庆阳府军事地图刻诗》)这段碑文同时交代了马文升在庆阳任所的显著功勋，也可以说是绘制这幅地图的缘起。这通军事地图刻诗不但具有重要的历史价值，更具有重要的军事价值。

庆阳府军事地图刻诗（局部）

二　文学价值

陇右诗碑，保留了从北周到民国二百六十余首诗歌。这些诗歌独立于现有文学史之外，是对现有文学史的补充。这些诗歌形式多样，涵盖了古体、五七言绝句、律诗及歌行体，集中以石碣、题壁、摩崖、题记和石刻绘画等形式留存。涵盖了陇右历史上各个时期乡贤士人、客籍名流的诗歌作品及杜甫、王仁裕、范仲淹、黄庭坚、胡瓒宗、文天祥等文学大家的作品。

　　众所周知，陇右自古农业经济发达，《资治通鉴》："自安远门西尽唐境万二千里，闾阎相望，桑麻翳野，天下称富庶者无如陇右。"① 经济繁荣为文化的发展做好了铺垫。陇右历史上文人辈出，如安定临径（今甘肃镇原）人王符，汉阳西县（今甘肃天水市西南）人赵壹，都是文学大家；西汉末发檄文声讨王莽的隗嚣，《文心雕龙·檄移第二十》："观隗嚣之《檄亡新》，布其三逆，文不雕饰，而辞切事明，陇右文士，得檄之体矣。"② 对于隗嚣的文采也给予了积极肯定。鲁迅《中国小说史略》中说："唐人传奇留遗不少。而后来煊赫如是者，唯《莺莺传》及李朝威《柳毅传书》而已"③ 也是对陇右作家文学成就的很高评价。

　　铭刻着北宋黄庭坚诗篇和书艺瑰宝的《云亭宴集碑》是陇右诗碑中最具文学价值的诗碑之一：

　　　　江静明花竹，山空响管弦。

　　　　风生学士尘，云绕令君筵。

　　　　百越余生聚，三吴远接连。

　　　　庖霜刀落鲙，执玉酒明船。

　　　　叶县飞来舄，壶公谪处天。

　　　　酌多时暴谑，舞短更成妍。

碑阴：

　　　　唯我孤登览，观诗未究宣。

　　　　空余五字赏，文似两京然。

　　　　医是肱三折，官当岁九迁。

　　　　老夫看镜罢，衰白敢争先。

　　黄庭坚一贯主张诗词创作要以超轶绝俗为标准。在《跋东坡乐府》

---

① 司马光：《资治通鉴》卷二百十六，文渊阁四库全书本。
② 刘勰：《文心雕龙》卷四，文渊阁四库全书本。
③ 鲁迅：《中国小说史略》，上海古籍出版社 1998 年版。

中，他称赞苏词："语意高妙，似非吃人间烟火语，非胸中有万卷书，笔下无一点尘俗气，孰能至此！"[1] 这段话代表了他一贯的审美趣味。这首《云亭宴集》的意境与格调，正体现了诗人这种高华超逸、不落尘俗的审美理想。另外，山谷诗词用典多，书卷气很浓，诗句之间缓缓流布着一种典雅优美、静穆平和、俯仰自得的气息。

云亭宴集碑（拓片）

① 黄庭坚：《山谷集》，文渊阁四库全书本。

唐肃宗乾元二年，杜甫携带家眷来到陇右秦州，岁末又转徙同谷、成都。在陇右的半年，杜甫留下了大量的诗歌作品。冯至先生曾说："在杜甫的一生，759 年是他最艰苦的一年。可是他这一年的创作，尤其是'三吏'、'三别'以及陇右的一部分诗却达到最高的成就。"[①] 秦州杂诗中描写秦州山川形势、自然环境的诗歌，是杜甫初次对秦州的感受和体验。

　　清秋望不极，迢递起层阴。远水兼天净，孤城隐雾深。

（《野望》）

　　愁眼看霜露，寒城菊自花。天风随断柳，客泪堕清笳。

（《遣怀》）

　　下马古战场，四顾但茫然。风悲浮云去，黄叶坠我前。

（《遣兴三首》其二）

　　作为地域文化空间依托的自然环境的改变，深深地影响了杜甫的心理，愁苦和孤独也占据了他在陇右时期的基本心态。从某种角度来说，杜甫《秦州杂诗二十首》是陇右诗碑文学价值的集中表述。陇右诗碑中的《赵鸿杜诗碑刻》《南宋宇文子震〈赋龙峡草堂〉》《春日谒杜少陵祠》就是杜甫秦州行迹的确考。

　　陇右诗人群体中，除了一些名家的诗作外，更多的是不见于文学史的撰者。立于万历四十三年的《重刊张三丰避诏碑》中记载了一封张真人回书：

　　一叶扁舟出离尘，二来江上独称尊。
　　三向蓬莱寻伴侣，四海滩头立姓名。
　　五湖浪里超生死，六渡江边钓锦鳞。
　　七弦琴断无人续，八仙闻我也来迎。
　　九霄自有安身处，十载皇萱不负恩。
　　烧丹炼药归山去，那得闲心捧圣文。

_____

① 冯至：《杜甫传》，人民文学出版社 1980 年版。

这首颇有文学趣味，同时又充满了道家所宣扬的神仙信仰和叛逆精神的诗歌，乃是陇右众多无名作者的一次酣畅淋漓的书写。

三　文化传播价值

《墨子·明鬼下》说："古者圣王必以鬼神为其务，鬼神厚矣。又恐后世子孙不能知也，故书之竹帛，传遗后世。子孙咸恐其腐蠹绝灭，后世子孙不得而记，故琢之盘盂，镂之金石以重之。"[①] 陇右诗碑以跨越千年的尘封记忆，为我们保存了弥足珍贵的文化传承。

自古我国的传统文学创作和书法就有着难分彼此的联系，著名的书法家往往也是文学家，如王羲之、苏轼、文徵明等人的书法作品和文学作品都是通过互相借用得以更广泛地传播。最具代表性的是《兰亭序》，经过王羲之的书写，号称"天下第一行书"。诗碑的独特性在于，当人们在体悟文学内容时，情不自禁地观赏到它们的书法艺术；反之，在欣赏书法艺术时，也被其内容所熏染。从而获得相得益彰的绝佳传播效果。现藏秦州玉泉观的《赵孟頫草书诗碑》四通，刊刻于嘉靖三十三年的《文徵明诗碑》及上述黄庭坚《云亭宴集》碑，都是明证。

传统文人的交游、著述和名川胜迹有很深的渊源。陇右历史遗迹颇多，如崆峒山、麦积山、鹅池、贵清山、武侯祠、玉泉观、万象洞、北石窟寺等名胜，在历史上一直是文化的焦点和游人驻足最多的地方，留下了内容丰富的游览题记。这些题诗、题记对于传播陇右的文化起到了重要的作用。

麦积山是陇右最为著名的胜景之一，题留诗碑众多，最早如乾化年间的《王仁裕题壁留诗天堂洞》：

> 蹑尽悬空万仞梯，等闲身共白云齐。
> 檐前下视群山小，堂上平分落日低。
> 绝顶路危人少到，古岩松健鹤频栖。
> 天边为要留名姓，拂石殷勤身自题。

---

① 《墨子》卷八，文渊阁四库全书本。

　　该诗歌对于麦积山天堂洞的描述引人入胜，带给后人无际的想象空间。

　　另留题于凤凰寺由大理寺卿柴士元撰写的《柴元谨题留诗刻》：

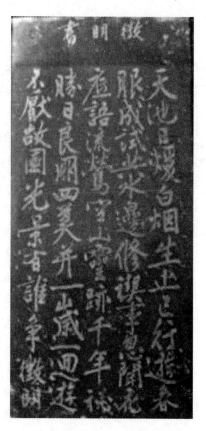

文徵明诗碑（拓片）

　　　　岩峣高阁迥崖临，下瞰仇池
远望心。

　　　　不见明岐嘉瑞凤，乱山空锁
白云深。

　　与《王仁裕题壁留诗天堂洞》一样，均是撰者身临其境，有感而发之作，"等闲身共白云齐"与"乱山空锁白云深"也有异曲同工之妙。此外，《王仁裕题壁留诗天堂洞》是最早描写麦积山景色的诗碑，开启了后世麦积山题留诗的先河。描写陇右胜迹的诗碑还有《李师中麦积山诗刻》《麦积崖图铭诗》《游麦积崖作》《寺沟石窟寺壁诗》《荨麻湾摩崖诗刻》《玉绳泉摩崖题诗》《夜雨岩诗刻》《杨继盛华盖寺石窟题诗》《石窟寺题咏》《温泉诗碑》及《天竺寺陈荣诗刻》等十余通，这些诗碑在不同程度上对陇右文化的传播起到了重要的作用。正如《麦积山题留诗》所云：

　　　　万古麦积在，千载永不抹。
　　　　古人造古像，试问谁磋凿？

　　今陇右祁山堡留存明万历己卯年徐作霖撰《谒祁山武侯祠》及《登祁山武侯祠漫赋三首》，作为文化传播的显证，依然伫立如初。

　　《谒祁山武侯祠》：

祁山读罢武侯诗，尚想先生六出时。

全蜀已安刘社稷，中原本是汉城池。

阿瞒北魏无遗冢，诸葛南阳有故祠。

正气于今归白帝，何须成败怨姜维。

无论从书法的形式美还是诗歌的意蕴美出发，题壁诗都是一种集审美娱乐为一体的传播形式。《王曜南书院题壁二首》：

阿阳书院题壁：

路转门前水两池，西亭倒影镜中窥。

雨催花气香浮案，风送榆钱乱入帷。

厌听群鸠鸣古树，适来孤鹤占高枝。

春光满院趋庭好，学礼余闲更学诗。

柳湖书院题壁：

亭台罗列暖泉清，山望崆峒远我情。

湖水暗流芳草动，柳林深锁画桥横。

多般白鸟风前语，两部青蛙雨后鸣。

另有一番真乐在，登堂好听读书声。

《王曜南书院题壁》后世虽无明确的记载唱和，作为题壁这种传播形式，类似于今人上网发帖，具有开放自由的特点，题壁诗的创作和传播，开创了唐宋以来非常普遍的一种文化传播形式。

四　宗教伦理价值

陇右诗碑不仅内容丰富，而且集中呈现了陇右历史、人文、宗教、民俗的方方面面，为我们直观地了解陇右文化提供了依据，是一部活生生的"社会变迁史"。现存于陇东的《梁志通诗碑》《遮阳山张三丰题诗》《重刊张三丰避诏碑》《谒崆峒广成墓诗碑》等多通道教诗碑及关于张三丰羽仙的传说，是陇右独特的地域文化所孕育下来的丰富的宗教文化遗产。

现存玉泉观碑廊，已历七百余载的《梁志通诗碑》：

> 大道蘧庐乐自游，风光仿佛像瀛洲。
> 庵前草木长春景，物外云山不夜秋。
> 鬼辟馗罡三尺剑，神藏天地一虚舟。
> 从来抛却红尘事，勘破浮生只点头。

梁志通为长春真人丘处机的徒裔，元代初期慕道来秦，至元十三年（1276 年）重建了玉泉观，为玉泉观全真道第一代知观。

《遮阳山张三丰题诗》：

> 芸叟亭成溪涧滨，有年陈事一更新。
> 地灵方有吾人杰，亦古由来遗迹真。
> 泉溜斜飞清俗虑，云崖壁立景洽神。
> 表章自是属明世，好把高名并助珉。

《遮阳山题诗》

> 四面擎天玉柱峰，步虚声里寄行踪。
> 洞门流水非人世，隔绝云林八九重。

遮阳山古有岷州"小崆峒"之称。宋、元、明时就是驰名陇上的旅游胜地。这里留存有金印、圣旨、梵文经版及宋、明两代名人题刻等文物古迹。张三丰题诗的发现，印证了清代《岷州志》和遮阳山传说中关于张三丰在遮阳山龙潭羽化升仙的史实。

除了大量的宗教诗碑外，陇右还遗存几通伦理诗碑。这些诗碑对地方文化产生了深刻的影响。现存于兰州的《碧血碑》：

> 殉夫兼殉国，生气凛然存。

一代红颜节，千秋碧血痕。

乾坤留短碣，风雨泣贞魂。

凭吊增悲感，楼头白色昏。

时任哈密帮办大臣的景廉登临兰州北城拂云楼，写下气贯长虹的"一代红颜节，千秋碧血痕"的千古名句，可以说是对肃妃触碑的回应。《碧血碑》的发现，是传统伦理要求女性三从四德、温柔恭顺思想的集中体现。

结　语

《史记·秦始皇本纪》："古之帝者，地不过千里，诸侯各守其封域，或朝或否，相侵暴乱，残伐不止，犹刻金石以自为纪。"① 仰赖着金石这一特殊文献载体，陇右丰富而多彩的地域文化得以展现在广众之前。无论是记载历史还是传播文化，陇右金石文献所蕴含的丰富价值正在被世人所欣赏和肯定。陇右金石文献对地方文化所产生的广泛而深刻的影响，也在不断地得到学界的认可和重视。

---

① 司马迁：《史记》卷六，文渊阁四库全书本。

凡　例

1. 本书所涉及"陇右"地域区划，由陕甘界的陇山而来。依雍际春《陇右文化概论》所界定"狭义的陇右指今甘肃省黄河以东、青海省青海湖以东至陇山的地区。陇山以东的平凉、庆阳二市，习称陇东，就其隶属关系和历史文化传统而言，与陇右地区颇多相似，故也属'陇右'。今青海省青海湖以东的河湟谷地一带，习惯上也属陇右地区。考虑到行政区划的完整性，这一区域不在论述之列。"

2. 本书所辑录陇右诗碑，以原碑为第一手资料。原碑健在者，以原碑为准录入文字，繁体、异体字照录；原碑已佚者，以志书及参考文献为准。故全书有繁体、异体、简体并存的情况。

3. 原碑文字模糊不清、难以辨认或志书记载不详的均以□表示。

4. 原碑文字模糊不清、难认或泐失的，据其他文献或据上下文意补入的以〔〕标出。

5. 《重刻麦积崖佛龛铭序碑》虽为明嘉靖四十三年冯惟讷、甘茹仿刻碑，但诗文出自北周庾信，故在本书将时代列入北周。

6. 《赵鸿杜诗碑刻》及《二妙轩碑》均为杜诗秦州及同谷碑刻，故在内容上交叉，为对杜甫秦州诗歌有个全面介绍，诗碑中部分杜诗诗文重复出现，则不予省略。杜诗文字以诗碑原文为底本校以文渊阁四库全书本《集千家注杜工部诗集》，漫漶不清文字则以四库本为准。

7. 本书每通诗碑由碑文、撰者、注释、释文及图片五部分组成（由于原碑佚失或记载不详等原因造成部分诗碑没有图片附录），部分珍贵碑刻只有原碑拓片为据；因拍摄不清等原因，部分图片不够清晰。

8. 本书注释部分重在考释诗碑中意思偏颇之词及专属地名、人名等，以便疏通文意。

9. 本书释文部分重在考察诗碑的存佚、释录及诗碑的刊刻、流布等情况。部分诗碑原文或撰者与志书或其他文献文字有出入的，在释文部分予以校勘，不再单独出校勘记。

10. 本书以历史纪年为序排列，均以诗碑原碑题记或文献资料为据。

目　录

一

北 周

秦州天水郡麦积崖佛龛铭并序

公元 565—566 年

【碑文】

麦积山者，乃陇坻^①之名山，河西之灵岳^②。高峰寻云，深谷无量。方之鹫岛^③，迹遁三禅^④。譬彼鹤鸣，虚飞六甲。鸟道乍穷，羊肠或断。云如鹏翼，忽已垂天。树若桂华，翻能拂日。是以飞锡遥来，度怀远至。疏山凿洞，郁为净土。拜灯王于石室，乃假驭风^⑤；礼花首于山宪，方资控鹤。大都督李允信者，籍于宿植，深悟法门^⑥。乃于壁之南崖，梯云凿道，奉为王父造七佛龛^⑦。似刻浮檀，如冰水玉，从容满月，照耀青莲。影现须弥，香闻忉利^⑧。如斯尘野，还开说法之堂；犹彼香山，更对安居之佛。昔者如来追福，有报恩之经；菩萨去家，有思亲之供，敢缘斯义，乃作铭曰：

镇地郁盘，基乾峻极，石关十上，铜梁九息^⑨。
万仞崖横，千寻松直；荫兔假道^⑩，
阳鸟回翼。载葬疏山^⑪，穿龛架岭，纠纷星汉，
迴旋光景^⑫。壁累经文，龛重佛影，
雕轮月殿，刻镜花堂，横镵石壁，暗凿山梁。
雷乘法鼓，树积天香，嗽泉珉谷^⑬，
吹尘石床。集灵真馆，藏仙册府。芝洞秋房，
檀林春乳，冰谷银砂，山楼石柱。
异岭共云，同峰别雨。冀城余俗^⑭，河西旧风。
水声幽咽，山势崆峒。法云常住，

慧日无穷⑮。方域芥尽，不变天官。

（以下为《重刻麦积崖佛龛铭序碑》补充内容）

兹山名胜，独冠陇右。其开刳之始⑯，不可考。而志籍所存，惟子山是铭是古。观其图写山形，摽扬法界⑰，事综理该，辞义典则，而碑版不传，遗文湮灭。乃命工伐石，刊置山隅，将以之同好，俾后来者有所考焉。

子山，新野人，仕梁，累官右卫将军，聘于西魏。属魏师南讨，遂留长安。江陵累迁开府仪同三司、司宗中大夫。博学工文辞，尤长于诗，有集若干卷传世。

赐　进士出身朝列大夫河南布政司右参议

前陕西按察司分巡陇右道佥事北海冯惟讷识

嘉靖岁次甲子孟秋吉日

赐　进士出身奉议大夫陕西等处提刑按察司分巡陇右道佥事甘茹书。

□州许□重勒

【撰者】

庾信（513—581 年）字子山，南阳新野人。博通子史，善吟咏。庾信十五岁做昭明太子萧统的东宫讲读，十九岁在东宫任抄撰学士。后为北周骠骑大将军、开府仪同三司。其父庾肩吾号高斋学士，官至江州刺史。庾信父子与徐摛父子的诗体共称"徐庾体"。多为贵胄撰写碑志。有《哀江南赋》等思故土之名篇，累世传诵。后人辑有《庾子山集》。

【注释】

①陇坻：陇山的关隘。

②灵岳：灵秀的山岳。三国魏嵇康《答二郭》诗之二："结友集灵岳，弹琴登清歌。"

③鹫岛：指灵鹫山，据传此山居于水中，故称。相传释迦牟尼在此坐禅说法，因而用以代称佛地。

④三禅：佛教谓色界之第三禅天。此天名定生喜乐地。《楞严经》："安稳心中，欢喜毕具，名为三禅。"

⑤灯王：云自在灯王燃灯佛，《常不轻菩萨品》第二十所说的佛名。《于化城喻品》第七是译为云自在王。《于化城喻品》是大通智胜佛的第

十六王子，于北方作佛的二佛中，其一的佛名。依照《常不轻菩萨品》第二十所说，不轻菩萨是出现于威音王佛的像法时代，但行礼拜，命终之后，于二千亿日月灯明佛处讲说《法华经》。以此因缘，又于二千亿、号云自在灯王的佛法中，受持、读诵、讲说《法华经》，而得成佛。《于化城喻品》第七云："彼佛（大通智胜佛）弟子十六沙弥，今皆得阿耨多罗三藐三菩提，于十方国土现在说法，有无量百千万亿菩萨、声闻以为眷属……北方二佛，一名云自在，二名云自在王"①，《常不轻菩萨品》第二十则云："复值二千亿佛，同号云自在灯王。于此诸佛法中，受持、读诵，为诸四众说此经典故，得是常眼清净，耳、鼻、舌、身、意诸根清净"②。驭风：犹乘风。《文选·谢庄〈宋孝武宣贵妃诔〉》："响乘气兮兰驭风，德有远兮声无穷。"

⑥李允信：北周时任秦州大都督。宿植：谓于前世已植下善根。《观世音菩萨普门品》第二十五③。法门：佛、菩萨等的教义。从其教法而学，则可入圣者之智，故谓门。众生有八万四千烦恼，据称佛因而才说八万四千法门④。

⑦七佛龛：北周时秦州大都督李允信为亡父所建。七佛阁编号为004号石窟。位于麦积山东崖三大佛上方最高处，为麦积山规模最大、位置最高的石窟，也是最辉煌壮观的殿堂式大窟。七佛即小乘教所说的过去七佛。谓于过去庄严劫末期所出现的毗婆尸佛、尸弃佛、毗舍浮佛，与现在贤劫初期所出现的拘留（楼）孙佛、俱（拘）那含牟尼佛、迦叶佛、释迦牟尼佛（详见《长阿含经》）。

⑧青莲：《佛学常见辞汇》"梵语优钵罗，即青色的莲花，其叶修广，青白分明，好像人的眼睛，所以拿来譬喻佛的眼睛。"忉利：即忉利天，指佛经欲界六天中的第二天。

⑨九息：谓呼吸频繁而急促。汉刘桢《黎阳山赋》："尔乃逾峻岭，超连冈，一登九息，遂臻其阳。"

---

①　中华创价学会（台湾）：《佛教哲学大辞典》，正因文化事业有限公司出版1998年版，《法华经》第323、325页。

②　同上书，第593页。

③　同上书，第665页。

④　同上书，《御书总勘文抄》第590页。

⑩假道：经由；取道。

⑪辇：古代用人拉着走的车子，后多指天子或王室坐的车子。

⑫纠：古同"纠"。星汉：古称银河。迴：同"回"。

⑬珉：像玉的石头，珉玉（玉石）。

⑭冀城：即天水甘谷县的古称。

⑮法云：喻佛法之涵盖一切也。《华严经》曰："不坏法云，遍覆一切。"慧日：将佛的智能譬喻为太阳普照一切众生的语词。《法华经·观世音菩萨普门品》第二十五云："无垢清净光，慧日破诸暗，能伏灾风火，普明照世间"。将清净的佛智能，平等广大，照亮世间诸烦恼之暗，譬如日光。《御义口传》云："众罪者，于六根业障降下，事如霜露，然云以慧日能为消除。慧日者，末法当今，日莲所弘之南无妙法莲华经也。慧日者，约佛、约法。"

⑯轫：阻止车轮转动的木头，车开动时，则将其抽走；发轫（喻事业开始）。

⑰摽：通"标"。

【释文】原碑立于天水麦积山，已佚。王仁裕《玉堂闲话》称："东阁之下，石室之内，有庾信铭记，刊于岩中。"现存麦积山《重刻麦积崖佛龛铭序碑》在甄敬诗碑碑阴，其螭首方座，通高3.86米，宽1.08米，厚0.26米。为明嘉靖四十三年（1564年）由冯惟讷、甘茹仿庾信诗文重刻碑。据载，北周时期，文帝皇后乙弗氏死后，在麦积崖为龛而葬（539年）。公元565—566年，北周时任秦州大都督李允信恰于麦积山为其亡父造七佛龛，此时正逢庾信由长安西来秦州，于是请庾信撰写《秦州天水郡麦积崖佛龛铭》并勒铭刻石。

麦积山石窟位于天水市麦积区，为中国四大石窟之一，石窟始建于公元5世纪初，开凿在悬崖峭壁之上，以佛教为主，反映了三佛、七佛，西方净土等内容，有塑像一万多尊，洞窟二百多个，雕塑家刘开渠赞说："麦积山是我国历代的一个大雕塑馆。"五代王仁裕《玉堂闲话》中说："麦积山者，北跨清渭，南渐两当，五百里冈峦，麦积处其半，崛起一石块，高百丈寻，望之团团，如民间积麦之状，故有此名。"杜甫有诗曰："野寺残僧少，山圆细路高。麝香眠石竹，鹦鹉啄金桃。乱石通人过，悬崖置屋牢，上方重阁晚，百里见秋毫。"

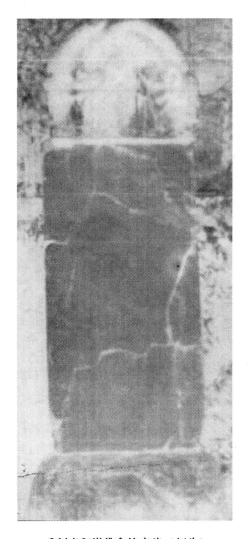

重刻麦积崖佛龛铭序碑（拓片）

二

唐　代

南山寺诗碣^①

唐天宝元年至三年（742—744 年）

【碑文】

自此风尘远，山高月夜寒。东泉澄彻底，西塔顶连天。

佛座灯常灿，禅房香半燃。老僧三五众，古柏^②几千年。

【撰者】

李白（701—762 年）字太白，号青莲居士，祖籍陇西成纪（今甘肃秦安东），出生于碎叶（今吉尔吉斯斯坦北部巴尔喀什湖南面的楚河流域），幼时随父迁居绵州昌隆（今四川江油县）青莲乡。

【注释】

①南山寺：又称南郭寺，位于天水市以南惠音山上，该寺历史悠久，宋代称"妙胜院"，清乾隆敕赐"护国禅林院"。这里树木茂密，古柏参天，风景优美，为古秦州八景之一，誉名"南山古柏"。建寺已有一千多年的历史，为历代诗人墨客览胜之地。

②古柏：即南山古柏，秦州八景之一。

【释文】

据乾隆二十九年（1764 年）（清）费廷珍《直隶秦州新志》卷十一·艺文下·诗三载："李白《南山寺》一首，诗载塔顶，今已亡。"

李白《南山寺》是一首五言律诗，韵律舒缓，朴实清新，意境深远。诗中古柏、佛塔、清泉、月色、禅房、佛殿、僧人组成一幅安详和谐写意画，朦胧中将当时的时空再现，使人产生无际遐想。

清乾隆十五年（1750年），南郭寺方丈了然和尚撰写并题记的《勅赐护国禅林院重建南山护国禅林院碑记》载："秦关西有天水郡者，……余阅考史，唐人青莲曾游其间，题诗曰：'自此风尘远，山高月夜寒。东泉澄彻底，西塔顶连天。佛座灯常灿，禅房香半燃。老僧三五众，古柏几千年。'……"（全文见附）此碑通高86厘米，宽50厘米，厚17厘米，全碑共322字，残35字。碑文记载了重建南郭寺的情形，考有青莲居士咏南郭寺的诗作。又据乾隆二十七年（1761年）刊本《直隶秦州新志》载，李白的这首诗曾镌刻在南郭寺隋塔一石碣上。另外甘肃方志馆馆长、学者张维（1889—1950年）在其著作《陇右金石录》中也有此诗记载。对此诗是否李白作品，很多学者有不同意见，这里不再一一列举。

附：

勅赐护国禅林院
重建南山护国禅林院碑记

秦关西有天水郡者，梵苑禅林，俊秀文明胜地，士所不知创自何年何代。余阅考史，唐人青莲曾游其间，题诗曰："此寺风尘远，山高月夜寒。东泉澄彻底，西塔顶连天。佛座灯常灿，禅房香半燃。老僧三五众，古柏几千年。"噫莲社□□□□□泰则泰时，否则否人，益而益人，损则精篮之灵怀，相传于今不乏其人。殊不知□□□□□□□□□□□人耳分。我朝圣治，时和岁丰，有师张讳明禅字号张呆者，主持于前，□理于昔日□□殿堂欲三记□□主□□观音阁、灵湫亭、广胤宫、土地祠，栋梁椽柱，凋落损伤，泥土砖瓦亦撤。复诗碑工程浩大，独力难成，伏翼贵官大人，乐善君子，作聚砂之功，行集乃乐之福，□广功成予矣。勒金石永垂不朽，是为序。

功德主：李祺昂、李蔡、袁胜

主持僧：了然、了裕、了宇

龙飞乾隆十五年岁次庚午，林钟月望，吉日立石

榖旦嗣祖沙门了然题并书

勅赐护国禅林院碑（拓片）

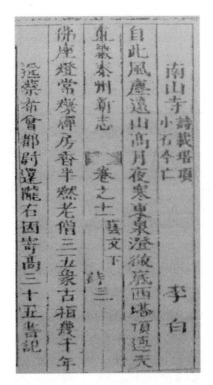

《直隶秦州新志》卷十一《艺文》南山寺诗碣辞条（书影）

重建南山护国禅林院碑（局部）

赵鸿杜诗碑刻

唐懿宗咸通年间（860—873 年）

【碑文】

龙门镇①

细泉兼轻冰，沮洳栈道湿②。不辞辛苦行，迫此短景急③。
石门云雪隘④，古镇峰峦集。旌竿暮惨澹，风水白刃涩⑤。
胡马屯成皋，防虞此何及⑥。嗟尔远戍人⑦，山寒夜中泣。

【注释】

①龙门镇：即今甘肃陇南西和县石峡镇坛土关，附近存有唐开元年间
《新路颂并序》摩崖一块，又有校场坝、小营盘、大营盘、仓坪梁等地
名，据载这里曾是设镇屯军的地方。一说龙门镇即今成县西七十里的府
城集。

②轻冰：薄冰。沮洳：水洼泥泞之地。

③短景：景同影，即日光。冬季日短。

④云雪隘：隘，窄狭。指高耸入云。

⑤旌竿：指军旗旗杆。惨澹：暗淡无光。白刃：指兵士的刀枪。涩：
钝涩，指武器锈老。

⑥成皋：古战场地名，在河南洛阳附近。乾元二年九月史思明再次攻
陷洛阳，并占领齐、汝、郑、滑四州。防虞：防御。虞，预料。

⑦戍人：古代守边官兵的通称。

石龛①

熊罴咆我东，虎豹号我西②。我后鬼长啸，我前狨又啼③。
天寒昏无日，山远道路迷④。驱车石龛下，仲冬见虹霓⑤。
伐竹者谁子⑥？悲歌上云梯⑦。为官采美箭，五岁供梁齐⑧。
苦云直幹尽⑨，无以充提携⑩。奈何渔阳骑，飒飒惊蒸黎⑪。

【注释】

①石龛：民国《西和县志》卷二载："峰腰石龛在县南八十里，山腰有石龛一带。"遗址在今西和县东南七十余里石峡镇西山上，又名八峰崖。

②罴：棕熊一种，当地人称马熊，人熊。

③啸：动物咆哮声。狖：俗称金丝猴。

④迷：迷路，迷失。

⑤虹霓：即彩虹。

⑥谁子：什么人。

⑦云梯：指高山上的石级。

⑧五岁：五年。天宝十四载（公元 755 年）至乾元二年（公元 759 年），即从安史之乱至诗人到同谷，已五年。梁、齐：今山东、河南一带，安史之乱的地区。

⑨箭：小竹棍，能做箭杆。

⑩提携：携带。这里指箭袋。

⑪渔阳骑：指安史叛军。渔阳，时为叛军根据地。飒飒：风声，形容骑兵奔驰如风。蒸黎：老百姓。蒸，众。黎，即平民。

积草岭①

连峰积长阴，白日递隐见②。飕飕林响交，惨惨石状变③。

山分积草岭，路异明水县④。旅泊吾道穷，衰年岁时倦。

卜居尚百里，休驾投诸彦⑤。邑有佳主人，情如已会面。

来书语绝妙，远客惊深眷⑥。食蕨不愿余，茅茨眼中见⑦。

【注释】

①积草岭：诗题下原注："同谷界"。

②见：同"现"。递隐见：时隐时现。

③惨惨：暗淡，昏暗。石状变：山石形状变化多端。

④路异：路有分岔。明水县：即鸣水县，《旧唐书》载："汉沮县地，隋为鸣水县。"今陕西略阳县西。

⑤卜居：选择地点居住。休驾：息驾，指停息下车来。诸彦：彦是士

的美称。诸彦，指在同谷的士绅。

⑥来书：来信。语绝妙：指书信言辞妙绝。眷：器重，眷顾。

⑦蕨：一种野菜，即蕨菜。

泥功山①

朝行青泥上，暮在青泥中。泥泞非一时，版筑劳人功②。

不畏道途永，乃将汩没同③。白马为铁骊，小儿成老翁④。

哀猿透却坠，死鹿力所穷⑤。寄语北来人，后来莫匆匆。

【注释】

①泥功山：在今甘肃成县西北四十里的二郎乡境内，今名牛心山，山上原有泥功寺。乾隆《成县新志》卷一载："泥功山，县西北三十里，上有古刹，峰峦突兀，高插云霄。"

②版筑：指用夹板填土石，夯实修路。

③乃将：权当，只怕，有推测性之意。汩：淹没，埋没。

④铁骊：黑色的马。

⑤透：跳，通过。

凤凰台①

亭亭凤凰台，北对西康州②。西伯今寂寞，凤声亦悠悠③。

山峻路绝踪，石林气高浮。安得万丈梯，为君上上头？

恐有无母雏，饥寒日啾啾④。我能剖心出，饮啄慰孤愁⑤。

心以当竹实，炯然无外求⑥。血以当醴泉，岂徒比清流⑦。

所贵王者瑞⑧，敢辞微命休⑨。坐看彩翮长⑩，举意八极周⑪。

自天衔瑞图⑫，飞下十二楼⑬。图以奉至尊⑭，凤以垂鸿猷⑮。

再光中兴业，一洗苍生忧。深衷正为此，群盗何淹留⑯。

【注释】

①题下原注："山峻，人不至高顶。"凤凰台：其地在今甘肃成县东南七里的飞龙峡口，传说汉代有凤凰栖其上。

②西康州：即同谷县。唐武德元年（618 年）置西康州，贞观元年

（627 年）州废除，改为成州。

③西伯：周文王姬昌。传说周文王时凤鸣岐山。凤鸣是为国家祥瑞之兆。

④啾啾：鸟叫声，即凤的叫声。

⑤孤：指雏凤。慰孤愁：使孤单无依无靠的雏凤得到抚慰。

⑥竹实：结子竹类植物，又称竹米。传说凤凰非竹实不食。炯然：明亮。

⑦醴泉：甘泉。传说凤凰非醴泉不饮。

⑧王者瑞：君王的吉兆。

⑨休：息止。

⑩坐：因为。翮：鸟类羽毛。

⑪举意：设想。八极：指极远之处。《淮南子·坠形训》："天地之间，九州八极。"

⑫瑞图：旧指上天所赐祥瑞图籍。《春秋元命苞》："黄帝游洛水之上，凤凰衔图置帝前，帝再拜受图。"

⑬十二楼：传说昆仑山仙人居住的地方。

⑭至尊：至高无上者，古代多指皇帝。

⑮鸿：通"洪"，鸿大。鸿猷：大业。垂鸿猷：指垂盛德于后世。

⑯群盗：指安史叛军。

万丈潭①

青溪合冥莫②，神物有显晦③。龙依积水蟠④，窟压万丈内⑤。
跼步凌垠堮⑥，侧身下烟霭⑦。前临洪涛宽，却立苍石大⑧。
山色一径尽，岸绝两壁对。削成根虚无⑨，倒影垂澹瀩⑩。
黑如湾澴底⑪，清见光炯碎。孤云倒来深，飞鸟不在外⑫。
高萝成帷幄⑬，寒木垒旌旆⑭。远川曲通流，嵌窦潜泄濑⑮。
造幽无人境⑯，发兴自我辈⑰。告归⑱遗恨多，将老斯游最⑲。
闭藏修鳞蛰⑳，出入巨石碍。何事㉑暑天过，快意风雨会。

【注释】

①题下原注："同谷县作。"万丈潭：在今甘肃成县东南七里的飞龙

峡内。此处崖壁陡峭，河流飞流直下，形成瀑布跌入石潭，此处水极深，名万丈潭。俗传有龙自潭飞出，今称龙潭。

②冥莫：幽深。

③显晦：时显时隐。

④蟠：弯曲而伏。

⑤窟：潭底下深洞。

⑥跼步：弯曲而行。凌：上升、登。垠堮：崖端。

⑦烟霭：烟雾云气。

⑧苍石：飞龙峡口，即东河河心，原有二巨石，俗称八卦石。

⑨根虚无：根，崖脚。指在山顶上看不见崖底，给人以无底悬空之感。

⑩澹濒：指水迂回荡漾。

⑪澴：流水弯曲涌起。

⑫不在外：即在其中。

⑬高萝：植物名。帷幄：帷幕，帐篷。

⑭旌旆：泛指旌旗。

⑮窦：指潜流形成的洞穴。濑：湍急的水。

⑯造幽：天设地造的幽境。

⑰发兴：激发意兴。

⑱告归：这里指告别万丈潭，回到其住处。

⑲斯游最：此次游览最为惬意称心。

⑳修鳞：长鳞，泛指有鳞甲的动物，这里指长龙。

㉑何事：什么时候。

乾元中寓居同谷县作歌七首[①]

其一

有客有客字子美，白头乱发垂过耳。

岁拾橡栗随狙公[②]，天寒日暮山谷里。

中原无书归不得，手脚冻皴皮肉死[③]。

呜呼一歌兮歌已哀[④]，悲风为我从天来。

【注释】

①乾元：唐肃宗年号，仅用两年即公元758年二月到760年闰四月。

②岁：年，此指岁末，即一年将尽之时。橡栗：也叫橡子，味苦涩，陇南农民常用来喂猪，也用来充饥。狙公：狙，猴子。狙公指养猴老人。

③皴：皮肤因受冻皴裂。

④呜呼：感叹词。兮：古汉语助词"啊"。

其二

长镵长镵白木柄①，我生托子以为命②。

黄精无苗山雪盛③，短衣数挽不掩胫④。

此时与子空归来，男呻女吟四壁静。

呜呼二歌兮歌始放，闾里为我色惆怅⑤。

【注释】

①镵：即掘土农具。因有长木柄，所以称"长镵"。也称"长铲"。

②子：你，这里指长镵。

③黄精：一种野生植物，地下茎为球状，可以食用。

④数挽：多次扯拉。胫：即小腿。

⑤闾里：邻居。

其三

有弟有弟在远方①，三人各瘦何人强？

生别展转不相见，胡尘暗天道路长。

东飞驾鹅后鹙鸧②，安得送我置汝傍③。

呜呼三歌兮歌三发，汝归何处收兄骨④。

【注释】

①有弟：诗人有四弟，名分别为杜颖、杜观、杜丰、杜占。

②驾鹅：一种野鹅，大小如大雁。鹙鸧：即秃鹙。

③安得：怎能。

④三发：三唱。汝归：你们有一天回故乡。

其四

有妹有妹在钟离[①]，良人早殁诸孤痴[②]。

长淮浪高蛟龙怒[③]，十年不见来何时？

扁舟欲往箭满眼[④]，杳杳南国多旌旗[⑤]。

呜呼四歌兮歌四奏，林猿为我啼清昼[⑥]。

【注释】

①有妹：杜甫有妹嫁韦氏。杜甫诗《元日寄韦氏妹》："近闻韦氏妹，远在汉钟离。"钟离：古县名。本春秋楚国邑，秦置县，属于九江郡。据《新唐书·地理志》云："濠州钟离郡钟离县，春秋时为钟离子国。"即今安徽省凤阳县东北地区。

②良人：丈夫。殁：死亡。诸孤：几个没有父亲的孩子。孤指没有父亲。痴：幼稚，不懂事。

③长淮：即淮河。蛟龙：古代神话传说中的动物，可以兴风作浪。蛟龙怒：这里形容水路艰险难行。

④扁舟：小舟。箭满眼：指到处是战争。

⑤杳杳：遥远貌。南国：南方。旌旗：指战争。

⑥清昼：凄清的白天。

其五

四山多风溪水急，寒雨飒飒枯树湿。

黄蒿古城云不开[①]，白狐跳梁黄狐立[②]。

我生胡为在穷谷，中夜起坐万感集。

呜呼五歌兮歌正长，魂招不来归故乡[③]。

【注释】

①黄蒿：一种野生蒿类植物。古诗文中常借以写荒凉景象。古城：同谷。开：散开，消失。

②跳梁：跳跃。黄狐立：即黄狐举起前爪，像人一样站立。古城荒凉萧条。

③魂招：招引魂魄，对死者、生者都可招魂。

其六

南有龙兮在山湫①，古木巃嵷枝相樛②。

木叶黄落龙正蛰③，蝮蛇东来水上游。

我行怪此安敢出④，拔剑欲斩且复休。

呜呼六歌兮歌思迟⑤，溪壑为我回春姿⑥。

【注释】

①山湫：崖下水潭，此处指同谷的万丈潭。

②巃嵷：原指山势耸立，这里形容树木聚集争高之貌。樛：树枝交缠。

③蛰：动物冬眠。

④我行：即"我们"，"我辈"。

⑤迟：从容、迟缓。

⑥春姿：春天的景象。

其七

男儿生不成名身已老，三年饥走荒山道①。

长安卿相多少年，富贵应须致身早②。

山中儒生旧相识③，但话宿昔伤怀抱④。

呜呼七歌兮悄终曲。仰视皇天白日速。

【注释】

①三年：即至德元年（756 年）至乾元二年（759 年）。

②致身：致力仕途。

③旧相识：旧友。杜甫《长沙李十一衔》诗中有"与子避地西康州"句，西康州即同谷，可见当时同谷有他旧相识。

④宿昔：即夙昔，以往、过去。

发同谷县①

贤有不黔突②，圣有不暖席。况我饥愚人，焉能尚安宅③。
始来兹山中，休驾喜地僻④。奈何迫物累⑤，一岁四行役⑥。
忡忡去绝境⑦，杳杳更远适⑧。停骖龙潭云⑨，回首虎崖石⑩。
临歧别数子，握手泪再滴⑪。交情无旧深，穷老多惨戚⑫。
平生懒拙意，偶值栖遁迹⑬。去住与愿违⑭，仰惭林间翮。

【注释】

①题下原注："乾元二年，十二月一日，自陇右赴剑南纪行。"

②黔突：黑色的烟筒。《淮南子》："孔子无暖席，墨子无黔突。"不暖席：即"席不暇暖"。

③焉能：哪里能。尚：追求。安宅：即安居。

④休驾：即息驾。

⑤迫物累：物指衣食，迫物累是说被衣食所逼迫。

⑥一岁四行役：指杜甫由洛阳回华州，秋从华州来秦州，不久又到同谷，现又离开同谷赴川。行役：被迫奔波的旅行。

⑦忡忡：忧虑不安貌。绝境：即绝妙少有的胜境。

⑧杳杳：遥远渺茫的样子。适：往。

⑨停骖：停住马车。骖，原指三马驾车，此处意为马车。龙潭：指万丈潭。

⑩虎崖石：即飞龙峡口西山的虎崖。

⑪歧：即岔道口，指分别的地方。数子：数人，指为杜甫送行的若干人。

⑫惨戚：悲愁、悲凄的样子。

⑬栖遁：隐居避世。迹：行踪。杜甫在同谷山中的境况好像隐居避世，因此说"栖遁迹"，但他并非隐居避世，所以说"偶值"。

⑭去住与愿违：去留都不能随自己的心愿。

木皮岭①

首路栗亭西②，尚想凤凰村③。季冬携童稚④，辛苦赴蜀门⑤。
南登木皮岭，艰险不易论。汗流被我体，祁寒为之暄⑥。

远岫争辅佐[⑦]，千岩自崩奔[⑧]。始知五岳外，另有他山尊[⑨]。
仰干塞大明，俯入裂厚坤[⑩]。再闻虎豹斗，屡跼风水昏[⑪]。
高有废阁道，摧折如断辕。下有冬青林[⑫]，石上走长根。
西崖特秀发，焕若灵芝繁[⑬]。润聚金碧气，清无沙土痕。
忆观昆仑图，目击玄圃存[⑭]。对此欲何适，默伤垂老魂[⑮]。

【注释】

①木皮岭：在甘肃陇南徽县西南二十余里。1924 年《徽县县志》："木皮岭，西南三十里，一名柳树崖。脉与龙洞山联属，石径层沓，人马登陡崖坎，艰于行。"

②首路：开始启程上路。栗亭：今甘肃省徽县栗川乡。

③凤凰村：即同谷凤凰台下杜甫住过之村。

④季冬：腊月。

⑤蜀门：即剑门，在今四川剑阁县南。

⑥祁寒：大寒。暄：温暖，暖和。

⑦岫：山。辅佐：辅助。

⑧千岩：群山。崩奔：奔波、奔投。

⑨五岳：东岳泰山，西岳华山，南岳衡山，北岳恒山，中岳嵩山，合称五岳。尊：高。

⑩干：犯。大明：指太阳。

⑪跼：指弓腰弯背，犹豫不前。这里指有虎豹困扰，后退不前之意。

⑫冬青：树名，常绿乔木。

⑬焕：光亮，鲜明。灵芝：菌类植物，古代传说中的仙草，可长生不老。

⑭玄圃：指昆仑山。《神仙传》："昆仑，一名玄圃。"

⑮垂老：临老之人，这里指诗人自己。

题栗亭（诗已佚）

【释文】

"赵鸿杜诗碑刻"今已不存。唐中期至宋，杜甫的声名更播海内，杜诗刻石相应成风。《山堂肆考》："一云：杜甫宅巩昌府成县飞龙峡之东，唐天宝中避难于此。"唐咸通年间（860—874 年）成州刺史赵鸿曾将杜甫同谷诗篇镌刻制碑。据周采泉《杜集书录·内编》卷七《附石刻》载："有文献可征者则应自赵鸿始。但赵刻同谷诗无题识。"从赵鸿的三首诗中可见一斑，其《杜甫同谷茅茨》道："工部栖迟后，邻家大半无。……孤云飞鸟什，空勒旧山隅。"《钱注杜诗·万丈潭》载："唐咸通十四载（874 年），西康州刺史赵鸿刻《万丈潭》诗……鸿曰：万丈潭在公宅西。"又周采泉评论道："杜诗石刻，随地有之。有年代可考者，似以咸通年间（860—874 年）成州刺史赵鸿刻石于成州之《题栗亭同谷诗》为最早。"可见"赵鸿杜诗碑刻"实为事实。

　　唐肃宗乾元二年（759 年），杜甫从华州弃官西行，经西都长安，到达秦州。杜甫的陇右诗作共一百一十多首，而在秦州境内作有九十余首。成县杜公祠坐落于县城东南 3.5 公里处的飞龙峡口，是诗人杜甫流寓同谷的祠堂，在此他先后创作了《龙门镇》《石龛》《积草岭》《泥功山》《凤凰台》《万丈潭》《乾元中寓居同谷县作歌七首》《发同谷县》《木皮岭》等十四首，其中《题栗亭》一诗已佚。咸通年间，成州刺史赵鸿刊刻了杜甫旅居同谷县、栗亭县期间所写的诗，即杜甫在同谷留居月余写诗十四首刻石成碑。

　　成州杜诗石刻（即赵刻）是杜诗重要的石刻文献之一，石刻今已不存。

三

五代十国

王仁裕题壁留诗天堂洞[①]

五代乾化元年（911 年）

【题壁诗文】

蹑尽悬空万仞梯[②]，等闲身共白云齐[③]。
檐前下视群山小[④]，堂上平分落日低。
绝顶路危人少到[⑤]，古岩松健鹤频栖。
天边为要留名姓，拂石殷勤身自题[⑥]。

【撰者】

王仁裕（879—956 年），字德辇，五代时期秦州长道县汉阳里（今甘肃礼县石桥乡）人。历任秦州节度判官、中书舍人、翰林学士、户部尚书、太子少保等职。后周世宗显德三年（956 年）七月卒。晓音律，喜为诗，所作诗达万余首。著作有诗集《西江集》《国风总类》等，记游文《入洛记》和《南行记》，小说《开元天宝遗事》《玉堂闲话》《见闻录》《王氏见闻录》《唐末见闻录》《续玉堂闲话》[①] 等。

【注释】

①天水麦积山 135 窟（天堂洞）北魏晚期（516—534 年）开凿，为西崖三大窟之一。

②蹑：登，踩，踏。万仞：形容极高。

---

① 蒲向明：《玉堂闲话评注》，中国社会出版社 2007 年版，第 372 页。

③等闲：轻易，随便。唐白居易《新昌新居书事四十韵因寄元郎中张博士》诗："等闲栽树木，随分占风烟。"

④下视：由高处往下看。

⑤绝顶：山之最高峰。

⑥殷勤：衷情，心意。

【释文】

天水麦积山天堂洞题壁诗今已不存。王仁裕 32 岁任秦州节度判官时，游麦积山，作《题麦积山天堂》一诗，并题于崖壁。《太平广记》卷 397 引《玉堂闲话》："麦积山者，北跨清渭，南渐两当；五百里冈峦，麦积处其半；崛起一石块，高百万寻；望之团团，如民间积麦之状，故有此名。其青云之半，峭壁之间，镌石成佛，万龛千室。虽自人力，疑其鬼功。隋文帝分葬神尼舍利函于东阁之下。石室之中，有庾信铭记，刊于岩中。古记云：'六国共修，自平地积薪，至于岩巅，从上镌凿其龛室佛像。功毕，旋旋折薪而下，然后梯空架险而上。'……其间千房万屋，缘空蹑虚，登之者不敢回顾。将及绝顶，有万菩萨堂，凿石而成，广古今之大殿，其雕梁画拱，绣栋云，并就石而成。万躯菩萨，列于一堂。自此室之上，更有一龛，谓之天堂。空中倚一独梯，攀缘而上，至此则万中无一人敢登者。于此下顾，其群山皆如培楼。王仁裕时独能登之，仍题诗于天堂西壁上，曰：'蹑尽悬空万仞梯，等闲身共白云齐。檐前下视群山小，堂上平分落日低。绝顶路危人少到，古岩松健鹤频栖。天边为要留名姓，拂石殷勤手自题。'时前唐辛未年登此留题，于今三十九载矣。"此文简明扼要地描述了麦积山石窟建造的经过、规模、石窟佛堂的大致位置。《题麦积山天堂》一诗则从多个角度描绘了麦积山石窟的高峻陡险和壮丽。

麦积山石窟始建于后秦（384—417 年），北魏明元帝、太武帝时期，孝文帝太和元年（477 年）后都有兴建。孝文帝原配乙弗皇后在此削发为尼，死后"凿麦积崖为龛而葬"。西魏文帝大统元年（535 年）再修崖阁，重兴寺院。北周武帝保定、天和年间（561—572 年）秦州大督都李允信为亡父建造典型的汉式崖阁建筑"七佛阁"。此间庾信撰写了《秦州天水郡麦积崖佛龛铭》。隋文帝开皇、仁寿年间（581—604 年），在七佛阁下造泥塑摩崖大佛三尊。仁寿元年（601 年）隋文帝亲诏于麦积山建塔"敕葬神尼舍利"。后经唐、五代、宋、元、明、清，通过不断的修建、扩建，遂成为我国雄伟宏大石窟群之一。

四

北 宋

诸公平洮州诗碑

宋元祐二年（1087年）

【碑文】

□宁六年冬月，河（缺20字）事□□胜成兵民以安，明年三月，西蕃大酋鬼章（缺24字）宜急□今不图，必有后患，侯持重安逸，不为之顾，但严斥侯（缺22字）可掩袭以摧其锋。侯不得已，数提兵于境上，深沟坚垒，佯兵不进，既而遣人（缺11字）完治城郭□□□积粮具，欲为大举之计。意中国之师，□不我瞰也，八月十（缺14字）贼必胜以人□之□□贼有轻我之心时，可以行矣。乃具状白帅司，愿得兵万骑，赍十（缺11字）而帅司□其议□□□未出兵，越四日戊戌压旦于洮州之野，侯乃率吏士环壁而攻□□梯冲（缺8字）发日景未□城□□□鬼章苍颜白发，生致麾下，斩虏者仅万计，贼众奔退，自相蹂践，漂□不可胜数□□□□不流。盖鬼章之患，非一时之积，乃者踏白之役，王师被挫，□人惮之。朝廷训兵授将，经营□□□□不易获也。今种侯之功，无取于百姓，无费于公家，出师八日，拔坚城□□□□消西戎之后患，释主上之深忧，历观前史，迄于近世，用兵神速，有能过者也。非天资忠毅勇智兼得，而料敌制胜见于未形者，孰能与此乎？提刑喻公、监丞游公、通判承议闻捷音之上也，各寄诗咏褒纪勋烈，典丽深淳，体骚雅之风土，良不敏获觊盛事既欲刻石传永，又为之序，以道行师之大略云。

闻官军破洮州喜而有咏寄呈洮东安抚庄宅

朝散郎权发遣秦凤等□提点刑狱公事喻陟

捷报下戎洮，威传万里遥。

　　□魁咸面缚，氛祲即时销①。
　　圣算百王上，神功千古超。
　　自古伐夷狄②，荡□□□□。
　　从兹荒忽地③，无复恣且骄。

　　黠虏方干轨④，王师薄有征。
　　摧枯只俄顷，破竹不留行。
　　洮□□□□，渠□□禽□。
　　杀气收貔虎⑤，清风卷旆旌⑥。
　　遥瞻紫辰阙，称贺浃欢声⑦。

　　周后持盈满⑧，戎夷负固年。
　　庙谟期必胜⑨，阃略制于先。
　　不假天山箭，行闻杕杜篇。
　　凯还浮馘献⑩，图像有凌烟。

　　寿翁安抚庄宅总兵一出，半日之内，攻破洮州，擒西番大首领鬼章，捷音所传，无不庆扑。偶成小诗二首寄呈宣德郎军器监丞熙河兰会路勾当公事游师雄

　　王师□□□□雷，顷刻俄闻破敌回。
　　且喜将门还出将，槛车生致鬼章来⑪。

　　□□□□敌未知，烟云初散见旌旗⑫。
　　忽惊汉将从天下，始恨胡酋送死迟⑬。

　　纯臣启至大寨闻禽鬼章捷书上奏，喜而为诗呈拜承议郎新差权通判岷州军州事王纯臣

　　□□匹马捷书来⑭，且喜洮东破虏回。
　　纵使淮西功第一，未垒生缚七渠魁⑮。

禹卿伏睹通判承议□制歌咏破虏大功依韵拜
和孟州汜水县主簿监岷州铸钱监制刘禹卿

英主龙飞嗣位来⑯，洮东初奏捷师回。
若评后圣勋臣序⑰，公占凌烟阁上魁⑱。
元祐二年九月十五日，
奉议郎权通判岷州军州监管内劝农事骑都尉赐绯鱼袋盖士良
立石。

【撰者】

《诸公平洮州诗》七首，分别为喻陟、游师雄、王纯臣、刘禹卿
所作。

喻陟（生卒年不详），宋朝词人，字明仲，睦州（今浙江建德）人。
元祐元年（1086年），福建提点刑狱；元祐八年（1093年），为湖北转运
副使。

游师雄（1037—1097年），武功（今陕西武功西北）人，字景叔，
北宋诗人，书法家。宋治平元年（1064年）进士（清雍正《陕西通志》
卷三有载），授仪州司户参军。熙宁四年（1071年）改任德顺军判官。元
祐初，朝廷议弃边地四寨，师雄极力主张坚守，但意见未被采纳。以致西
夏得寸进尺，边境无宁日。元祐二年（1087年）师雄改任军器监丞，时
夏人谋犯熙河，守将刘禹卿采纳师雄御敌之策，连战大捷，先后杀敌近四
千人，俘获敌帅九人。捷报传来，举国欢庆。不日调升陕西转运判官。元
祐五年（1090年）又任提点秦凤路刑狱，此诗正于此时。

王纯臣，北宋嘉祐间曾为转运使，其他不详。

【注释】

①氛祲：指预示灾祸的云气。比喻战乱，叛乱。南朝梁沈约《王亮
王莹加授诏》："内外允谐，逆徒从愿，扞卫时艰，氛祲既澄，并宜光赞
缉熙，穆兹景化。"

②夷狄：古称东方部族为夷，北方部族为狄。常用以泛称除华夏族以
外的各族。也指边远少数民族地区。

③从兹：从此，从现在。唐杜甫《为农》诗："卜宅从兹老，为农去国赊。"荒忽：遥远貌。

④黠虏：狡猾的敌人。

⑤貔虎：貔和虎。亦泛指猛兽。比喻桀骜不驯的敌将。宋苏辙《乞定差管军臣僚札子》："自祖宗以来，以管军八人总领中外师旅，内以弹压貔虎，外以威服夷夏。"

⑥旆旌：泛指旗帜。

⑦浃欢：欢浃，欢洽。

⑧周后：周王。古亦称帝王为后。明张居正《文华殿对》："念终始典于学，期迈殷宗；于缉熙殚厥心，若稽周后。"

⑨庙谟：庙谋、庙算。朝廷或帝王对战事进行的谋划。《后汉书·光武帝纪赞》："明明庙谟，赳赳雄断。"按，谟，《文选》作"谋"。

⑩馘献：献馘，古时出战杀敌，割取左耳，以献上论功。馘，被杀者之左耳。亦泛指奏凯报捷。

⑪槛车：用栅栏封闭的车。用于囚禁犯人或装载猛兽。鬼章：指西番（西羌）首领。也指大型战斗取得胜利传送捷报的意思。

⑫旌旗：各种旗子。

⑬胡：中国古代称北边的或西域的民族。酋：长官，酋长；（盗匪、侵略者的）首领。

⑭捷书：军事胜利的消息。

⑮渠魁：大头目；首领。孔颖达疏："'歼厥渠魁'，谓灭其元首，故以渠为大，魁为帅，史传因此谓贼之首领为渠帅，本原出于此。"

⑯嗣位：继承君位。

⑰勋臣：功臣。

⑱凌烟：凌云。南朝宋谢灵运《江妃赋》："或飘翰凌烟，或潜泳浮海。"魁：为首的，居第一位的，魁首。

【释文】

此碑原存甘肃岷县广福寺，碑高四尺，宽三尺，三十一行，行四十五字。碑额书"诸公平洮州诗"六字，诗凡七首，分别为喻陟、游师雄、王纯臣、刘禹卿所作，诗前有序，为盖士良所作，而士良即为之立石。碑文录自张维《陇右金石录》第三卷。原文前注云："元祐二年，喻陟四人诗，盖士良书，在岷县，今存。"又云："在岷县广福寺，今存。"其按语引《宣统甘肃通志》："禅院诗碑在岷州广仁禅院。碑左正书，宋元祐二年九月立，□刻喻陟、游师雄、黄庭坚、王纯臣、刘禹卿诸人贺种太守破鬼章诗，前有记序，剥落不可悉辨，序中有侧□二字□作序之人而其姓则不可知矣，书者□名□半□司亦不可□。"

《宋史·种谊传》："元祐初，谊知岷州，鬼章诱杀景思立后，益自矜，大有窥故土之心。使其子诣宗哥，请益兵入寇且结属羌为内应。谊刺得其情，上疏请除之，诏遣游师雄就商利害，遂与姚兕合兵出讨，羌迎战，击走之，追奔至洮州，谊亟进攻，晨雾蔽野，跬步不可辨，谊曰：'吾军远来，彼固不知厚薄，乘此可一鼓而下也。'遂亲鼓之。有顷，雾霁，先登者已得城。鬼章就执，谊戏问之曰：'别后安否？'不能对，徐谓人曰：'我生恶种，使今日果为所擒。天不使我复有故土命也。'遂俘以归拜。"谊破洮州，擒鬼章及大首领九人，斩首千七百级。捷书闻，百僚表贺。《宋史·哲宗本记》："元祐二年八月丁未，岷州行营将种谊复洮州，执番酋鬼章青宜结。"《吐蕃阿里骨传》载"盖洮州之功发于师雄而成于种谊，散夏人之谋，固熙河之防。捷音播传，廷臣毕贺，此固当时边疆一大事，宜其赋诗泂珉，以诏于无穷也。"其中"将门还出将"诗句指当时种谊父种世衡、兄种谔，此诗写的正是熙河之役的最后胜利场景。

范仲淹画像赞碑

宋绍圣年间（1094—1098 年）
【碑文】

奕奕如神，俨俨如山①；仁义道德，尽于颜间。
大忠皋夔②，元勋方召③。以赞中枢④，以尊严庙。
佑我仁祖，格以皇天⑤，是敬是虎，不倾不骞。
虽庆有祀，邦民或斯，庆山可夷，兹堂巍巍。

【撰者】
穆衍，字昌叔，河内人。元祐初迁左司郎中，绍圣初，知庆州。

【注释】

①俨俨：庄严貌。《隶释·汉三公山碑》："俨俨明公，民所瞻兮。"

②皋夔：皋陶和夔的并称。传说皋陶是虞舜时刑官，夔是虞舜时乐官。后常借指贤臣。宋王禹偁《谪居感事》诗："贵接皋夔步，深窥龙凤姿。"

③方召：西周时助宣王中兴之贤臣方叔与召虎的并称，后借指国之重臣。《宋书·王镇恶传》："（镇恶）实扞城所寄，国之方邵也。"

④中枢：这里指朝中重臣。《明史·卢象昇传》："大清兵薄都城时，杨嗣昌夺情任中枢，主和议。"

⑤皇天：天及天神的尊称。汉许慎《五经异义·天号》引《古尚书说》："天有五号，各用所宜称之，尊而君之，则曰皇天。"

【释文】

此碑文录自杨景修辑《庆阳金石记》。宋哲宗绍圣年间，该碑为庆州的知州穆衍立于范文正公祠堂。

附：《宋史·穆衍传》

穆衍，字昌叔，河内人，徙河中。第进士，调华池令。民牛为仇家断舌而不知何人，讼于县，衍命杀之。明日，仇以私杀告，衍曰："断牛舌者乃汝耶？"讯之具服。后知淳化，耀之属县。衍从韩绛宣抚陕西，遇庆卒溃乱，衍念母在耀，亟谒归，信宿走七驿。比至，庆卒尝戍华池，知衍名，不敢近。时诸郡捕贼兵粮糒无以给，遂擅发常平仓，且惧得罪。衍曰："饥之不恤，则吾丘将为庆卒矣。"衍考课为一路最。元丰中，种谔西征，参其军事。谔第赏，以死事为下。衍曰："此非所以劝忠也。"力争之。谔还入塞，诏往灵武援渭、庆两军。将行，衍曰："吾兵惰，归未及解甲，安能犯不测于千里外哉？"谔乃止。同幕畏罪，阳谢衍曰："师不再举，君之力也。"衍识其意，曰："全万众之命，以一身塞责，衍无憾焉。"元祐初，大臣议弃熙、兰，衍与孙路论疆事，以为"兰弃则熙危，熙弃则关中震。唐自失河、湟，西边一有不顺，则警及京都。今二百余年，非先帝英武，孰能克复。若一旦委之，恐后患益前，悔将无及矣"。议遂止。改陕西转运判官，金部、户部员外郎。熙河分画未决，诏衍视之。还言："质孤、胜如据两川美田，实彼我必争之地，自西关失利，遂废不守。请界二垒之间，城李诺平以控要害，及他城堡皆

起亭障，以通泾原。"明年，遂城李诺，名曰定远。三迁左司郎中。绍
圣初，以直秘阁为陕西转运使，加直龙图阁、知庆州，徙延安，又徙秦
州，未行而卒。年六十三。敕河中官庀其葬，后追录不弃兰州议，官其
一子。

寺沟石窟寺壁诗

北宋绍圣五年（1098 年）

【碑文】

诸同僚闲游石窟寺，作小诗，故书以为异日之记。
水云深处藏河寺，
石窟经从几世传。
我若劫生名利役①，
暂游真境欲忘筌②。
绍圣戊寅三月

【注释】

①劫：是梵文劫簸（kalpa）的音译，它在印度，并不是佛教创造的
名词，乃是古印度用来计算时间单位的通称，可以算作长时间，也可以算
作短时间，长可长到无尽长，短也可以短到一刹那。通常所称的劫，是指
世界的长时代而言。分为三等：即大劫、中劫和小劫。佛经上所称的劫，
如不标明中劫或小劫，通常是指大劫。佛教认为世界有成、住、坏、空四
个时期，到了坏劫，出现风、水、火三灾，世界归于毁灭。如此周而复
始。人们因把天灾人祸等借称为"劫"或"劫数"。名利役：被名位与利
禄、名声与利益役使的人。

②筌：捕鱼用的竹器。比喻到"真境"（仙境）以后就忘了本来依靠
或捆绑相连的东西。

【释文】

寺沟石窟寺壁诗现存于甘肃庆阳市西峰区董志乡西二十里北石窟寺
壁，面积高一尺八寸五分，宽七寸三分，计五行，诗每行十四字，字径一

寸，阴刻，正书。

寺沟石窟即北石窟寺石窟，即北魏泾州刺史奚康生于永平二年（509年）所开凿的南北两个石窟寺之北石窟，位于甘肃省庆阳市西峰区西南二十五公里处，为甘肃四大石窟之一。北石窟寺始建于北魏永平二年（509年），后世多有修建。石窟凿成之时，即立有寺庙，宋以后更名为石窟寺（元称东大石窟寺）。后因有寺庙，这条沟壑被称为寺沟。北石窟寺俗称大佛寺。开窟于南北长一百一十米、高二十米的石岩上，共有大小窟龛近三百处，大窟高达十四米，小龛仅有二十厘米，其中一百六十五号窟最大、最为精美。北石窟寺造像内容丰富多彩，都有着独特的北魏风格和浓郁的北方少数民族特色。

北石窟寺题壁诗

宋（具体年代不详）
【题壁文】

床头针定溪边石，石井无鱼行底游。
宿客来眠过半袒①，忽问山僧到来居②。

【撰者】
作者不详。
【注释】
①半袒：袒指脱去上衣，露出身体的一部分。半袒意为半裸祖臂之人。
②山僧：住在山寺的僧人。
【释文】
此段诗文为墨书题壁，现存于甘肃庆阳北石窟寺28窟窟门内北壁上方。因题壁中只存诗文部分，年代作者无从考证。此诗写出作者一种恍惚游离的神情，仿佛抛下功名世事，漫无目的地闲游，被几个借宿的过路人打断，忽有一种归隐于山的想法。

创修鹅池临川阁诗碑

宋元符年间（1098—1100 年）

【碑文】

> 陕右号名郡，庆阳乃雄镇，临拊多时才①，结构甚闳峻②，
> 城端耸华阁，千里归一瞬，不窑陵庙存③，其旁接烽烬④。
> 人家住深崦⑤，檐瓦俯可认，陶穴尚遗风⑥，前书自传信，
> 俯窥鹅池泉，窈黑深万仞。黄流缭如带，漱激似湍迅，
> 地险城在兹，贼骑安可近。敧危架略彴⑦，过者恐颠愦，
> 抱甖争累累⑧，远汲就深浚⑨，负担入城门，往来亦劳顿。
> 去年谷不熟，往往见道瑾，念此尤系怀，其敢忘贷赈。
> 比来春雨足，稍觉山川润。东原就牵耕，远望疑寸进。
> 我愿惜民兵，勿使城远郡。庶无农事妨，永使地力尽。
> 伫⑩观富边储，且复宽输运。

【撰者】

蒋之奇（1031—1104 年）字颖叔，北宋常州宜兴（今属江苏）人。十七岁举解元，宋仁宗嘉祐二年（1507 年）苏轼和蒋之奇同第"章衡榜进士"，"是科翰林学士欧阳修知贡举，任太常博士"。后又举"贤良方正"。宋神宗时任殿中侍御史。蒋之奇为官四十余年，善于理财，以干练称，学识深厚，著作等身。他能诗善书，尤工篆书，他的著作有《尚书集解》14 卷、《孟子解》6 卷、《逸史》20 卷、《广州十贤赞》1 卷、《刍言》50 卷、《荆溪前后集》89 卷。他工于书法，尤工篆书，传世墨迹有《辱书帖》《北客帖》等。元符二年（1099 年）因送邹浩，被责守汝，徙庆州，重撰《香山大悲菩萨传》。蒋之奇诗，以《春卿遗稿》辑本为第一卷，影印文渊阁四库全书《两宋名贤小集》本及新辑得散见各书之诗篇，合编为第二卷。（《宋史》卷三四三有传）时为庆州知州。

【注释】

①时才：治世的才干。宋欧阳修《荐王安石吕公著札子》："安石久

更吏事，兼有时才。"

②闳峻：宏大高大。

③不窋陵：华夏周祖第一陵。位于庆城县东山之巅。《史记·周本纪》云："不窋末年，夏后氏政衰，去稷不务，不窋以失其官而奔戎狄之间，不窋卒子鞠立鞠卒，子公刘立。公刘虽在戎狄之间，复修后稷之业，务耕种。"不窋教民稼穑，开启了华夏民族农耕文化的先河。史称"周道之兴自此始"。

④烬：物体燃烧后剩下的东西。

⑤崦：古代指太阳落山的地方。

⑥陶穴：古代凿地而成的土室。《诗·大雅·緜》："古公亶父，陶復陶穴，未有家室。"高亨注："向下掏的洞叫作穴，即地洞。"遗风：余风，余音。指过去时代遗留下来的文化特点或某个时代留传下来的风气。

⑦攲危：倾斜危险欲坠貌。宋陆游《永秋》诗："小勺攲危度，邻园曲折通。"

⑧抱瓮：即"抱瓮灌园"。传说孔子学生子贡，路过汉阴时，遇见一位老者一次一次地抱着瓮去浇菜，"搰搰然用力甚多而见功寡"，于是建议他用机械汲水。老人说：这样做，为人就会有机心，"吾非不知，羞而不为也"。喻指安于现状。此处意思是抱瓮人，隐居的人。《初学记》卷七引晋孙楚《井赋》："抱瓮而汲，不设机引，绝彼淫饰，安此璞慎。"絫絫：古同"累"。累累。

⑨浚：疏通，挖深。

⑩伫：久立。唐骆宾王《与博昌父老书》："伫中衢而空轸，巾下泽而莫因。"

【释文】

据杨景修辑《庆阳金石记》载："原碑已佚。创修鹅池临川阁诗碑置于庆城县城东南鹅池洞南的文昌阁内。为宋元符间，庆州知州蒋之奇建，有诗刻石。"

鹅池即鹅池洞，位于庆城县东南古城墙下，内连城墙，与城内相通。外有天然屏障，与柔远河相通，鹅池春水系原庆阳著名八景之一，院内有一池与东河相通，与周祖陵隔河相望，相传为周祖养鹅之处，实为防御外族入侵而修筑以供城内军民汲水之用，历代均有修葺，院内池水涟漪，城外亭树庙宇交映成辉，令文人墨客驻足忘返，在洞墙壁上留下不少题留碑刻，由于遭兵燹地震等原因，现存遗址面积不大，但依然可辨当年繁盛。

此诗碑记述了当时庆阳城的原貌及鹅池的地理位置、历史现状，真实地还原了鹅池当地人民的生活场景，也表达了作为父母官心系于民的情怀。此诗对研究庆阳及鹅池有较高的史料价值。

蒋之奇号荆溪居士，庆历八年（1048 年）高中解元。《宋史》卷三百四十二："之奇为部使者十二任，六典会府，以治辨称，且孜孜以人物为己任。"蒋之奇一生中到过的地方很多，包括今天的江苏、浙江、安徽、江西、福建、广东、河南、河北、甘肃等地。因其多才多艺，尤长书法诗词，更喜佛道，在许多名山大川留下了他的墨宝。如天水麦积山题刻《河州司户尺牍》、题《天水湖》诗、甘肃陇南凤凰山寺题诗、临洮《开园命客百花下饮，示文安国》、甘肃庆城县《庆阳府鹅池临川阁》、元丰三年铜川题咏玉华宫五言律诗等。

蒋之奇著作有《荆溪前后集》89 卷、《蒋之奇别集》9 卷、《北扉集》9 卷、《西枢集》4 卷、《厄言集》5 卷、《刍言》50 篇、《广州十贤传》1 卷、《孟子解》6 卷、《老子解》2 卷、《老子系辞解》2 卷、《蒋之奇集》1 卷、《华严经解》30 篇，《蒋氏日录》1 卷、《尚书集解》14 卷、《逸史》20 卷、《三径集》诗 1 卷、《蒋之翰之奇遗稿》1 卷。

荨麻湾摩崖诗刻

北宋宣和七年（1125 年）

【碑文】

宣和乙巳仲夏十八日，巡按震武回，留题荨麻湾①石壁。陕宪郭传师。

水嗽寒敲玉②，山光翠泼蓝。

虽然居塞北③，却似到江南。

准大同副将陈恩恭、监押王励、知震武军严永吉。

【撰者】

郭仲荀（？—1145年）字传师，北宋时期洛阳（今属河南）人。宣和七年（1125年）任陕西秦凤路宪司提点刑狱官，高宗建炎三年（1129年），以殿前副都指挥使为两浙宣抚副使守越州。绍兴三年（1133年）为检校少保，知明州。五年为检校少傅，提举太平观。九年迁太尉，充东京同留守。十年知镇江府。十五年，卒于台州。

【注释】

①捋麻湾：荨麻湾，位于甘肃永登县大通河畔的连城，在其东北方向约十里是东大寺沟。

②㵮：通漱。

③塞北：中国长城以北地区。包括内蒙古自治区及甘肃省和宁夏回族自治区的北部。

【释文】

其文刻在甘肃兰州永登县连城镇水磨沟内荨麻湾，南距连城镇约六七公里。该摩崖在七八米的峭壁上，刻面高五十多厘米，宽六十厘米左右，为楷书，阴刻。其文"永吉"二字较小，"准"和"思恭"字因风化字迹不清，其余基本清晰，每字3厘米见方，8行、共65字。其刻文为诸官员视察震武军后，咏题当地风光的五言诗一首。在摩崖碑刻中有很多由于刊刻人或其他原因而出现的误刻现象，如上文刻诗就有，其中"传"字误刻为"傅"字。"传"字繁体为"傳"。（见下图）

据《宋史》载："震武军，政和六年建筑古骨龙城，赐名震武城，未几改为震武军。"由此可知政和五年（1115年）宋军占领西夏古骨城，政和六年（1116年）朝廷赐名震武城，同年改为震武军。在此后的岁月中，西夏曾对该城进行过多次的争夺，靖康末年，终由夏国占领。

震武军治震武军城（古骨城）的位置目前有三种说法：第一种是李智信《青海古城考辨》一文中认为在今青海省门源县克图古城；第二种是周宏伟《北宋河湟地区城堡寨关位置通考》一文说在今甘肃天祝、青海互助和门源三县交界处的一段大通河谷（北起甘禅口，南至扎隆口，20余公里）；第三种是青海学者张生寅《北宋震武军城位置考辨——兼谈门源县境内的几座古城的始筑年代》一文中说在甘肃省永登县连城镇连城村水磨沟口的古城，迄今为止，并无定论。

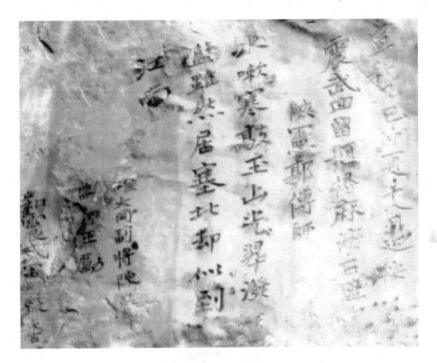

荨麻湾诗刻（摩崖）

五

南　宋

王氏园诗摩崖

南宋绍熙年间（1190—1194 年）

【刻文】

> 郊炯□□出尘埃，□□幽扉为我开。
> 异□横陈浑住立^①，飞流瀑注自天来。
> 桃园图里如曾见，灵鹫峰前莫漫猜。
> 增损须凭诗眼巧^②，好于稳处看楼台。

【撰者】

宇文子震，生卒不详，隆兴元年（1163 年）进士，字子友，四川成都人。绍熙间知成州。庆元二年（1196 年）知潼川府。其父宇文绍奕（卷臣、衮臣）与陆游有旧交，见陆游《宇文衮臣吏部予在蜀日与之游》《次宇文卷臣韵》。

【注释】

①横陈：杂陈，横列。宋张师正《括异志·刘待制》："先是驿居人见驱群羊及负荷酒食横陈之具，入驿则无人。"

②诗眼：指一句诗或一首诗中最精炼传神的一个字。亦指一篇诗的眼目，即体现全诗主旨的精彩诗句。清施补华《岘佣说诗》："五律须讲炼字法，荆公所谓诗眼也。"

【释文】

摩崖原在甘肃陇南成县东南之飞龙峡王氏园崖上，是时为右郡守成都宇文子震题王氏园的诗一首，刻文为正书。由于年久为土所湮。清仁宗嘉庆年间（1796—1820 年）曾再次显现，但今已不存，仅有拓片存世。

南宋宇文子震《赋龙峡草堂》

南宋绍熙四年（1193 年）
【碑文】

> 燕寝香残日欲西[①]，来寻陈迹路逶迤[②]。
> 江涛动荡一何壮，石壁崔嵬也自奇[③]。
> 鸡犬便殊尘世事，蛟龙长护老翁诗。
> 草堂□见垂扁榜[④]，却忆身游濯锦时[⑤]。
> 右赋龙峡草堂。绍熙癸丑□□十七日，郡守□都宇文子震题

【撰者】
宇文子震介绍同前。
【注释】
①燕寝：古代帝王居息的宫室。泛指闲居之处，卧室。王国维《观堂集林·明堂庙寝通考》："古之燕寝有东宫，有西宫，有南宫，有北宫。其南宫之室谓之适室，北宫之室谓之下室，东西宫之室则谓之侧室。四宫相背于外，四室相对于内，与明堂、宗庙同制。其所异者，唯无太室耳。"王利器集解："燕寝，闲居之处。"此指子美草堂。
②逶迤：亦作"逶池""逶蛇"。曲折绵延貌；曲折行进貌，李善注："池，音移"。吕向注："逶池，长曲貌。"池，一作"蛇"。唐卢纶《与从弟瑾同下第后出关言别》诗："杂花飞尽柳阴阴，官路逶迤绿草深。"蛇，一作"迤"。
③崔嵬：本指有石的土山。后泛指高山，山顶；高耸貌；高大貌。王逸注："崔嵬，高貌。"北魏郦道元《水经注·沁水》："秦坑赵众，收头颅，筑台于垒中，因山为台，崔嵬桀起。"
④便殊：不同。扁榜：亦作"扁牓"。即匾额。宋陆游《今上皇帝赐包道成御书崇道庵额》："于是皇帝闻而异之，故有扁榜之赐。"
⑤濯锦：成都一带所产的织锦，以华美著称。诗中指四川成都的浣花

溪，又名濯锦江。

【释文】

南宋宇文子震《赋龙峡草堂》碑为甘肃陇南成县杜甫草堂今存最早诗碑，碑体已残裂，上存文字约48字清晰可辨。民国张维《陇右金石录》卷四云：按此刻凡十二行，行七字。后有跋云："右赋龙峡草堂。绍熙癸丑□□十七日，郡守□都宇文子震题。"诗跋共泐四字，行书秀整，《旧志》从未著录。余既得其拓本，亟为录入。石刻于绍熙四年，"都"上缺文当为"成"字也。清黄泳《成县新志·艺文》卷四便录有完整诗文内容。

该诗碑刻于"绍熙癸丑"即绍熙四年（1193年），"燕寝香残日欲西"句出自黄庭坚词《采桑子·彭道微使君移知永康军》"荔枝滩上留千骑，桃李阴繁，燕寝香残"。诗歌对草堂一带仲夏的自然风光作了细致的描述，表达了宇文子震拜谒杜甫草堂的虔诚之心及对诗圣杜甫人生际遇的同情。

成县杜甫草堂纪念祠，名"子美草堂祠"，又称"诗圣祠"。唐肃宗乾元二年（公元759年）十月，杜甫离开秦州（今天水），到达同谷，即今成县飞龙峡。在一处背靠青山巨岩旁，建造了简陋的栖身茅屋。诗人在此创作许多优美的诗作，后人为了纪念他，在此建立了杜甫草堂。

赋龙峡草堂碑（拓片）

赋龙峡草堂碑（原碑）

大潭皇觉寺留题诗碑

南宋庆元元年（1195 年）

【碑文】

大潭皇觉寺留题□□通判西和州知事□□□

鸩毒深怀戒宴安①，

驱驰王事敢辛艰②？

玉尘不动三百里③。

星点骅骝冲晓寒④。

（此有唐文炳跋文，无法辨认，略去）

庆元元年八月一日□□□□□奏知西和州大潭县主管劝农营田公事兼

兵唐文炳谨刊

【撰者】

杨中太，时任西和知州。其他不详。

【注释】

①鸩：指当时金人南侵，形势险恶如鸩毒，鸩是一种传说中的毒鸟。

形象为黑身赤目，身披紫绿色羽毛，喜以蛇为食。它的羽毛有剧毒，放入酒中能置人于死地。《汉书》中记载，汉惠帝二年，齐王刘肥入朝，惠帝对其礼遇有加，结果遭到吕后的不满，便令人赐鸩酒意图谋害。此鸟以蛇为食，应是指大冠鹫，古人以为它多食毒蛇，羽毛中必含有剧毒之故。深怀戒：不可怀恋。宴安：贪图安逸、享乐。

②驱驰：策马奔腾。亦为传送文书的差马。敢：岂敢，不敢。意为传送金人南侵的情报，公文为国之大事，岂敢怕艰辛。

③玉尘：指传送文书的差马走过扬起的尘土。三百里：三百里为加急文书的等级。

④星点：指黎明前夜空中的星月。骅骝：骏马，骐骥骅骝，一日而驰千里。这里指差马。冲晓寒：指送信的差马在黎明之前已冲出驿道起程。

【释文】

该诗碑 1958 年出土于甘肃陇南礼县太塘乡太塘小学，现存太塘乡街道。碑体呈正方形，高宽均为 67 厘米。厚度为 21 厘米。为清秀的隶书。从跋文中可看出，该碑为当时西和知州杨中太题诗，大潭县令唐文炳撰跋，立石时间为南宋宁宗庆元元年（1195 年）。这首诗反映了西和州、县抗击金兵南侵的战前紧张气氛。此诗再现了礼县战时现状，可以以诗证史。

大潭皇觉寺留题诗碑（拓片）

大潭皇觉寺留题诗碑局部（拓片）

寺坪诗

南宋中期

【碑文】

西接愈千里①，重过水洛城②。

昔年歌舞地，今日生死情。

旧吏犹能识，新街旋问名③。

百年叨使者，颜厚见边氓④。

皇城副使泾原路□□□知德顺军兼知水洛监军⑤

【撰者】

佚名。

【注释】

①愈：更，越。

②水洛城：甘肃庄浪县水洛城。自宋庄浪地区一直为秦凤路的德顺军之陇干县所辖。德顺军是属军政合一性质的地方行政机构，宋庆历三年（1043 年）原属渭州的陇干城改升为军，成为州级地方行政机构。当时庄浪是北宋和西夏的边界，又是渭州与秦州的联络点，军事战略地位较为重要，因而县域内设有多处军政性质的城、堡、寨等，如水洛城、通边寨等。

③旋：转动，回，归，表示与各方来往或来往于各方之间。

④颜厚：脸皮厚。谓不知羞耻。《书·夏书·五子之歌》："郁陶乎予心，颜厚有忸怩。"孔传："颜厚，色愧。"边氓：亦作"边甿"。即边民。《汉书·齐怀王刘闳传》："莘鬻氏虐老兽心，以奸巧边甿。"颜师古注："甿，庶人。"

⑤德顺军：宋庆历三年（1043）建于陇干城，到元祐八年（1093 年）共经历 50 年，今址在宁夏隆德县东北。元祐八年（1093 年）德顺军随陇干县迁至甘肃静宁，金皇统二年（1142 年）设立德顺州，元大德八年（1304 年）改德顺州为静宁州，故治在今甘肃静宁县东。总共经历 211 年。

【释文】

此诗刻于甘肃庄浪县水洛城境内寺坪碣石上。清宣统《甘肃通志》记有"寺坪诗碣在静宁州。咸丰初，农民于水洛城南郭寺取土，掘得宋崇宁时诗碣，末署'皇城副使泾原路□□□知德顺军兼知水洛监军'"。

甘肃省庄浪县水洛城是大宋民族英雄郭成、郭浩之故里。《宋史》载："郭成，德顺军陇干中安堡人……子，浩，绍兴中为西边大将，官至节度使。""郭浩，德顺军陇干人，其父郭成，曾任雄州防御使、泾源钤辖、三班奉职，为西边名将。"《金史·地理志》："德顺州水洛本中安堡城。"

地处西夏和宋边境的静宁水洛城有着重要的军事战略地位，因此成为抵御西夏进攻的军事要塞。诗人作此诗时间为北宋崇宁年间，此时正是德顺军管制时期，由于连年的战事使得昔日热闹的水洛城变为一座冷清的孤城。该诗正好印证了此时水洛城现状。

六

元　代

礼县香焚宝鼎

元至元五年（1268 年）

【碑文】

（鼎上部正面文）

香焚宝鼎超三界，纸落钱楼上九霄。

（鼎下部正面文）

西江发主，辅佐天□。□□雨时，国赖□□。
乡民好善，天水赵公。名称巧匠，艺□□□。
凿成兽鼎，奉献龙宫。心香一炷，瑞气盈空。
惟神俯鉴，赐神增崇。千年万载，无坏无终。
岁次己卯至元五年七月中元　命工献上

（鼎下部背面文）

大吉
巩昌□杨真人　牟守中□
惟愿本境发心，
施主各家安泰。
三界无家谁是亲①，
十方惟有一空林②。

但随云水伴明月，

到处名山是主人。

门户兴隆而六③，

时中吉祥如意。

□□□□□□德明书

【注释】

①三界：佛教指众生轮回的欲界、色界和无色界。

②十方：佛教谓东南西北及四维上下。

③六：这里指六六大顺。

【释文】

此碑石残高166厘米，宽78厘米，厚21厘米。现置于甘肃陇南礼县石桥乡清水沟西江庙。此物为焚香化纸之"窖炉"。炉身分两层，残缺"顶盖"。因其铭文有"香焚宝鼎超三界"之语，故名为"香焚宝鼎"。

香焚宝鼎上部正面（拓片）

香焚宝鼎下部正面（拓片）

香焚宝鼎下部背面（拓片）

礼县玉楼宝鼎

元至元十六年（1279 年）

【碑文】

（左右对联）

宝鼎焚香千千载，
玉楼逸钱万万终。

（中间正文）

大元古岷灵祠，
西江有感土主。
普润田苗丰登，
万民以祈之济。

（背面）

发心主　清水河赵子延　赵子圭　王朝　至元己卯十月丙戌

【释文】

此鼎通高 126 厘米，直径 50 厘米。现存于甘肃陇南礼县石桥乡清水沟西江庙。此物为圆柱体双蟠龙抱柱，顶部为焚香用钵形，底座为础石形。雕刻精美，形致不多见。刻有铭文"宝鼎焚香千千载，玉楼逸钱万万终"故称"玉楼宝鼎"。

玉楼宝鼎外观（图片）

玉楼宝鼎正面（拓片）

梁志通诗碑

元至元三十年（1293 年）

【碑文】

大道蘧庐乐自游[①]，风光仿佛象瀛洲[②]。

庵前草木长春景，物外云山不夜秋。

鬼辟馗罡三尺剑③，神藏天地一虚舟。

从来抛却红尘事，勘破浮生只点头④。

【撰者】

梁志通，号达玄子，山西介休人。全真教道士，长春真人丘处机的徒裔。元至元八年（1271年）西行至秦州城北天靖山麓（今玉泉观），在此修观。至元十三年（1276年）修太上殿，至元二十六年（1289年）造玉皇殿。此梁志通诗碣为其众徒所立。石碣诗前后刻有小字，模糊不辨。梁志通卒于玉泉观，诏封为烟霞真人。

【注释】

①蘧庐：同传舍，古代驿传中供人休息的房子。犹今言旅馆，为旅人寄居之所。此指观中住所。

②瀛洲：传说中的仙山，在大海中，为海上仙境。

③馗罡：罡，罡风之，道教称高空的风。诗句指传说唐代钟馗能捉鬼。

④浮生：人生，古代老庄学派认为人生在世空虚无定，故称人生为浮生。

【释文】

诗碑原在甘肃天水玉泉观神仙洞，现移至玉泉观左碑廊。碑长0.82米，宽0.42米。为玉泉观现存道教珍贵碑石之一。碑面风化严重，上款不可识，下款部分尚可辨识，为"至元岁次丁丑梁公达玄子书，施工羽服郝志坚刊，大元国至元三十年太岁癸巳端午日，住持烟霞无为大师梁志通等立石"。由此知立石时间为至元三十年（1293年）。

玉泉观位于天水市秦州区城北天靖山，山上有一口泉，元代秦州教谕梁公弼建寺时吟"山寺北郊，名山玉泉"。玉泉观俗称城北寺，又名崇宁寺。建于元大德三年（1299年）。现存建筑多为明清时重建。观依山而建，自下而上，有山门、遇仙桥、通仙桥、青龙殿、白虎殿、人间天上坊、玉泉阁、第一山牌坊、三清殿，山顶有小庙。上山主路两侧有雷祖庙、三官殿、诸葛祠、托公祠、三清阁、选胜亭、静观亭、苍圣殿、玉泉井、神仙洞。题留墨迹甚多，三清殿梁上墨书题记"明嘉靖三十六年岁次丁酉季冬重建"，第一山牌坊墨书题记"嘉靖三十七年建"。玉泉观内有秦州八景之一的"玉泉仙洞"，相传为芦、梁、马三真人坐化埋葬之地。洞西南有一碑廊，内藏碑石近百通。每年旧历正月初九，是玉泉观庙会，当地人称为"朝观""上九"，是天水当地除伏羲公祭外最为热闹的民间活动。

梁志通诗碑（拓片）

梁志通诗碑（原碑）

仙人洞刻石

元至正元年（1341 年）

【碑文】

　　此景殊祥①，华药馨香②，山屏蓊翠③，水势汪洋，
　　杉松桧柏皆青苍，灵芝瑞草悉芬芳④。

【撰者】

郭氏，记载不详。

【注释】

①殊祥：不同寻常的祥瑞。唐柳宗元《礼部贺白龙并青莲花等表》：

"二气交泰，万国同和，动植思协于殊祥，遐尔毕陈其嘉应。"

②馨香：散布很远的芳香、香气。《国语·周语上》："其德足以昭其馨香，其惠足以同其民人。"韦昭注："馨香，芳馨之升闻者也。"

③蓊：草木蓬勃茂盛的样子。

④瑞草：古代以为吉祥之草，如灵芝、蓂荚（古代传说的一种瑞草）之类。或称仙草。《尔雅·释草》："茵，芝。"晋郭璞注："芝，一岁三华，瑞草。"

【释文】

其文刻在甘肃省临夏回族自治州积石山县积石山仙人洞口。明嘉靖《河州志》："仙人洞，在积石山中，凿石为洞，内卧一尸，洞门刊《至正元年郭氏记》，至今犹存。"飞阳观记云："'此景殊祥，华药馨香，山屏蓊翠，水势汪洋、杉松桧柏皆青苍，灵芝瑞草悉芬芳'。疑是希真尸解去处。"康熙四十六年《河州志》亦载之，惟无飞阳观记云敷语。《陇右金石录》引宣统《甘肃通志》著录，当亦本康熙《河州志》。按志载飞阳观记云数语，或是洞中所记，或指飞阳观记中语。未曾亲见，不易判断，询诸乡人，亦不能言其处也，一九八〇年予至崔家峡、樊家峡等处，见积石山高处有洞窟数处，人或以神仙洞呼之。陡峭难上，未克攀登，不知是否此洞耳①。

---

① 张思温：《积石录》，甘肃民族出版社1989年版，第262页。

七

明 代

瓦砚诗刻

明洪武辛未（1391 年）

【刻文】

惟天降灵，赐我曹辟①。值时精明，遇人而止。

惜彼陶甄②，乃古器质。翰墨是封③，以彰以述。

为爱陶甄之质。宜加即墨之封。

予得于漳滨之深，以三十九枚娶，而加绪翰墨，以为博雅好古之玩云。洪武辛未重九，翟仙识。

【注释】

①辟：意为"壁"。

②陶甄：烧制陶器。

③翰墨：笔和墨。借指文章书画等。

【释文】

瓦砚现存甘肃省甘南藏族自治州临潭县文化馆，此砚中间断为两截，粘连在一起。瓦呈深灰色，长 21 厘米，宽 16.5 厘米，厚 1.8 厘米。瓦背，铭文由上、中、下三部分组成，瓦阴中间有阳文隶书"建安十五年"五字铭文。

铜雀台故址在今河北临漳县西南，是曹操于汉末建安十五年（210年）所建，铜雀台高十丈有余，顶立有一丈五尺高的铜雀跃跃欲飞。杜牧诗云："东风不与周郎便，铜雀春深锁二乔。"据宋代苏易简《文房四谱》之三《砚谱》载，铜雀台瓦可琢砚，相传贮水数日不渗，世称铜雀砚。苏东坡诗曰："举世争称邺瓦坚，一枚不换百金颁。"在宋代，铜雀瓦砚已是文人砚中珍品。有当代草圣之称的林散之先生在《铜雀台瓦砚歌》序中云："民国二十七年，余至金陵，得铜雀台瓦砚一方，为明洪武五年土人掘于漳水，始琢成砚，质坚色温，发墨不让端歙产，可珍也。"

此瓦砚砚池上方，有篆书八行，每行四字，中间空两行，左右各四行排列，右刻："惟天降灵，锡我曹辟（壁），值时精明，遇人而止。"左刻："惜彼陶甄，乃古器质，翰墨是封，以彰以述。"砚池下为行书题记，每行三至四字，文曰："予得于漳滨之深，以三十九枚娶，而加绪翰墨，以为博雅好古之玩云。洪武辛未重九，翟仙识。"而砚池两侧，还有行楷书各边一列，右为"为爱陶甄之质"，左为"宜加即墨之封"。文辞对仗，为对联体例。

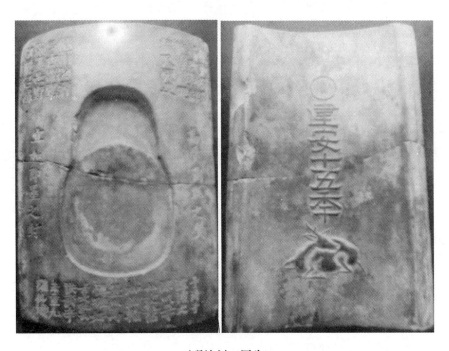

瓦砚诗刻（图片）

碧血碑

明洪武年间（1395—1399 年）

【碑文】

次司马太恒吴老先生韵兼送之甘□①

边城春柳解婆娑②，别殿香风舞彩罗。
白簪暂违双凤阙③，丹衷直上五云阿④。
平戎漫讶龙堆远⑤，策马频从乌道过⑥。
最是识荆离乱后⑦，不堪回首阻关河⑧。
岐冈"磬石之宗"（印章）
"肃藩翰墨"（印章）

【撰者】

明肃王，具体哪一位不得而知。

【注释】

①甘□：应为甘州，即今天的甘肃省张掖市甘州区。

②婆娑：盘旋舞动的样子。

③簪：用来绾住头发的一种首饰，古代亦用以把帽子别在头发上的簪子。阙：宫殿。

④丹衷：赤诚之心。明钱澄之《孤萤篇》："祗今寂寞自明灭，耿耿丹衷应有血。"五云：青、白、赤、黑、黄五种云色，五色瑞云。多作吉祥的征兆。

⑤龙堆：白龙堆的略称。古西域沙丘名。

⑥策马：驱马使行。

⑦识荆：语出李白《与韩荆州书》："生不用封万户侯，但愿一识韩荆州。"韩荆州，指韩朝宗，当时为荆州长史，很受时人景慕。后因以"识荆"为初次识面的敬辞。

⑧关河：指函谷等关与黄河。也指山河、关塞。

【释文】

　　碑于 1976 年移置甘肃兰州金天观内。碑宽 0.86 米，高 1.63 米。刻七言律诗一首，八行，共 73 字，书体为狂草。末署"岐冈"二字，碑末镌有"磐石之宗"和"肃藩翰墨"两篆文印。与其一起的另一通《三觐明藩致祝》碑已遗失。

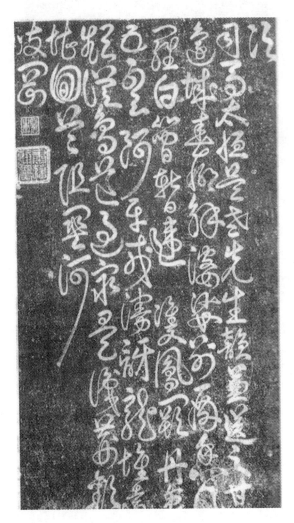

碧血碑（拓片）

　　据宣统《甘肃通志》载："拂云楼上诗碑在皋兰城内，碑二通，高俱七尺，宽四尺，七律诗各一首。一存五十二字，一存六十一字；一题'三觐明藩致祝，无年月款识'；一题'次司马太恒吴老先生韵兼送之甘□'。崇祯十六年（1643年），李自成起义军攻破兰州，肃王识镕被杀，肃王妃颜氏、赵氏、顾氏登兰州北城，以首触肃先王碑而亡。又据《皋

碧血碑（原碑）

兰县志》载："拂云楼在北城上，中列诗碑二，碑阴血迹各一大如碗，历久不灭，相传明季寇乱肃府二妃触碑殉难。世称为碧血碑。"清同治六年，伊吾使者景廉在拂云楼题《碧血碑》诗中道："一代红颜节，千秋碧血痕。"拂云楼在20世纪50年代初因建设用地，与北城墙同时拆去。两

诗碑清末移督署节园（今甘肃省政府后花园）。

从碑刻印章"肃藩翰墨"知，此印为明肃王印无疑，但究竟是哪位难确定。洪武二十五年（1393年）朱元璋封十四子朱楧为肃王，在此后历代肃王分别有肃庄王楧、肃康王瞻焰、肃简王禄埤、肃恭王贡錝、肃定王弼桄、肃怀王绅堵、肃懿王缙贵、肃宪王绅尧、肃王识铉。

遮阳山张三丰题诗

明天顺二年（1458年）前

【碑文】

> 芸叟亭成溪涧滨①，有年陈事一更新。
> 地灵方有吾人杰，亦古由来遗迹真。
> 泉溜斜飞清俗虑②，云崖壁立景洽神③。
> 表章自是属明世④，好把高名并助珉⑤。
> 三峰居士题

【撰者】

张三丰，字君实，号玄子，为明初武当派道教、道拳创始人，元朝末年、明朝初年道士，武当道拳创始人。明英宗赐号"通微显化真人"；明宪宗特封号为"韬光尚志真仙"；明世宗赠封他为"清虚元妙真君"。在各种张三丰的传记或有关他的材料里，还有"全弌""玄子""三伀""三峰""三丰遯老""玄一""君实""居宝""昆阳""保和容忍三丰子""喇闼""邋遢张仙人""蹋仙"等诸多名号。

【注释】

①芸叟亭：宋朝名臣张舜民隐居过的亭子。张舜民，生卒年不详，北宋文学家、画家，字芸叟，自号浮休居士，又号矴斋，宋熙宁元年（1068年）进士，邠州（今陕西彬县）人。历任襄乐令、监察御史、右谏议大夫、定州知府、同州知府、楚州团练副使等职。为人耿直，曾被贬商州。其文集今存《画墁集》8卷，补遗1卷，有《知不足斋丛书》本及《丛书集成》本。又据清康熙二十六年《岷州卫志》记载："张舜民，

字芸叟，号浮休居士，邠州人，举进士第，为崇乐令。任终，持一砚去，寻悔之。"晚年有其自序预言曰："年逾耳顺，方敢言诗，百世之后，必有知音。"

②俗虑：世俗的思想情感；指凡庸的思想感情。

③景洽神：意为云崖壁立之风景正好与诗人神思相融洽。

④表章：即表彰。明世：本人死后之年代。全句意为诗人的生平事迹生前难以告知世人，彰明昭著之期可待。

⑤高名：盛名，名声大，高大，指很高的名望。《韩非子·十过》："过而不听于忠臣，而独行其意，则灭高名，为人笑之始也。"

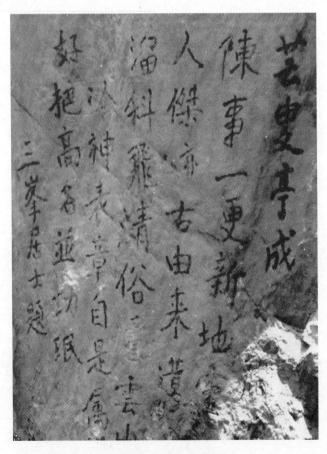

遮阳山张三丰题诗（摩崖）

【释文】

张三丰题诗摩崖位于甘肃省定西市漳县遮阳山景区西溪口"题诗崖"上。遮阳山是漳县一处森林公园，因"日出而为山所蔽"得名，遮阳山古有岷州"小崆峒"之称，是驰名陇上的旅游胜地。风景区距县城二十九公里，占地面积三十六平方公里，由西溪、东溪、夷门山三个景区组成。有玉笋峰、芸叟洞、三鲜石、千丈溪、神女峰等四十七个景点。这里除《张三丰题诗》外还有很多宋、明两代名人题刻。

明洪武年间张三丰从宝鸡金台观西行，经成县金莲洞、武都万象洞，到岷州城中居留，最后在漳县遮阳山龙潭消失。相传龙潭为道教神秘人物张三丰的升仙处。彰县、岷县一带至今流传许多"疯子张爷"（张三丰）的轶事。在西溪口的题诗落款看"三峰居士""三峰""三丰""三疯"同为张三丰的名字。从诗意来看，张三丰路过芸叟亭，想起张舜民的际遇，感同身受，有感而发。张舜民几经宦海沉浮，在极度失意时从遮阳山悟彻了生命意义；张三丰则历经艰难躲避皇帝的网罗。两位都是厌倦世事，都是对生命大彻大悟。

庆阳府军事地图刻诗

明成化十一年（1475 年）

【碑阴】

予奉命训兵，以防胡虏，寓于环庆者，将五载。今年冬，虏贼举众入寇，各路将官协谋，军士效勇，贼大遭挫，渡河而北，边境用宁。九重无纡西顾之忧，三军无北伐之苦，而关中黎庶亦得以息转输之劳，兼瑞雪屡降，来岁丰登已兆其祥，是皆可喜之事也。停车之退，故书此以见意耳，读者勿哂其不工云。

几载提兵寓庆阳[①]，凯旋南去喜洋洋。
关中黎庶停供亿[②]，塞外羌胡远遁藏[③]。
圣主永纾西顾虑[④]，王师尽返北征装。
时来屡有雪盈尺，来岁丰登已兆祥[⑤]。
成化癸巳冬十二月二十有二与日后乐轩吟。

右诗，今钦差提督军务、巡抚陕西、都宪马公所作也。成化己丑，虏贼潜牧河套，大肆猖獗，皇上命公以捍御之。公不惮艰危，遍历边境，相度地理形势，凡所以提备之策，靡不周密。其在环庆也，修灵武、洪德、本钵、马岭四城，以遏贼西入之路；修怀安、柔远二城，以遏贼东入之路；并韩家山等堡洞五百六十余所，以便屯伏；增塌儿掌等墩台一百五十余座，以便瞭望；虑汲饮之困乏也，则浚鹅池、葫芦之泉；利师旅之往来也，则植衢道、邮亭之树；精选士马，分守要害，赏罚严明，声威大振，四五载间，贼不复敢深入。癸巳秋，公适抚巡归陕，贼乃伺隙侵掠平、巩。公得报，即率轻骑数百出其前，逆战于隆德县汤羊岭，彼众我寡，日薄暮，公合城中老稚，各授薪草，燃火四出以疑之，贼遂宵遁。公戴星驰逐，抵韦州，会军邀战，贼大败走，逾河而西。公凯旋作是诗志喜也。隆德人既表岭名为得胜坡，庆阳同知薛禄复刻公诗于范、韩二公祠堂碑阴矣。予因次其实一二于左，方以见公之所以成功者所本云。公名文升，字负图，河南人。登辛未科潜榜进士，后乐，别号也。

成化乙未夏五月既望，右参政同榜池阳孙仁跋。

环川台：台三座，东西相望，控扼环县川口。川口平漫，北交黑城。成化六年，鞑贼拥众循川而下，掠曲阜，逼近郡城。明年，公率兵至，遂命郡通判薛禄筑令台，连台有墙，墙复立朵，台高二丈四，周二十八丈，可容千人；墙高一丈五尺，长一百二十一丈，朵二百一十，有贼或入川，则东西据台驻兵为犄角之势，环河西，河北岸有山，皆凿其北麓深沟，固堑使不可上下，即台之翼也。台成，贼不复入矣。

槐安城：槐安在郡北一百八十里，最为要害之地。唐置县，宋改置镇，元因之。国朝置巡司，旧有城，狭小，墙垣久圮。成化八年，公命参政胡钦、郡同知马聪增筑四周三里有余，门钥楼□仓庾悉备足，以控制虏寇云。

柔远城：郡东北有川，北通宁塞金汤诸处，柔远去郡一百四十里，控扼川腹，宋置巡司，国朝因之，更名定边。然旧无城，倚山为塞。成化七年，公命参政胡钦、同知薛禄增筑城二余里许，城之楼□仓庾悉备足，永捍御云。

灵武城：灵武去郡二百里，去环里许即古环州，汉置县，属北地郡；

唐宋间或兴或废，遗址尚存。成化六年，鞑贼数入侵掠，以无城也。公命同知薛禄修城周二里有奇，军民奠居，无复虏患矣。

马岭城：马岭，隋及唐皆为县；宋、金、元废县为镇。镇枕山，山形如马领，因名焉。西通宁夏，北通大拔寨，地饶，居人殷裕。贼□掠必先焉。成化七年，公命参政胡钦、郡守王贵率土著之民筑城，四周六百丈许，条布街衙，军民附镇者徙实其中，皆得保全焉。

红德城：城考郡志，乃宋章□遣折可适破夏人于此。城切边北通宁塞，东接安定。鞑贼出没必由焉。成化八年，公提兵御贼，路出城下，城废垣存，或起或伏，遂命郡同知薛禄因垣修城，西削山根，东削高崖，城复屹立。近城有川，立堑屯军，以扼其口，如环县川口作台之计。又徙批验所于内，以诰商盐，军民称便，盖经久保障之册也。

本钵镇：镇屑环县，环切边镇，为鞑贼必掠之地。古人尝有城，以壮防御，岁久城废，镇亦鞠为草莽矣。成化七年，鞑贼无忌数入侵掠，逮公提兵御边，遂命郡同知薛禄筑镇，镇既成，兵粮俱聚，军民捕亡就召者旬月，镇以大实，中复立递运所，以转军资，贼自此无敢南入矣。

胡芦泉：泉出环县北，故城即古环州，州废，泉亦烟塞，不知若干岁矣。环水咸苦，饮者为病。按县志，泉独清甘。成化八年，郡同知薛禄具白其事，公遂命浚道如故，泉涌出，若有神焉。又修砌街衙，以便居人。旬月间，军民就居者三百余家，翕然一城焉。

鹅池在郡城中，左水暗通城外东河，庆人饮水于河。此池防水困也，按池上碑出，唐人所凿，宋人尝重修之，池水去平地百尺许，易就埋塞。成化十年，参政池阳孙仁诣池，遂自公重浚之，伐石砌阶，便人负汲，实为经久之利。当时，督工郡守马杰、卫指挥使张瑛也。

堡洞：庆阳边郡，古今有虏患，比年尤甚，民心惶惶，弗宁有居。公驻兵，遂命金事河间左钰、郡同知薛禄遍历郡内，相度形胜，或枕山立堡，或窍山为洞，共五百六十余所，贼来收民入居，贼不能迫焉。

墩台：郡东西二川，古人立墩，以资瞭望，岁久，址存墩废。成化七年，鞑贼数肆侵掠及门，民犹弗觉。公率兵至，遂命郡同知薛禄自环县塔儿掌，折西而南直抵郡城，又东折金汤西阳诸川，因高为墩一百五十有奇，视古倍半矣。墩成，编集近民更迭瞭望，贼入，燃火相警，民以有备，贼多就擒者，墩之利也。

树木：郡极西陲，风土苦寒，道路从古无树木。公按郡，遂命郡同知薛禄择地所宜树如椿、楸、榆、柳，植两旁，及邮舍遍植桃、杏，上地凿池，下地甃井，以资灌溉，迄今三年，树皆成荫，行人忘暑，果亦有实，人以收利。公用心细密，此特一端云。

大明成化十一年岁次乙未秋七月望，庆阳府知府祁丘庞瑄，同知临泉薛禄、南阳徐禄，通判崃普李蓴、莆田林孟和，谨志并图。

【撰者】

马文升（1426—1510 年），明大臣，字负图，号约斋、三峰居士，晚年号为友松道人，景泰年间进士，钧州（今河南禹州市）人。曾任大夫都察院左副都御史、兵部尚书、少师兼吏部尚书等职，位居一品。去世后赠特进光禄大夫、太师，谥号端肃。在世时先后辅佐了代宗朱祁钰、英宗朱祁镇、宪宗朱见深、孝宗朱祐樘和武宗朱厚照五个皇帝，故称为"五朝元老"。因马文升曾任吏部尚书，故本乡人多称"马天官"（自唐武则天后，以天官为吏部的通称）。

【注释】

①庆阳：地名，甘肃庆阳。

②关中：古地域名。所指范围不一。或泛指函谷关以西战国末秦故地（有时包括秦岭以南的汉中、巴蜀，有时兼有陕北、陇西）；或指居于众关之中的地域。今指陕西渭河流域一带。黎庶：民众，百姓。《书·尧典》："黎民于变时雍。"《孔传》："黎，众。"供亿：按需供给。

③羌胡：指我国古代的羌族和匈奴族，亦用以泛称我国古代西北部的少数民族。遁藏：逃避隐藏。

④纾：缓和，解除。

⑤丰登：指丰收。

【释文】

此诗刻立于明成化十一年（1475 年），其文刻在《重建有宋范韩二公祠堂之记》碑的背面，今存庆阳县博物馆，碑原在庆阳县城南街，碑高 236 厘米，宽 98 厘米，厚 21 厘米，为富平石质。此碑以前曾在陇东中学、鹅池保存。碑中有一幅明代庆阳府军事地图，地图上向北涉及今宁夏回族自治区的灵武县、陕西省的定边县，标注有庆阳县城、环县县城、合水县城、定边县城、灵武县城等。以庆阳县城为中心，向北画有三条路，将一些重要军事重镇有机地串在一起。图中还刻有河流三条，即环江（西川）、柔远（东川）、洛河。碑面最上方的诗文说明了绘制这幅地图的起因，表达了作者在挫败胡虏后喜悦的心情，预示天下、人民将安定太平。马文升立此碑为纪念范韩二公，也有自比范韩之意。

庆阳府军事地图刻诗（拓片）

庆阳府军事地图碑刻碑阴（拓片）

附：《庆阳府军事地图碑刻》碑阳文：

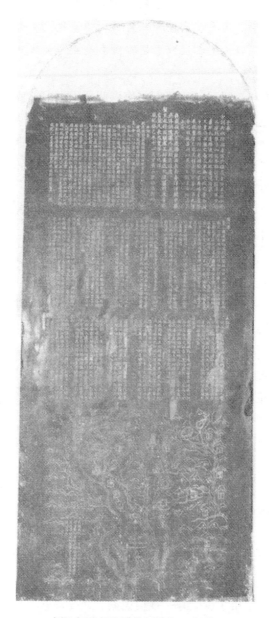

庆阳府军事地图碑刻碑阳（拓片）

重建有宋范韩二公祠堂记

　　赐进士通议大夫都察院左副都御史钧阳马文升撰文

　　赐进士嘉议大夫工部左侍郎古邠刘昭篆额

　　赐进士嘉议大夫都察院右副都御史桂阳朱英书丹

　　生而为名将相，殁而载在信史，使人仰慕于无穷。或血食于千百年之后而不已者，必其有大功德于生民社稷，夫岂偶然哉！古之人有能之者，其惟宋之范文正、韩忠献二公乎。康定初，夏贼赵元昊拒命，有侵犯中原意，而延庆被害尤甚。时范雍在延州，贼围之孔急。

　　环庆副将刘平、石元孙赴援陷殁。事闻，中外震惊。文正公请自行，遂命公知延州。公至，即选练兵士，修葺砦堡，尤主和以招徕之。贼有无以延州为事之言，而奸谋为少沮焉。既而，公与忠献公俱为招讨使，节制鄜延环庆诸路兵。或主战，或主守，战守皆得其宜。与夫险要之处，悉筑城堡，举诸知名士以守之。势相连属，综理周密。夏贼知不可敌，遂敛兵不敢近边。终不得以逞其奸谋，关中获安。而宋室无西顾之忧者，皆公与韩忠献公之力也。后二公俱为宰辅，其精忠大节，丰功伟绩，载在史册，昭然可考。惜乎！文正公未罄先忧后乐之志而卒。当时民仰公之德，故于鄜延环庆皆建祠以祀之。宣和中，经略使宇文虚中奏，公有大功，今庆州有公祠。合古者有功于民，以死勤事之法，乞赐祠额。诏赐为"忠烈"。历金元至今，其祠不知毁于何时。成化庚寅，胡虏犯边。子奉命统兵守环庆，寻二公之故迹而修复之。贼颇知惧，不复人其境，而民赖以安，况在当时者乎。壬辰春，天官亚卿、姑苏叶公，奉命巡边。以文正公乃乡先达，所至必访公之祠而谒之，以庆之祠毁为意。予以公之祠赐额始于庆阳，今祠毁而不修，乃予之责也。遂令藩司参政胡钦、孙仁，知府王贵，同知薛禄，卜地于府学之南，范韩二公祠堂记碑（碑阴）鸠工聚材，民乐为之。中建三楹为正堂，东西两庑及前门各三楹，后五楹为退堂，左右厢房如前。正堂中塑文正公并增忠献公像，余以义起之也。经始于成化癸巳秋九月，落成于甲午春三月。规模宏敞，轮焕一新。二公之英灵，必妥于此矣。金谓不可无文以纪其岁月，乃请余为记。子闻孔子曰，"管仲相桓公，霸诸侯，一匡天下，民到于今受其赐。微管仲，吾其披发左衽矣。"盖言仲有攘夷之功。使无仲，则之时之民，尽为夷狄之俗。昔二公之在关中，当元吴士马精强，虎视中原之日，乃能同心戮力以御之。使民无蹂躏之苦，而免左衽之俗，其有功于社稷生民也大矣。其功岂不高于仲哉？又岂小有功于一方者之可比哉？宜乎延庆之民，建祠以祀，而后人景仰于无穷也。或谓文正公与忠献公，共事关中，功业相等。今民建范之祠，而不及韩者，岂韩不及范耶？予曰，是大不然。范与韩俱驻节泾州，韩兼秦凤，范兼环庆。在庆之日久，而民之爱之者深。又殁于韩公之先，非以范之功德有大过于韩也。不然，天下后世称宋相、关中功业之盛者，必曰韩范。今合而祀之，夫岂不宜？心，其有不油然而兴耶！予素慕古人者，于二公慕之尤切，故不辞而为之记。

成化十一年岁次乙未秋八月吉旦立石。凤鸣秦旺镌。

夜雨岩诗刻①

明（1477—1526 年）间

【碑文】

淡淡笼轻霭②，沉沉映落霞。

雨余声愈急，风动滴还斜。

秋树浮残叶，春山泛落花。

翻疑最深处，犹似隐仙家。

【撰者】

朱真㴖（1477？—1526 年），封肃王世子，追封靖王，是位皇族诗人，曾被誉为"昭明之俦"，清雅好诗，留有较多赞美金城兰州名胜的诗作，如《华林寺》《莲池夜月》等，著有《星海集》。

【注释】

①夜雨岩：后五泉，也称夜雨岩，因地处五泉山而得名，后五泉的成因和前五泉相同，都是五泉砾岩中的裂隙水。其位置在今七里河区八里镇阿干河东山后五泉村，系皋兰山西麓一道深幽的沟壑。

②轻霭：轻淡的云雾。唐刘祎之《酬郑沁州》诗："寒山敛轻霭，霁野澄初旭。"

【释文】

夜雨岩古迹以及诗碑发现于甘肃兰州八里镇后五泉村阿干河东山沟，碑文为行书，碑久佚。在清嘉庆年间，夜雨岩被改名为灵雨岩。据《兰州府志》云："夜深籁静，潺潺如雨声。故明肃靖王朱真淤命名为'夜雨岩'，并赋诗吟咏。"靖王朱真淤死后葬在兰州榆中县来紫堡黄家庄村附近。

李昆《访杜少陵祠》诗碑

明正德八年（1513年）

【碑文】

正德癸酉六月暇日，与东渠①访杜少陵祠址有述。东渠吾台长，燕山李公德方也，时分巡至成县。

侵晨入龙峡②，杳霭足云雾③。岩际余凿痕，云是古栈路④。

遥通剑阁门，斜连白水渡。杜陵有祠宇，畴昔此漂寓⑤。

萧条翳榛莽⑥，摇落伤指顾⑦。两楹盖数瓦⑧，垣毁门不具⑨。

四壁绘浮屠⑩，讹舛更堪怒⑪。拂藓读残碑，字漫不可句。

东渠台中彦，感此激情愫⑫。创始伊何人？兴仆吾可作⑬。

抗手进县令⑭，慈亦岂末务，我当力规画⑮，尔宜亟举措。

会使道路人，从知古贤慕。予闻重叹息，因之资觉悟。

东西走二京⑯，累累几陵墓。况复浮尘踪，谁能侧目注？

彼美少陵翁，磊落君子度。盛气排海岳⑰，雅调续韶頀⑱。

弃官救房琯，知名通妇孺。严武不能杀，陷贼靡所污。

平生忠义心，万里屯邅步⑲。郁郁抱悃愊⑳，稍稍见词赋。

光焰万丈长，宁以华藻故？诸葛颜韩范㉑，比拟固非误。

乃知贤俊迹㉒，百世所公护。我为歌长辞，聊以效疏附㉓。

徘徊未能去，倏忽烟水暮。

中宪大夫陕西提刑按察司副使高密李昆承裕书，金陵七十三翁张海□。

【撰者】

李昆（1471—？年），字承裕，号东岗，十九岁时弘治庚戌（1490年）年进士。历任礼部主事、员外郎、郎中，迁陕西按察司佥事督理学政、湖广右布政使、陕西左布政使、副都御史、浙江副使、兵部右侍郎等职。著有《东岗小稿》。其文平淡但有理趣，喜好五言诗。

【注释】

①东渠：即李璋，字德方，燕山人。《徽郡志·艺文》卷八又载李璋《重至徽山》题下注："东渠李璋，都御史。"

②侵晨：天快亮时，拂晓。《三国志·吴志·吕蒙传》："侵晨进攻，蒙手执枹鼓，士卒皆腾踊自升，食时破之。"

③杳霭：幽深渺茫貌，云雾缥缈貌。宋欧阳修《有美堂记》："而闽商海贾，风帆浪舶，出入于江涛浩渺、湮云杳霭之间。"

④栈路：栈道；在险绝处傍山架木而成的一种道路。《战国策·齐策六》："（田单）为栈道木阁而迎王与后于城阳山中。"

⑤畴昔：往日，从前。唐李白《赠从弟南平太守之遥》诗之一："一朝谢病游江海，畴昔相知几人在？"漂寓：漂泊寄居。

⑥翳：古同"殪"，树木枯死，倒伏于地，又指遮蔽，障蔽。

⑦指顾：手指目视；指点顾盼。《汉书·律历志上》："指顾取象，然后阴阳万物靡不条鬯该成。"

⑧楹：量词，古代计算房屋的单位，一说一列为一楹；一说一间为一楹。

⑨垣：矮墙，墙。

⑩浮屠：亦作"浮图"。佛教语。梵语 Buddha 的音译。佛陀，佛之意。李贤注："浮图，即佛也。"晋袁宏《后汉纪·明帝纪上》："浮屠者，佛也。西域天竺有佛道焉。佛者，汉言觉。将悟群生也。"

⑪讹舛：错误；误谬。多指文字方面。《隋书·礼仪志一》："而朝廷宪章，其来已久，或得之于升平之运，或失之于凶荒之年，而世载遐邈，风流讹舛。"此处指乱字的文字、诗文等。

⑫情愫：亦作"情素"，真情；本心。《战国策·秦策三》："夫公孙鞅事孝公，极身毋二，尽公不还私，信赏罚以致治，竭智能，示情素，蒙怨咎，欺旧交。"

⑬兴仆：将已倒的扶植起来；使兴盛。《秦并六国平话》卷上：“六国纵横易冰炭，孤秦兴仆等云轮。”

⑭抗手：举手，施礼。李善注：“抗手，举手而拜也。”《孔子家语·致思》：“子路抗手而对曰：‘夫子何选焉。’”

⑮末务：世俗琐事。晋葛洪《抱朴子·论仙》：“设有哲人大才，嘉遁勿用，翳景掩藻，废伪去欲，执大璞于至醇之中，遗末务于流俗之外。”规画：筹划、谋划。

⑯二京：东京和西京，即洛阳和长安。

⑰海岳：大海和高山；四海与五岳。晋葛洪《抱朴子·逸民》：“吕尚长于用兵，短于为国，不能仪玄黄以覆载，拟海岳以博纳。”《旧唐书·房玄龄传》：“臣老病三公，旦夕入地，所恨竟无尘露，微增海岳。”

⑱韶濩：亦作“韶濩”。汤乐名。《左传·襄公二十九年》：“见舞《韶濩》者。”杜预注：“殷汤乐。”孔颖达疏：“以其防濩下民，故称濩也……韶亦绍也，言其能绍继大禹也。”一说，舜乐和汤乐。李善注引郑玄曰：“《韶》，舜乐；《护》，汤乐也。”后亦以指庙堂、宫廷之乐，或泛指雅正的古乐。此指大雅遗风。

⑲屯邅：亦作“屯亶”，不进貌。《易·屯》：“六二，屯如、邅如，乘马班如”。孔颖达疏：“屯是屯难，邅是邅回。”后多指艰难。汉班固《幽通赋》：“纷屯邅与蹇连兮，何艰多而智寡。”

⑳悃愊：至诚。《汉书·刘向传》：“论议正直，秉心有常，发愤悃愊，信有忧国之心。”颜师古注：“悃愊，至诚也。”

㉑韩范：指韩愈和范仲淹。

㉒贤俊：才德出众。北齐颜之推《颜氏家训·教子》：“贤俊者自可赏爱，顽鲁者亦当矜怜。”

㉓疏附：使疏远者亲附。明李贽《藏书·世纪列传总目后论》：“夫圣王之王也，居为后先疏附，出为奔走御侮，曷有二也。”

【释文】

李昆诗碑现存，今有泐损，现存于甘肃陇南市成县杜公祠内碑廊，镌刻于正德癸酉（1513年），有题跋。其高40厘米，宽109厘米，25行，字径2.5厘米左右，楷书，270字。

正德癸酉，即正德八年（1513 年），时任中宪大夫、陕西提刑按察司副使的李昆来到成县（同谷）面对杜甫草堂破败荒废的景象，不由产生修缮之意，并言县令合力修复祠堂，以参观者知古慕贤，以正文风。该诗碑赞颂杜甫的才德气度，对他诗歌的评价，是在化用韩愈所说"李杜文章在，光焰万丈长"（《调张籍》）的基础上，充分肯定了杜诗"以记为诗"的朴实诗风。在人格魅力上，诗碑是把杜甫与诸葛亮、颜真卿、韩愈、范仲淹等放在一个水准上来衡量的，以为百世所敬仰。

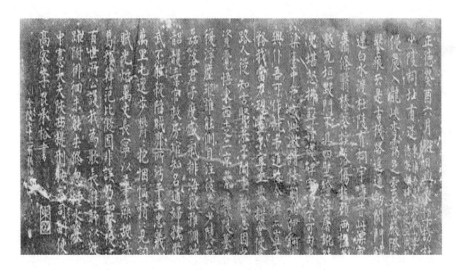

李昆诗碑（拓片）

桥滩石刻

明嘉靖年间（1521—1567 年）

【碑文】

山风淘浪浪淘沙，两岸青山隔水涯①。
第一名桥留下住②，古碑含恨卧芦花。

【撰者】

吴调元，字柳溇，明嘉靖时河州贡生。其父祯，号亦乐，任河州知州，吴调元和其父吴祯，首纂《河州志》。吴调元存诗十三首，多为哲理诗，如《否泰章》："伏羲画卦妙几微，善恶由人报岂违。天道自然而造化，人心固有以阴辉。神经奥旨箴家园，图说新闻寓范围。从此不思无奈尔，令人依旧又觑欷。"阐释易理，顺其自然。

【注释】

①水涯：水边。唐宋之问《太平公主山池赋》："烟岑水涯，缭绕逶迤。"

②第一名桥："天下第一桥"初建于西秦时期。据《旧唐书》记载，景龙四年（710 年）唐中宗以所养雍王李守礼女金城公主西嫁吐蕃时，唐中宗皇帝令当地官府征调众能工巧匠，在凤林关重架黄河桥，被称为"天下第一桥"。贞观年间李靖出征吐谷浑时过此桥，并刻铭为"天下一桥"。

【释文】

此刻诗题在甘肃永靖炳灵寺峡口黄河南岸，"天下第一桥"石下。据《导河县志》言，为明嘉靖时河州贡生吴调元所作。

另据《河州志》载"天下第一桥"在县北六十里寺沟峡口，西秦进造浮梁于黄河上，今摩崖字犹存。《秦州记》载："枹罕有桥夹岸，广四十丈。义熙中（405—418 年）乞伏于河上作飞桥，高五十丈，三年乃就。"据此第一桥应始建于西秦。

"天下第一桥"石刻在炳灵寺峡山右壁峭立，碑文漫漶不可辨识，唯峡口有巨石沉于河之南滨，下刊"天下第一桥"。冬春两季，石刻可见。1967 年刘家峡大坝蓄水后，"天下第一桥"石刻和北岸绳眼遗迹，都淹没于水底。

炳灵寺位于甘肃临夏永靖县西南小积石山中。开创于北魏，隋唐、元、明后各代都有续凿修缮。最早称"唐述窟"，取羌语"鬼窟"意。又有龙兴寺、灵岩寺之称。永乐年名"炳灵寺""冰灵寺"。"炳灵"藏语意为"十万尊弥勒佛居住的地方"，与"千佛洞""万佛洞"同意。石窟分上寺、洞沟、下寺，分布在大寺沟两侧的红砂岩上，洞内造像丰满，神态各异，具有典型的北魏雕刻艺术特色。炳灵寺与莫高窟、麦积山石窟并称为甘肃三大石窟。

遮阳山诗刻

【刻文】

纪行次韵

明嘉靖丁亥　　联□□

千里干戈七里城，提兵指宪揽儒生。

柳营夜卫备清箸①，茅屋春回起惫魂。

丹凤忽从红月下，青骢慢逐晚风行②。

征南到处花香拥，满目莺黄导去旌③。

镌诗石题诗

南向石门北向开，愚人自此泪断怀。

登临孤吊张芸叟④，石上题诗扫绿苔。

镌诗石题诗（摩崖）

芸叟洞题诗

石门就此似洞庭⑤，麓木峻峰站画屏。

水浣西溪潭波深，阳萌东方半坡春。

过天云彩遮日月，满地雾气罩山川。

芸叟古贤因至此，喜羡山水遗谈诗。

芸叟洞题诗（摩崖）

【注释】

①箸：筷子。

②青骢：毛色青白相杂的骏马。《玉台新咏·古诗为焦仲卿妻作》："踯躅青骢马，流苏金镂鞍。"

③莺黄：浅黄色。宋张先《定风波令》词："碧玉箄扶坠髻云，莺黄衫子退红裙。"

④张芸叟：张舜民，字芸叟。

⑤洞庭：山名。在江苏省太湖中。有东西二山，东山古名莫厘山、胥母山，元明后与陆地相连成半岛。西山即古包山。

【释文】

以上三首均为遮阳山摩崖诗刻，第一首《纪行次韵》为明嘉靖丁亥（1527 年）春三月联□□作，刻于甘肃定西漳县遮阳山镌诗石之上端。撰者记载不详。第二首《镌诗石题诗》，亦刻于遮阳山镌诗石之上，题刻年代、作者不详，此题刻内容是怀念宋朝名臣张舜民（张舜民简介见《遮阳山张三丰题诗》注释）。第三首《芸叟洞题诗》，为明正德年间（1491—1521 年）刻于遮阳山芸叟洞下方的岩壁上，另芸叟洞下方的岩壁上有题诗两处，字迹模糊，已难以辨认。

方远宜遮阳山题诗

明嘉靖九年（1530 年）

【碑文】

四面擎天玉柱峰①，步虚声里寄行踪②。

洞门流水非人世，隔绝云林八九重③。

【撰者】

（清）沈翼机《浙江通志》卷一百五十七《名臣》十二载"方远宜，字伯时，歙县人，进士。"《四库全书总目提要》载："明嘉靖中，山东巡按御史方远宜、始属副使陆钺等创修《山东通志》四十卷，为目五十有二，附目十。"山东省图书馆藏明嘉靖刻本《山东通志》有方远宜所写序文："嘉靖壬辰（为嘉靖十一年，即 1532 年）余承乏按是邦，受命而来，见藩臬彬彬作者有人，乃间以是谂之。适提学宪副陈君举之，得先提学余子华氏志草，出以相视，因与共图之。"

【注释】

①擎天：托住天。形容重大，坚强，高大有力量。

②步虚声：指道士诵经的声音。

③云林：隐居之所。唐王维《桃源行》："当时只记入山深，青溪几度到云林。"

【释文】

《遮阳山题诗》刻于甘肃定西漳县遮阳山题诗崖上，为明嘉靖九年（1530 年）方远宜所题刻，《岷州志》有其录文。这首方远宜的诗作，为遮阳山题刻中最清晰最显眼的一处。而诗作者方远宜，其实并不陌生，在甘肃天水伏羲庙碑刻中，明嘉靖《太昊庙乐记》碑文有"嘉靖初，侍御新安方远宜氏广庙于台焉"句。明康海《秦州画卦台新建伏羲庙记》记载：1531 年（嘉靖十年二月至闰六月），甘肃巡按御史方远宜、巩昌府同知李遑、临洮府同知王卿云主持兴建卦台山伏羲庙。这两处记述是方远宜在天水的留记。

遮阳山题诗（摩崖）

白镒《过杜子祠》诗碑

明嘉靖十六年（1537 年）

【碑文】

过杜子祠

对县南山秀出岐，少陵遗迹启生祠。

豪吟悯世忧时志①，晚景怀乡去乱思。

大雅删余高独步②，盛唐变后妙难窥。

诗家门户知多少，神圣无俦总是师③。

嘉靖丁酉仲冬六日，赐进士奉政大夫陕西按察司分巡陇右道佥事、前南京刑部郎中太原白镒书。

【撰者】

白镒，山西太原人，赐进士，曾任山西束鹿县（今河北省辛集市）知县。嘉靖间历任南京刑部郎中、陕西按察司分巡陇右道佥事。

【注释】

①悯世：忧世。明李贽《寄答耿大中丞书》："吾谓欲得扶世，须如海刚峰之悯世，方可称真扶世人矣。"

②大雅：这里指德高而有大才的人。《文选·班固〈西都赋〉》："大雅宏达，于兹为群。"李善注："大雅，谓有大雅之才者。《诗》有《大雅》，故以立称焉。"

③无俦：没有能够与之相比。汉蔡邕《弹棋赋》："不迟不疾，如行如留，放一敝六，功无与俦。"

【释文】

诗碑现存于甘肃陇南市成县杜公祠内碑廊，碑高68厘米，宽81厘米，12行书，字体大小为4平方厘米左右，书体楷书。《过杜子祠》为嘉靖丁酉（1537年）仲冬奉政大夫、陕西按察司分巡陇右道佥事白镒作。

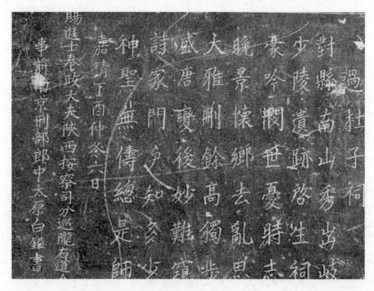

过杜子祠（拓片）

胡缵宗《早朝诗》

明嘉靖十九年（1540 年）后

【刻文】

（一）

九天星逐晓云开，五夜花迎紫气来①。

宸极飞龙启阊阖②，萧韶舞凤坐蓬莱③。

夜冠八百鹓犹序④，辞赋三千锦欲裁⑤。

好向中天作霖雨⑥，周宣今日正求才⑦。

（二）

六街银烛引千官⑧，禁阁铜龙漏未残⑨。

风动衮旒分日月⑩·云开宫殿拜衣冠。

羽林门下偏承露⑪，韶舞空中欲和鸾⑫。

天子万年自端拱，小丞环佩亦珊珊⑬。

（三）

千官待漏立庭槐⑭，万户流香袭院梅。

楼外晓钟天地转，殿中宝扇斗星开。

衣冠拜舞箫韶合⑮，鸾凤飞扬日影来⑯。

朝罢翩然下薇省⑰，东华春色映蓬莱⑱。

（四）

日傍扶桑晴欲动，春从太液暖初浮⑲。

六龙飞旆云中出⑳，五凤鸣钟汉外流㉑。

御座天开睹尧舜，彤庭星列拜伊周㉒。

相如拟献长扬赋，只恐黄门漫尔留㉓。

【撰者】

胡缵宗（1480—1560 年），字孝思，一字世甫，号可泉，又号鸟鼠山人，明代巩昌府秦州秦安县（今甘肃天水市秦安县）人。正德三年（1508 年）进士。历任翰林院检讨、嘉定州判官、潼川州知州、安庆府知府、苏州府知府，山东、浙江、山西布政使司左参政，河南左布政使，山东、河南巡抚、右副都御史等职，为政"廉洁辨治，名与况钟颉颃"。胡缵宗著有《鸟鼠山人集》《拟涯翁拟古乐府》《拟汉乐府》《愿学编》《近取录》《安庆府志》《苏州府志》《巩昌府志》《秦安志》《仪礼集注》《春秋集传》《读子录》等书；辑有《秦汉文》《雍音》《唐雅》《汉音》《魏音》等书。

【注释】

①五夜：指戊夜，即第五更。李善注引卫宏《汉旧仪》："昼夜漏起，省中用火，中黄门持五夜。五夜者，甲夜、乙夜、丙夜、丁夜、戊夜也。"紫气：紫色云气。古代以为祥瑞之气，附会为帝王、圣贤等出现的预兆。汉刘向《列仙传》："老子西游，关令尹喜望见有紫气浮关，而老子果乘青牛而过也。"

②宸极：即北极星，又借指帝王。《晋书·律历志中》："昔者圣人拟辰极以运璿玑，揆天行而序景曜，分辰野，敬农时，兴物利，皆以系顺两仪，纪纲万物者也。"阊阖：传说中的天门。《楚辞·离骚》："吾令帝阍开关兮，倚阊阖而望予。"王逸注："阊阖，天门也。"

③箫韶舞凤：《书·益稷》："《箫韶》九成，凤凰来仪……击石拊石，百兽率舞。"后用"凤仪兽舞"表示圣贤教化的功效极大，能使神异的鸟兽奋然起舞。史载："韶山，相传舜南巡时，奏韶乐于此，因名。"《论语》云："予谓《韶》，尽美矣，又尽善也。"

④鹓：古书上指凤凰一类的鸟。

⑤三千：泛言数目之多。锦：有彩色花纹的丝织品。

⑥中天：犹参天。《文选·班固〈西都赋〉》："树中天之华阙，丰冠山之朱堂。"李周翰注："中天，高及天半。"

⑦周宣：即周宣王。李善注："《国语》曰：宣王即位，不藉千亩，虢文公谏曰：'夫民之大事在农。'"《文选·刘孝标〈辩命论〉》："周宣祈雨，珪璧斯罄。"刘良注："周宣王大旱祈雨，罄尽珪璧于神明而雨不至。"

⑧六街：唐京都长安的六条中心大街。北宋汴京也有六街。泛指京都的大街和闹市。《资治通鉴·唐睿宗景云元年》："中书舍人韦元徼巡六街。"胡三省注："长安城中左、右六街，金吾街使主之；左、右金吾将

军掌昼夜巡警之法，以执御非违。"

⑨禁阁：犹秘阁。宫中藏书之处。《宋书·律历志下》："法兴议曰，月蚀检日度，事验昭著，史注详论，文存禁阁，斯又稽天之说也。"铜龙：笔架、笔套之类文具。南朝梁庾肩吾《谢赉铜砚笔格启》："管抚铜龙，还笑王生之璧。"

⑩衮：古代君王穿的礼服。旒：古代帝王礼帽前后悬垂的玉串。

⑪羽林：汉武帝时选陇西、天水、安定、北地、上郡、西河等六郡良家子宿卫建章宫，称建章营骑。后改名羽林骑，取为国羽翼，如林之盛之意；一说象天文羽林星，主车骑。隋以左右屯卫所领兵为羽林。唐置左右羽林军。元羽林将军为扈从执事官。明亲军有羽林卫。

⑫韶舞：舜时乐舞名。《论语·卫灵公》："乐则《韶舞》。"何晏集解："《韶》，舜乐也。尽善尽美，故取之。"《汉书·儒林传序》："称乐则法《韶舞》。"和鸾：指古代的一种铃铛，挂在车前横木上称"和"，挂在轭首或车架上称"鸾"。

⑬环佩：古人所系的佩玉。郑玄注："环佩，佩环、佩玉也。"《史记·孔子世家》："夫人自帷中再拜，环珮玉声璆然。"

⑭待漏：指封建时代大臣在五更前到朝房等待上朝的时刻。漏：铜壶滴漏，古代计时器，此处代指时间。

⑮拜舞：跪拜与舞蹈。古代朝拜的礼节。汉赵晔《吴越春秋·勾践归国外传》："群臣拜舞天颜舒，我王何忧能不移。"

⑯鸾凤：鸾鸟与凤凰。

⑰薇省：紫薇省的简称，借指中枢机要官署。明赵震元《为袁石寓（袁可立子）复开封太府》："霞壮日暖，咏幼丝于曹碑；薇省风高，识焦尾于班管。"

⑱东华：明清时中枢官署设在宫城东华门内，因以借称中央官署。亦泛指朝廷。明袁宏道《途中怀大兄》诗："一自直东华，先鸡每戒睡。"

⑲太液：古池名。元、明、清太液池即今北京故宫西华门外的北海、中海、南海三海。元时名西华潭。清称太液池。南北四里，东西二百余步，池上跨长桥，旧有石牌坊，东西对峙，东曰玉蛛，西曰金鳌。桥北称北海，桥南称中海，其中瀛台以南称南海。上源自玉泉山合西北诸水，由地安门水门流入。

⑳六龙：古代天子的车驾为六马，马八尺称龙，因之为天子车驾的代称。汉刘歆《述初赋》："揔六龙于骊房兮，奉华盖于帝侧。"旆：泛指旌旗。

㉑五凤：五只凤凰，又谓"凤凰五至"。古以凤凰至为祥瑞之征。《文选·班固〈两都赋序〉》："神雀五凤，甘露黄龙之瑞，以为年纪。"李善注引应劭曰："先者凤凰五至，因以改元。"汉：天河。

㉒伊周：商伊尹和西周周公旦。两人都曾摄政，后常并称。亦指执掌朝政的大臣。《汉书·张陈王周传赞》："周勃为布衣时，鄙朴庸人，至登辅佐，匡国家难，诛诸吕，立孝文，为汉伊周。"颜师古注："处伊尹、周公之任。"

㉓黄门：宫禁。《汉书·西域传赞》："蒲梢、龙文、鱼目、汗血之马充于黄门。"漫尔：随意貌。宋苏辙《次韵张恕九日寄子瞻》："坐曹漫尔夸勤瘁，割肉何妨诮诋欺。"

【释文】

此诗刻现存于甘肃天水市秦安县胡缵宗后人家中。该诗刻于木板之上，为两方，系双面刻。胡缵宗老年时，为给子孙留下其墨宝，曾亲自刻了许多木板，由胡氏家族代代相传，"文革"前后大部分遭到损毁。现只有这《早朝诗》幸存下来。

胡缵宗文学造诣颇深，善诗歌，且擅书法。其书法刚健遒劲，酣畅淋漓，全国名山名寺多有其笔迹。天水伏羲庙门有"与天地准"，江苏镇江摩崖有"海不扬波"，山东曲阜孔庙有"金声玉振"，秦安兴国寺有"般若""贞白家"等匾额。其诗歌多讽喻朝廷，吟民之疾苦，激昂而悲壮，自然又脱俗。胡缵宗返回故乡甘肃秦安后，深感命运之无常，仕途之险恶，便余生"开阁著书"不问世事。于嘉靖三十九年（1560 年）九月初三日卒于家。

附：胡缵宗《自勉诗》

明嘉靖二十二年（1543 年）

尔知字乎口耳矣耳，尔知文乎辞章矣耳。尔知仕乎方册矣耳，然则，尔何为也！恪与雅、廉与惠，不敢不勉得，卒未能也。

可泉子自赞嘉靖癸卯小暑

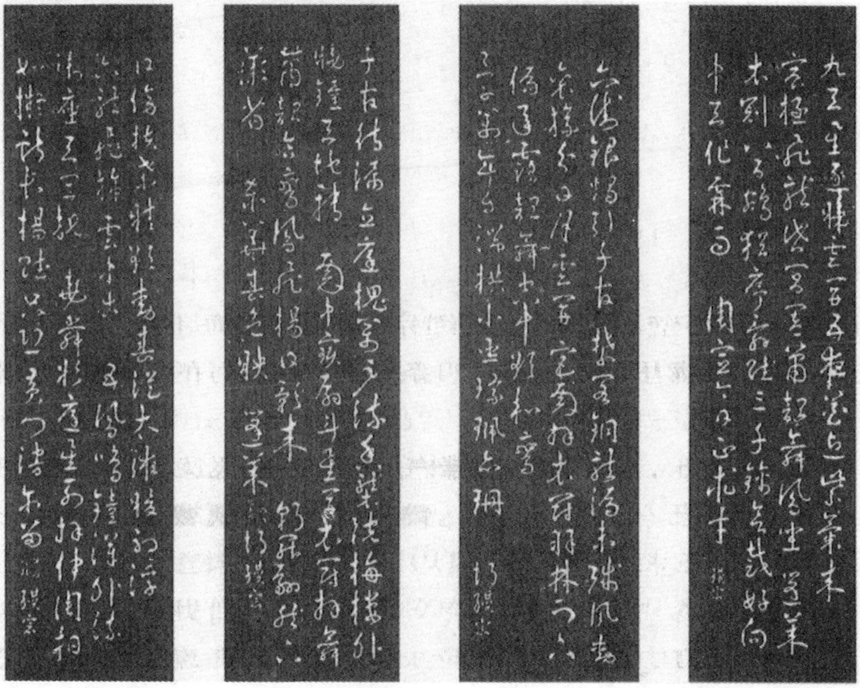

胡缵宗早朝诗（拓片）

独秀石歌

明嘉靖二十三年（1544 年）后

【碑文】

鲈鱼关前独秀石①，下有流泉□□碧②。
年深斑驳老龙鳞，疑是珊瑚出珠泽。
嗟我西游癖好奇，但逢山水每踟蹰③。
踟蹰缀赏屑宾主④，举盏千巡亦不辞。
醉来登坐石之顶，仰看众星明炯炯。
长河夜光飞入来，照见石色碧崔嵬。
崔嵬中有数行字，云是宣和七年识⑤。

笔陈横回蝌蚪文⑥，诗篇绰有风人思⑦。

吟余不觉魂欲飞，徘徊石侧不能归。

思之此石已奇特，此诗定是神人勒。

呵护应归冥者司⑧，遭逢岂比寻常得？

君不见：

禹碑衡山积苔封⑨，援萝攀磴昌黎公⑩。

周宣石鼓久沉沦⑪，往来罗拾秦川津。

及知神物会有时，万年劫石今在兹。

石乎，石乎！

我欲移之向天阿⑫，巍然五岳环嵯峨⑬。

霜凌电烁永不磨，咒之无力驱神魔。

石乎，石乎，奈尔何！

独秀石歌（拓片）

【撰者】

孙昭（1518—1559 年），字明德，号斗城，永嘉（今温州永嘉朱涂）人。他天资聪颖，为嘉靖二十三年（1544 年）进士，后任江西广信府永丰县（今上饶市广丰县）知县，转迁直隶大名府魏县知县（今河北省邯郸市魏县）、云南道监察御史等职。其著作有《金石古文》《诗法拾英》《斗城集》等。

【注释】

①独秀石：在漳县城西南四十五里的殪虎桥乡石关儿村附近的漳河岸边，此地名为鲈鱼关，独秀石所在的地方名叫鲈鱼潭。

②"流泉"之下原缺两字，《武阳志》补"清且"，《漳县志》补"映天"，故有"下有流泉清且碧"与"下有流泉映天碧"之异。

③踌蹰：踌躇，踯躅，徘徊不进，从容自得。

④缀赏：赞赏；玩赏。《文选·任昉〈王文宪集〉序》："若乃统体必善，缀赏无地。"吕向注："缀赏，追赏也。"

⑤崔嵬：带泥土的石山，亦喻高峻之貌。宣和：宋徽宗赵佶的年号。

⑥蝌蚪文，古代作书以刀刻或漆书于竹简木牍之上。如用漆书写，下笔时漆多，收尾时漆少，笔画多头大尾小，形似蝌蚪，故称蝌蚪书或蝌蚪文。

⑦风人：原指采诗观风者，后亦称诗人。

⑧呵护：呵禁守护。

⑨禹碑：即岣嵝碑，在衡山之上。

⑩昌黎公：即唐代文学家韩愈。

⑪周宣石鼓：相传周宣王时，制鼓形石十块，上刻史曹所作记功颂，今存北京故宫博物院。

⑫天阿：星名，本作天河，即群神之阙。

⑬嵯峨：指高耸的山。

【释文】

独秀石在甘肃定西漳县殪虎桥乡石关儿村附近的漳河岸边，《独秀石歌》为明孙昭作，此诗文在《武阳志》《漳县志》《重修漳县志》均有收录。此诗碑现存于定西岷县明伦堂。

孙昭在任监察御史时，巡查监察陕、滇、豫三省期内，清廉简行，常微服私行于市井，访问民间疾苦，办实事，当地百姓评价很高。据史料记载，孙昭为官的时代，宰相严嵩权倾朝野，党羽遍布各地。孙昭秉性耿直，为人诚信，刚正不阿，疾恶如仇。由于其性格，得罪于严嵩奸党，使其怀恨在心，一次，假借宴请之名，请他赴会，严嵩暗投蛊毒于酒中，孙昭离世时年仅四十一岁。孙昭在任职期间也写了许多文章著作，在陕西任职时，编刊《金石古文》。在河南任期内又编刊《鹤泉集》八卷等。在陕西时，孙昭留诗《连云栈》云："危楼断阁置梯平，登道迎云寒易生。落木倒听双壁静，飞轮斜度一空横。高林数息征鸿翼，崖壁时翻瀑布声。未信关南地形险，翻疑仙洞石梁行。"《独秀石歌》正是孙昭任监察御史时在漳县时所作。

赵孟頫草书诗碑

明嘉靖庚戌年（1550 年）

【碑文】

（一）
船下广陵去①，月明征房亭。
山花如绣颊②，红火似流萤③。

（二）
势从千里奔④，直人江中断⑤。
岚横西塞雄⑥，地束惊流满⑦。

（三）
行云散凉影⑧，流水一溪深。
欲折荷花去，恐惊沙渚禽⑨。

（四）
爱此江边好，留连到日斜⑩。
眠分黄犊草⑪，坐占白鸥沙⑫。

雪松

刘仑题跋

赵松雪书法早岁得之王右军，后有感于管夫人之言，乃自成一家，而风格不群，脍炙人人者，亦不在右军下，然其传盛于江之南北。余人秦偶见此本，守巡李君时达请付诸石，余惟秦中汉唐古地也，致唐以前法帖居多，人习见之，参之以是。岂宝藏之良溽，汝之水葡瓯，不将使人一快睹耶，即因识之，以见刻者之意。

大明嘉靖庚戌夏监察御史卢郡刘仑书

【撰者】

（一）李白（701—762 年）字太白，号青莲居士，祖籍陇西成纪（今甘肃天水秦安县），出生于碎叶城（今属吉尔吉斯斯坦），四岁再随父迁至剑南道绵州（今四川江油县），二十岁时只身出川，开始了广泛漫游。李白存世诗文近千首，有《李太白集》传世。公元 762 年病逝于今安徽当涂县，享年 61 岁。唐代伟大的浪漫主义诗人，被后人誉为"诗仙"。

（二）韦应物（737—791 年?），京兆万年县（今陕西西安）人。曾任宫廷中任三卫郎，后应举成进士，历官滁州、江州等地刺史。贞元初，复出为苏州刺史，世称韦苏州。工诗，与顾况、刘长卿等相酬唱，与王维、孟浩然、柳宗元合称"王孟韦柳"，著有《韦苏州集》。

（三）作者不详。

（四）王安石（1021—1086 年）字介甫，号半山，出生于仕宦家庭，封荆国公，故称王荆公。北宋临川县盐埠岭（今江西省抚州市临川区）人，唐宋八大家之一，新党领袖，因推行变法而闻名，北宋政治家、文学家、思想家。历任淮南推官、鄞县知县、舒州通判、常州知府、江东刑狱提典等职，在文学上成就突出，其诗词遒劲清新，豪气纵横。著有《王临川集》《临川集拾遗》《三经新义》残卷等。

四通诗碑分刻诗四首，均为一代书画大家赵孟頫所书。

【注释】

①广陵：扬州。

②绣颊："绣面"，或"花面"。唐人风俗，少女妆饰面颊。白居易有诗云："绣面谁家婢，鸦头几岁女。"刘禹锡亦有诗云："花面丫头十三四，春来绰约向人扶。"李白是以"绣颊"代称少女，以之形容山花。那征虏亭畔的丛丛山花，在朦胧的月色下，绰约多姿，好像一群天真烂漫的少女，伫立江头，为诗人依依送别。

③流萤：飞行无定的萤。

④千里：指路途遥远或面积广阔。《左传·僖公三十二年》："师之所

为，郑必知之，勤而无所，必有悖心，且行千里，其谁不知。"

⑤中断：中间截断或折断。唐李白《为宋中丞祭九江文》："划三峡以中断，流九道以争奔。"

⑥岚横：山间的雾气横绕。

⑦惊流：激流。南朝宋谢灵运《登临海峤初发强中作与从弟惠连见羊何共和之》："隐汀绝望舟，鹜棹逐惊流。"

⑧行云：流动的云。

⑨沙渚：小沙洲。南朝宋谢惠连《泛湖归出楼中翫月》诗："哀鸿鸣沙渚，悲猿响山椒。"

⑩留连：亦作"留恋"。犹滞留，滞积。

⑪黄犊：小黄牛。分：即分出来。

⑫占：强占。

【释文】

赵孟頫草书诗碑现存于天水市秦州区玉泉观碑廊。共 4 方，（其中 1 方已残缺）四碑均高 1.80 米，宽 0.80 米。第一方为刻唐李白《夜下征虏亭》诗，边缘镌"刘仑"题跋，第二方为唐韦应物《西塞山》诗，第三方诗不可考，更不知作者，第四方为宋王安石《题舫子》诗，左下方落款"松雪"（本方上下部分残缺）。碑字体行草相间，气韵流畅，大气磅礴。

从李白诗左侧镌刘仑跋语中得知碑镌成于大明嘉靖庚戌年（1550年），明监察御史卢郡刘仑于 1550 年夏书跋立碑，跋中提到刘仑在陕西关中一带见到了赵孟頫书法作品，随后守巡李时达请人临摹刻石，此跋还说了赵孟頫书法的渊源，以及书法传入秦州的始末。

赵孟頫（1254—1322 年）字子昂，号松雪，别号鸥波，吴兴（今浙江吴兴）人。官至兵部郎中，历任集贤直学士、济南路总管府事、集贤直学士行江浙等处儒学提举。延祐三年（1316 年），升至翰林学士承旨、荣禄大夫等职。去世后，追封为魏国公，谥文敏。赵孟頫诗、书、画皆精，特别是书法和绘画成就最高，开创元代新画风，被称为"元人冠冕"。他善篆、隶、真、行、草书，尤以楷、行书著称，名与唐代颜真卿、柳公权、欧阳询并称。《元史》本传称其"篆、籀、分、隶、真、行、草无不冠绝古今，遂以书名天下"，赵孟頫传世书迹较多，代表作有《千字文》《归去来兮辞》《兰亭十三跋》《洛神赋》《胆巴碑》《赤壁赋》等，著有《尚书注》《松雪斋文集》12卷等。

刘仑，南直隶无为（今安徽省中部）人，明嘉靖二十三年（1544年）进士。任监察御史等职。

附：黄锡彤评天水玉泉观赵孟頫书诗碑

宋濂①云："赵魏公书，凡三变，初临思陵②，中学钟繇③及羲献诸家，晚乃学尊北海④"。此碑笔意雄健，法度出于天然，视此碑最为逼真，诚希世之宝。近所传，惜无佳本，俗手描摹，乃不复见风格。此碑得见，以广其传，晴窗展观，足为槁涩顽粗之药石耳。

光绪九年小雪后善化黄锡彤⑤识。

赵孟頫草书诗碑（原碑）

---

① 宋濂（1310—1381年），字景濂，号潜溪，浦江（今属浙江）人。汉族，明初文学家。宋濂与刘基、高启并列为明初诗文三大家。曾奉命主修《元史》，官至学士承旨知制诰，生平著作甚多。

② 思陵：宋高宗赵构墓，称永思陵，在浙江绍兴县。宋人常以思陵为高宗的代称。

③ 钟繇（151—230年），三国魏大臣，书法家，字无常，颍川长社（今河南长葛东）人。工书，博取众长，兼善各体，尤精于隶、楷。

④ 北海，李邕（678—747年），唐书法家，字泰和，扬州江都（今江苏扬州）人。能诗善文，工书法，尤擅长行楷书。天宝初，出为汲郡、北海太守，世称"李北海"。工文，善书，尤擅以行楷写碑，取法二王而有所创造，自成面目。

⑤ 黄锡彤，字子受，号晓岱，善化（今湖南长沙）人。咸丰己未进士，改庶吉士，授编修，历官御史。有《芝霞庄诗存》。

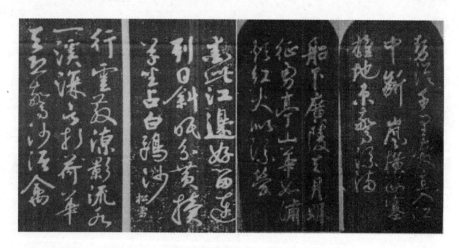

赵孟頫草书诗碑（拓片）

杨继盛华盖寺石窟题诗

明嘉靖辛亥年（1551 年）

【碑文】

望驰三塞外①，身在半天中。回首长安近，如何云雾濛。

【撰者】

杨继盛（1516—1555 年）字仲芳，号椒山，直隶容城（今河北容城县）人。嘉靖二十六年进士，历任南京吏部主事、兵部员外郎、狄道典史等职。明代著名谏臣。嘉靖三十四年（1555 年）因疏劾严嵩而死，赠太常少卿，谥忠愍。著有《杨忠愍文集》。

【注释】

①塞外：边塞之外。泛指我国北方边境。

【释文】

题诗位于甘肃天水市甘谷县城西十公里的南山坳华盖寺石窟。据《伏羌县志》记述：明嘉靖时，兵部外员郎杨忠愍公继盛，因劾大将仇鸾误国被谪，道经伏羌（今天水甘谷）时，登此石窟题诗于壁上。诗文形容窟之高，寓意严嵩父子专横国政之烈。

华盖寺石窟南倚山沿崖开凿，大小石窟有二十五个。现存塑像三十余尊。相传山下原建寺院一所，大殿覆盖铁瓦三行，又名"铁瓦寺"。

杨继盛被贬狄道期间办学校、疏河道、挖煤矿，其妻张贞传授纺织技术，被当地人民所拥戴。当时俺答（俺答汗，蒙文史籍作阿勒坦汗，汉文又译安滩、谙达等，尊称索多汗、格根汗，明代蒙古右翼土默特部首领）扰边，马市遭破坏。明世宗再度起用杨继盛，调为山东诸城县令，改任南京户部主事、刑部员外郎、兵部武选司，半年左右连迁四职。嘉靖三十二年（1553年），杨继盛弹劾严嵩，严嵩反将杨继盛诬陷投入死牢。嘉靖三十四年（1555年）杨继盛被处死，临刑时吟诗云："浩气还太虚，丹心照千古。平生未报国，留作忠魂补。"后其妻殉夫自缢。直到兰州邹应龙扳倒严嵩后才得以昭雪，后被追谥为"忠愍"。

另考《杨继盛自书年谱》载："辛亥年（1551年），三十六岁。正月，为次男聘李鹤峰兄第五女。……此时鸾之宠势甚盛，而诸老亦无有实心干天下之事者，皆欲苟安目前，共以为马市必可开。会议本上，遂下予锦衣狱，拶一拶，敲一敲，夹一夹。后命下，遂降予陕西临洮府狄道县典史。壬子年，三十七岁。四月，得升山东诸城知县报。……五月十一日得凭，离狄道，七月十二日到诸城任。"由此可知其被谪，道经伏羌时间为辛亥年（1551年），此题留为此时所作。

天竺寺陈荣诗刻

明嘉靖三十一年（1552年）

【碑文】

　　为临溪杨宪使同游天竺寺①
　　何处飞来鹫岭宫②？雪山西去接崆峒③。
　　低□蒲座禅方定，高振金铨音在空④。
　　文雀［卷］留文祖泽⑤，绣狮幡绕绣佛躬；
　　清谈此会草玄客，词赋应过蜀国雄。

嘉靖壬子三月中浣日

奉命恤刑古鄢文冈陈棐书

【撰者】

陈棐,字文冈,河南鄢陵(今河南省鄢陵县)人。生卒年不详。嘉靖十四年(1535年)进士。任礼科给事中。直谏敢言,不避权贵,人称"直谏官"。嘉靖二十六年谪大名府长垣县丞,升本县知县。后曾任礼科给事中、宁夏巡抚、都御史、刑部郎中、山西道监察御史、巡抚甘肃都御史等职。对陕西、甘肃山川多有题咏。明代有名的书法家、诗人,工吟咏,善草书。撰《文冈集》二十卷。

【注释】

①宪使:御史台或都察院的官员,奉旨监察或外巡均可称宪使。

②鹫岭:借指佛寺。宋苏轼《海会殿上梁文》:"庶几鹫岭之雄,岂特鹅湖之冠。"

③崆峒:山名,在今甘肃平凉西。相传是黄帝问道于广成子之所,也称空同、空桐。《庄子·在宥》:"黄帝立为天子,十九年,令行天下,闻广成子在于空同之上,故往见之。"《史记·五帝本纪》:"(黄帝)西至于空桐,登鸡头。"

④铨:从金,全声。本义为称重量的器具,即秤。此指鸣击金铨声。

⑤"文雀卷留文祖泽",指永乐五年成祖皇帝敕谕番僧卜藏圣旨。

【释文】

原碑已佚。《陇西金石采访录》记载,此刻原在甘肃陇西北关天竺寺,石高2尺,宽2.4尺,上刻陈棐七律一首,题目、内容及落款共计10行,草书。全文录自《陇西艺文集》,其中"卷"字据《采访录》引文校补。"嘉靖壬子",为嘉靖三十一年,即公元1552年。陈棐在华山题有"三峰插秀""文冈登览"二处石刻。至古浪峡,题"甘酒石"三字刻石。路过陇西时,在天竺寺所留此方石刻。

孟家栋《重修天竺寺碑》载:"有唐观音院……后元帅汪公奉敕命于僧雪庵时易今额曰'敕建西天竺寺'。"从碑文得知唐代时陇西佛教已兴起,天竺寺观音院就在这一时期兴建。到了元代,佛教在陇西更为盛行,此时已经有万寿禅寺、宝庆寺等,天竺寺也在这时候重建。后又有明成祖诏谕扩建天竺寺，此时陇西的寺院已达二十余所，如钟灵寺、兴陇寺、青龙寺、妙华寺（也叫木塔寺）、卧龙寺、宝光寺、积庆寺（俗称苗家寺）；北关有天竺寺、大雄寺、宝庆寺、报恩寺、香山寺、普陀寺、普济寺（俗称小陈家寺）；东关有佛慧寺、蟠龙寺，南门外有仁寿寺、妙光寺、天宁寺、北林寺、东林寺，还有文峰乡的媛泉寺、圆通寺、卧龙寺，三台乡的赤岩，碧岩乡的碧岩寺等。由此可见陇西佛教之兴盛。

文徵明诗碑

明嘉靖三十四年（1555 年）

【碑文】

上巳①

天池日暖白烟生，上巳行游春服成。

试共水边修禊事②，忽闻花底语流莺。

空山灵迹千年秘，胜日良友四美并。

一岁一回游不厌，故园光景有谁争。

上巳

三月韶华过雨浓③，暖蒸花气日深深。

菜畦麦垅青黄接，云岫烟峦紫翠重④。

一片垂杨青水渡，两崖啼鸟夕阳松。

晚风吹酒蓝舆倦⑤，忽听太平寺

文徵明行书诗碑（拓片）

里锤。

文徵明行书诗碑（拓片）

九日⑥
何处登高写状怀，生公说法有遗台⑦。
温修故事携壶上，不负良辰冒雨来。
应节此萸聊共把⑧，待霜黄菊故迟开。
白头八十三重九，竹院浮生又一回⑨。

文徵明行书诗碑（拓片）

九日

雨晴秋色满陂塘⑩，风猎平畴晚稻香⑪。

白发又逢吹帽节，夕阳来上振衣岗。

短蒲衰柳俄惊晚⑫，黄菊茱萸总待霜。

却笑渊明缘不浅，一年一醉远公房。

　　《上巳》《九日》诗四首，七洲文徵仲书也。因垠州字学不传，命曹生介封模而刻之公署，传士人知取法焉。时嘉鲜乙卯春正月望日，青州迟凤翔识。

文徵明行书诗碑（拓片）

【撰者】

文徵明（1470—1559 年）原名璧，字徵明，长州（今江苏吴县）人，四十二岁起以字行，更字征仲。因先世衡山人，故号衡山居士，世称"文衡山"，官至翰林待诏，私谥贞献先生。明代画家、书法家、文学家。卒年九十。诗宗白居易、苏轼，文受业于吴宽，学书于李应祯，学画于沈周。在诗文上，与祝允明、唐寅、徐祯卿并称"吴中四才子"。在画史上与沈周、唐寅、仇英合称"吴门四家"。斋名"停云馆"。著《莆田集》。

【注释】

①上巳：古代节日名。汉以前以阴历三月上旬巳日为"上巳"，魏晋以后多改为三月三日。这一天人都到水边洁身或嬉游，以去除不祥。

②褉事：褉祭之事。指三月上巳临水洗濯、除灾去邪的祭祀活动。《晋书·王羲之传》："永和九年，岁在癸丑，暮春之初，会于会稽山阴之兰亭，修褉事也。"

③韶华：美好的时光。常指春光。唐戴叔伦《暮春感怀》诗："东皇去后韶华尽，老圃寒香别有秋。"

④云岫：语本晋陶潜《归去来辞》："云无心以出岫。"后用"云岫"指云雾缭绕的峰峦。

⑤蓝舆：竹轿。宋司马光《王安之以诗二绝见招依韵和呈》之一："蓝舆但恨无人举，坐想纷纷醉落晖。"

⑥九日：指农历九月九日重阳节。重阳节是杂糅多种民俗为一体而形成的汉族传统节日。庆祝重阳节一般包括出游赏景、登高远眺、观赏菊花、遍插茱萸、吃重阳糕、饮菊花酒等活动。金秋九月，天高气爽，这个季节登高远望可达到心旷神怡、健身祛病的目的。早在西汉《长安志》中就有汉代京城九月九日时人们游玩观景的记载。

⑦生公：晋末高僧竺道生的尊称。相传生公曾于苏州虎丘寺立石为徒，讲《涅槃经》。至微妙处，石皆点头。唐李绅《鉴玄影堂》诗："深夜月明松子落，俨然听法侍生公。"遗台：古代留下的土筑高坛。

⑧萸：茱萸，落叶小乔木，结长椭圆形核果，红色，味酸，可入药。旧俗重九登高饮酒，人多佩戴萸囊。

⑨浮生：指短暂虚幻的人生。语本《庄子·刻意》："其生若浮，其死若休。"以人生在世，虚浮不定，因称人生为"浮生"。南朝宋鲍照《答客诗》："浮生急驰电，物道险弦丝。"

⑩陂塘：池塘。《国语·周语下》："陂塘污庳，以钟其美。"韦昭注："畜水曰陂，塘也。"

⑪平畴：平坦的田野。

⑫俄：短时间，俄尔，俄然，俄顷。

【释文】

诗碑二石现存，藏于甘肃省岷县文化馆。诗碑刻于二石之上。二碑同高182厘米，一碑宽82厘米，一碑宽99厘米，皆两面镌刻，每碑各刻《上巳》《九日》诗一首。字高13至18厘米，宽11至15厘米，书法苍劲隽秀。《九日》"雨晴"一首碑末有小字篆寸跋一段："《上巳》《九日》诗四首，七洲文徵仲书也。因垠州字学不传，命曹生介封模而刻之公署，传士人知取法焉。时嘉鲜乙卯春止月望日，青州迟凤翔识。"嘉靖三十四年乙卯（1555年），以文徵明行书诗稿镌刻成碑。迟凤翔与文徵明是同时代人，迟凤翔赴崛州任职时，文徵明已是八十五岁高龄老人。从碑文内容及书法的老练纯熟程度看，确为文徵明晚年之作。在传世的文徵明书法作品中，如此大字尚不多见。碑刻成后立于道署衙门，清同治三年（1864年）道署毁于兵燹，后移于文庙，后又几经迁移，此二诗碑历尽沧桑，保存至今实属不易。

迟凤翔，山东临朐县人，明嘉靖二十二年（1543年）中举，而后又中进士，一生多著述。嘉靖三十三年（1554年），迁任洮泯道副使，驻任崛州（今郊县）。为官清正，不阿权贵，晚年回故里著书立说，有《四书说》《易经说》《朐冈集》等。

云亭宴集碑

明嘉靖三十七年（1558年）

【碑文】

《云亭宴集》碑阳：

> 江静明花竹，山空响管弦①。风生学士尘②，云绕令君筵③。
> 百越余生聚，三吴远接连④。庖霜刀落鲙⑤，执玉酒明船⑥。
> 叶县飞来写，壶公谪处天⑦。酌多时暴谑⑧，舞短更成妍。

《云亭宴集》碑阴：

> 唯我孤登览，观诗未究宣⑨。空余五字赏，文似两京然⑩。
> 医是肱三折⑪，官当岁九迁⑫。老夫看镜罢，衰白敢争先⑬。
> 黄庭坚
> 大明嘉靖戊午□五朔日，分守河西道陕西布政司左参议南都陈凤摹勒上石。

【撰者】

黄庭坚（1045—1105年）字鲁直，号山谷道人，晚号涪翁，洪州分宁（今江西九江修水县）人，宋英宗治平四年（1067 年）进士，北宋诗人、词人。历官校书郎、著作佐郎、秘书丞等。黄庭坚为盛极一时的江西诗派开山之祖，绍圣初，以校书郎坐修《神宗实录》失实被贬。后来新党执政，屡遭贬谪，1105 年死于宜州贬所。著有《山谷集》。

【注释】

①管弦：亦作"筦弦"。管乐器与弦乐器。亦泛指乐器。《汉书·礼乐志》："为其俎豆筦弦之间小不备，因是绝而不为，是去小不备而就大不备，或莫甚焉。"

②学士：犹学者。明胡应麟《少室山房笔丛·华阳博议下》："介甫、元晦自是学士，不得以所长没之。"

③令君：魏晋间对尚书令、县令的尊称。后亦以称位居枢要的大臣。《晋书·荀琯传》："帝尝谓曰：'魏武帝言：荀文若之进善，不进不止；荀公达之退恶，不退不休。二令君之美，亦望于君也。'"

④三吴：地名，泛指长江下游一带。唐李白《猛虎行》："三吴邦伯皆顾盼，四海雄侠两追随。"

⑤庖霜：细切的鱼肉片。因色白如霜，故称。唐韩愈孟郊《城南联句》："庖霜脍玄鲫，淅玉炊香粳。"

⑥玉酒：醇美的酒。唐太宗《帝京篇》之八："玉酒泛云罍，兰肴陈绮席。"

⑦壶公：传说中的仙人。所指各异。北魏郦道元《水经注·汝水》："昔费长房为市吏，见王壶公悬于于市，长房从之，因而自远，同入此壶，隐沦仙路。"

⑧暴谑：开玩笑过分。《文选·左思〈吴都赋〉》："翘关扛鼎，拚射壶博，鄱阳暴谑，中酒而作。"刘逵注引何晏曰："鄱阳恶戏难与曹也。"

⑨究宣：彻底了解；详尽表述。《史记·儒林列传》："臣谨案诏书律令下者，明天人分际，通古今之义，文章尔雅，训辞深厚，恩施甚美。小吏浅闻，不能究宣，无以明布谕下。"

⑩两京：两个京城，两个首都。

⑪肱三折：《左传·定公十二年》："三折肱，知为良医。"后以"肱三折"比喻精于医术。沈昌直《赠董蓉生》诗："家世肱三折，文才笔一

枝。"自注："君精医术，并喜为诗。"

⑫九迁：多次升迁。唐韩愈《上张仆射书》："苟如是，虽日受千金之赐，一岁九迁其官，感恩则有之矣。"

⑬衰白：谓人老体衰鬓发疏落花白。语本三国魏嵇康《养生论》："至于措身失理，亡之于微，积微成损，积损成衰，从衰得白，从白得老，从老得终，闷若无端。"

【释文】

此碑原存于庆阳考院，今存庆阳县博物馆。碑为石灰岩质，高 256 厘米，宽 85 厘米，厚 20 厘米，两面刻。此碑在《陇右金石录》卷五有录。《新通志稿》："（《云亭宴集》诗刻）在庆阳县，黄庭坚行书真迹，石刻当在近代，以其为山谷书，故录入宋碑。"

诗碑铭刻着北宋黄庭坚的诗篇和书法技艺，是明代嘉靖戊午年，分守河西道、陕西布政司左参议、南都陈凤勒石摹刻的。原置庆城西街考院内，1954 年移置鹅池空同阁，1985 年藏入博物馆。

黄庭坚与秦观、张耒、晁补之同为苏轼门下，合称"苏门四学士"，工诗，与苏轼齐名，世称"苏黄"。论诗标榜杜甫，提倡"夺胎换骨、点铁成金"，开创了江西诗派。著有《山谷集》《山谷精华录》《山谷琴趣外篇》等。在《跋东坡乐府》中，他称赞苏词："语意高妙，似非吃人间烟火语，非胸中有万卷书，笔下无一点尘俗气，孰能至此！"这段话也是他一贯的审美取向。这首《云亭宴集》的意境与格调，正体现了诗人这种超逸绝俗的审美理想和标准。

黄庭坚尤擅行、草书，初以周越为师，后取法颜真卿及怀素，受杨凝式影响，以侧锋险峻取势，自成风格。书迹有《王长者史诗老墓志铭》《华严疏》《松风阁诗》及草书《廉颇蔺相如传》等。

这通《云亭宴集》诗碑，不但诗句优美，而且书法艺术甚是绝妙。通篇书法爽朗，如行云流水般洒脱、豪壮。运笔的圆、挺、硬，整幅作品体现出气势与力量的结合。诗句典雅、优美、平和的气息和书法洒脱似水的节奏形成了共鸣，真可谓黄公"点石成金"之作。

云亭宴集诗碑（拓片）

观鹅池诗石刻

明嘉靖五年（1526年）前后

【碑文】

观鹅池

城上阁临凭雉堞①，城边散步看鹅池。

苔封断石留前志，渠引寒流接远崖。

脉络似从天泒出②，规模正与地形宜。

何人经画无余力，遗迹翻成一段奇。

观鹅池诗

鹅池百丈下通泉，城古池开不记年。

洞口灵涵神自护，河流巧借味应偏。

兵家宛若生民计③，分野森看并度连。

巡历偶经瞻伫久，奇功好为昔人传。

亶蓭王荩

【撰者】

王荩，此人记载不详，其名出现于明代嘉靖前后，除这两首外，仅存诗一首《曲径通幽鹅池洞》，且只有后半段。

【注释】

①雉堞：古代城墙上掩护守城人用的矮墙，也泛指城墙。

②天泒：泒，古河名，源出中国山西省，流至天津入海。这里意指天上的河水。

③宛若：仿佛；好像。

【释文】

此碑现存于甘肃庆阳鹅池洞沟泉。碑镶嵌于崖，凿崖体内。为横碑，周围有云纹，距洞底300厘米左右，长94厘米，高46厘米。文为楷书16行，每行9字，字径3厘米左右。

观鹅池诗石刻为明代王荩作。鹅池洞位于庆阳县城东南古城墙下一平台之上，内连城墙与城内相通，外有天然屏障，与柔远河相通，系原庆阳著名八景之一的鹅池春水所在地，院内有一池与东河相通，昔日池水涟漪，四季不涸，翠柏森立，杨柳成荫，与周祖陵隔河遥望，相传为周祖养鹅之处，实为防御外族入侵而修筑以供城内军民汲水之用。

观鹅池诗石刻（局部）

观鹅池诗石刻（拓片）

李筵诗碑

明隆庆元年（1567 年）

【碑文】

隆庆元年四月望月登麦积岩小憩二绝

上尽诸天喜未还[①]，归来无力济民艰[②]。

旧看陇麦连云起③，但愿登场佀此山④；

万佛千佛洞几崇，不知佛在此心中。
老僧指点云霄上，回首乾坤一笑空⑤。

邺郡西野　李筵题

【撰者】

李筵，明穆宗时人，生卒年、经历不详。

【注释】

①诸天：佛教语。指护法众天神。佛经言欲界有六天，色界之四禅有
十八天，无色界之四禅有四天，其他尚有日天、月天、韦驮天等诸天神，
总称之曰诸天。这里指麦积山众神塑像。

②济民艰：拯济人民的艰辛苦难。

③陇麦：秋收小麦。

④佀：古同"似"。《说文》："象也。"登场：把收割的庄稼运到场
院打碾，叫登场。此山：指麦积山。麦积山形如麦垛，故名。末句是祝愿
陇上五谷丰收。

⑤乾坤：天地。

【释文】

诗碑刻于甘肃天水市麦积山石窟东门外壁面，明隆庆元年（1567年）
立。碑呈横长方形，高0.52米，宽0.84米。四周线刻双边栏，内刻卷
草、卷云等纹饰。碑文楷书九行，满行十字，首行刻诗题，字迹清晰工
整。内容为七言绝句二首。

李筵诗碑（拓片）

君赏诗碑

明万历七年（1579年）

【碑文】

宿麦积禅林①

风尘伤远道②，夜半礼诸天③。兰若青云里④，瑶华碧落前⑤。

堵藜能作法⑥，贝叶喜忘筌⑦。了悟无生术⑧，心知物外禅⑨。

又口号：

贫妇艰难炊，良人苦远征⑩。山茏如许麦⑪，止供往来情。

万历己卯　四山君赏

【撰者】

王君赏，生卒不详，山东淄川人，明嘉靖乙未（1535年）进士，曾任陇右关西道佥事，巡盐御史等职，其他事迹不详。

【注释】

①禅林：初指僧人的陵地，后借指寺院。一般常指佛家修行的寺院。

②风尘：比喻旅途劳累。

③诸天：（同前）指神界的众神位。

④兰若：佛教名词，梵名 Aranya，原意是森林，引申为"寂静处""空闲处""远离处"，躲避人间热闹之地，有些房子可供修道者居住静修之用，或一人或数人。也泛指一般的佛寺。泛指佛寺的近义词：阿兰若、阿伽蓝、伽蓝、僧刹、僧居、僧庐、僧宇、僧庵、僧蓝、僧伽蓝、古刹、寺宇、禅寺、禅院、禅刹、宝刹、香刹、玉刹、灵刹、霞刹、寺刹、金刹、梵刹、凤刹、梵宇、梵宫、梵居、梵林、梵城、檀林等。

⑤瑶华：亦作"瑶花"，玉白色的花。有时借指仙花。

⑥藜：藜芦，多年生草本植物，叶细长，花紫黑色，有毒，可入药。

⑦贝叶：指佛经。贝叶是取自一种叫贝叶棕，又名贝多罗树（Corypha umbraculifera）植物的叶片，经一套特殊的制作工艺制作而成，所刻写的经文用绳子穿成册，可保存数百年之久。贝叶经最早出现在印度，后

随佛教传入中国，在我国西藏、云南众多寺庙中保存了大量贝叶经文。

筌：捕鱼器。竹制，有逆向钩刺。亦为钓鱼用具的统称。《庄子》："筌者，所以得鱼也，得鱼而忘筌。蹄者，所以在兔也，得兔而忘蹄。言者，所以在意也，得意而忘言。吾焉得夫忘言之人，而与之言哉。"

⑧了悟：领悟，明白。

⑨物外：世俗之外；世事之外。禅：佛教指静思；坐禅。参禅。禅心。

⑩良人：古时夫妻互称为良人，后多用于妻子称丈夫。古代指非奴婢的平民百姓（区别于奴、婢）。《诗·秦风·小戎》："厌厌良人，秩秩德音。"

⑪茏：形容草木青翠茂盛。

【释文】

诗碑刊于甘肃天水市麦积山石窟东崖门外崖壁，明万历七年（1579年）立。碑呈横长方形，高0.51米，宽1.10米。碑文草书十四行，满行七字，首行刻诗题，字迹清晰，笔势酣畅。内容刻五言律诗及五言绝句各一首。此诗当为作者任陇右关西道佥事时，参观游览麦积山时所作。

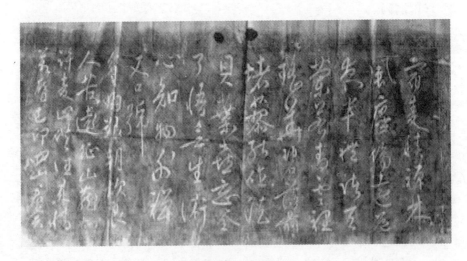

君赏诗碑（拓片）

登祁山武侯祠漫赋三首

明万历七年（1579 年）

【碑文】

登祁山武侯祠漫赋三首

时万历己卯菊月二十三日也①

（一）

斜日沉沉古庙幽，武侯祭祀几千秋。

数家瓦舍连残垒②，一派清流绕旧洲。

官道犹存流马迹，佳城犹似卧龙游③。

老天何事不延汉，五丈塬头星夜流④。

（二）

秋杪驱车经故祠⑤，仰瞻遗像备凄其⑥。

一心惟异心炎祚⑦，六出那停吞魏师⑧。

野岫啼鹃悲壮志⑨，客途游子以螭碑。

行间忽忆三分事，洒泪英雄值运移。

（三）

扇羽巾纶风度殊⑩，胸中兵甲迈孙吴⑪。

三分定伯明天道，二表出师为主孤⑫。

星殒当年难负憾，忠留千载有全模。

祁山凛凛存生气，抱德何如祀蜀都。

赐进士第、中顺大夫、巩昌知府、前翰林院庶吉士、浙江道监察御史、天雄郑国仕题。礼县知县李琯立石。

【撰者】

郑国仕，生平事迹不详，明万历初年浙江道监察御史、翰林院庶吉士、巩昌知府，天雄人。（详见后附郑国仕小考）

【注释】

①菊月：农历九月是菊花开放的时期，因而称九月为"菊月"。清厉

荃《事物异名录·岁时·九月》："九月为菊月。"农历九月另有授衣月、青女月、小田月、霜月、暮秋、晚秋、残秋、素秋等称。这些都是书法中的常用落款题词。各月别称为一月：正月、隅月、孟月、端月、始春、元春；二月：如月、杏月、仲春、早春；三月：病月、桃月、季春、炳月、三春、阳春、暮春；四月：余月、清和月、孟夏；五月：榴月、薄月、仲夏；六月：且月、荷月、伏月、季夏；七月：相月、巧月、霜月、孟秋、桐月；八月：壮月、桂月、仲秋、中秋月；九月：亥月、菊月、季秋；十月：阳月、小阳春、孟冬；十一月：辜月、葭月、仲冬；十二月：涂月、腊月、嘉平月、季冬。

②残垒：即残破的壁垒，泛指战争遗留下来的痕迹。

③佳城：喻指墓地。《西京杂记》卷四："滕公驾至东都门，马鸣跼不肯前，以足跑地久之。滕公使士卒掘马所跑地，入三尺所，得石椁。滕公以烛照之，有铭焉……曰：'佳城郁郁，三千年见白日。吁嗟滕公居此室！'滕公曰：'嗟乎天也！吾死其即安此乎？'死遂葬焉。"《文选》收沈约《冬节后至丞相第诣世子车中作》："谁当九原上，郁郁望佳城。"李周翰注："佳城，墓之茔域也。"

④塬：中国西北部黄土高原地区因冲刷形成的高地，四边陡，顶上平。

⑤秋杪：暮秋，秋末。唐唐彦谦《初秋到慈州冬首换绛牧》诗："秋杪方攀玉树枝，隔年无计待春晖。"

⑥悽其：悲凉伤感。晋陶潜《自祭文》："故人悽其相悲，同祖行于今夕。"《文选·谢灵运〈初发石头城〉》："钦圣若旦暮，怀贤亦悽其。"李善注："毛苌《诗》传曰：'其，辞也'。"

⑦炎祚：五行家谓刘汉、赵宋，皆以火德王，因以"炎祚"指汉或宋的国统；三国蜀刘备自称得汉之正统，故亦指蜀汉。宋洪迈《容斋续笔·后妃命数》："中兴炎祚，成四百年之基者，发之五世孙光武也。"

⑧六出：六出祁山。《三国演义》第一二〇回："孔明六出祁山前，愿以双手将天补；何期历数到此终，长星半夜落山坞！"魏师：三国魏国军队。

⑨岫：山洞、山。

⑩扇羽巾纶：即羽扇纶巾，《太平御览》卷七〇二引晋裴启《语林》："诸葛武侯与宣王在渭滨将战，武侯乘素舆葛巾、白羽扇，指挥三军。"后以"羽扇纶巾"谓大将指挥若定潇洒从容。宋苏轼《念奴娇·赤壁怀古》："遥想公瑾当年，小乔初嫁了，雄姿英发，羽扇纶巾，谈笑间，樯橹灰飞烟灭。"

⑪孙吴：三国时吴国，因王室姓孙，历史上也称孙吴。清顾祖禹《读史方舆纪要·江南十·宁国府》："府东南一百五里……汉宛陵县地，后汉建安十三年，孙吴分置宁国县。"

⑫孤：托孤，以遗孤相托。《三国演义》第八五回："先主谓众官曰：'朕已托孤于丞相，令嗣子以父事之。'"

【释文】

碑文出自甘肃陇南礼县祁山武侯祠诗碑。此诗碑现存于武侯祠山门右侧碑廊，高 136 厘米，宽 60 厘米，厚 22 厘米，石质为灰褐色花岗岩。半圆形碑首阴刻双凤云纹，碑周围刻仙草连续图纹，无题额文字。碑文为正楷（瘦金体），每字大约 3.5 厘米见方，共 16 行，最多的一行为 19 字，最少的一行为 5 字，其余行为 17 字左右，全部碑文共计 238 字。碑文中除个别字有磨损外，其余字迹清晰。撰者为明万历初年浙江道监察御史、翰林院庶吉士、巩昌知府、天雄郑国仕，立碑者为明万历七年礼县知县李瑄（生平事迹不详）。此碑原立于祁山武侯祠碑廊，清同治三年（1863 年）碑廊被毁。清光绪初年重建祠庙时，此碑被镶嵌在山门的内墙里。"文化大革命"时，因诗碑不易取出，免遭此劫，保存至今。

附：郑国仕小考：

有资料载："一说郑国仕，史无记载，生平事迹不详，诗碑末书'天雄郑国仕题。'"郑国仕，天雄人（今天水市秦安县北）……等内容，应存在疑问。

现本人重新略考之，诗中"天雄郑国仕"，其中天雄为天雄人，即河北大名府魏县人。据《甘肃通志·职官一》卷二十七载"郑国仕，魏县人。"《河南通志·历代官职》卷三十一载"北直魏县人，进士，河南巡道"。唐广德元年（763 年），节度使田承嗣（原为史朝义旧将）投降唐朝，同年六月任命田承嗣为魏博节度使，又号天雄军。驻魏州（今河北省大名县治），后又改天雄为魏博，天祐初又改称天雄，几经反复，到宋代、明代称大名府、天雄军（即唐朝藩镇名）。

《明清进士题名录碑》（上海古籍出版社 1963 年版）载："郑国仕，直隶魏人，明隆庆二年榜第三甲一百三十二名进士。"

《魏县志》（2010 年 4 月版）载："郑国仕（1542—1599 年），字允升，号东里，明代魏县（今安张庄村）人。明穆宗隆庆二年（1568 年）中进士，充任翰林院庶吉士，后任御史，两次按察应天府（今江苏南京），历任多有政绩。因性情耿直，得罪了权臣，调出京师到巩昌任知府，八年后任命为郧阳巡抚（明置，与总督同为地方省级最高长官，正二品）。"

《大名府志》（清咸丰三年（1853 年）刻本）载："郑国仕，字允升，号东里，魏人，隆庆二年进士，立庶吉士，历御史，两按应天，耿直自矢，以忤时相，出为巩昌知府，八年不调。时相殁，巡抚郧阳，两劾税珰，致仕。国仕忠诚仆茂，雅有惠政，历官 30 年，一任升沉，不榜门户，卒，赐祭葬，祀乡贤。"

民国《河北通志稿》（1993 年 6 月整理点校）载："明副都御史、应天巡抚郑国仕墓在县东 25 里，万历三十年，赐祭葬。"

从而得知：郑国仕（1542—1599 年）明代大名府魏县（今安张庄）人，字允升，号东里。明穆宗隆庆二年（1568 年）中进士，享年 58 岁。居官 30 载，曾任翰林院庶吉士，后任御史、按察史、河南巡道、巩昌知府、郧阳巡抚等职。

从甘肃礼县祁山武侯祠《登祁山武侯祠漫赋三首》诗碑可以看出，郑国仕不仅是一位才华横溢的诗人，也是一位笔法精练的书法家，我们又能从此诗中体会到对诸葛亮非凡才能的敬仰和大功未成的遗憾，同时体现出自己因时运不济，未能施展其政治抱负的郁闷心情。正如诗中写"野岫啼鹃悲壮志，客途游子以螭碑。行间忽忆三分事，洒泪英雄值运移"。

登祁山武侯祠漫赋三首（拓片）

登祁山武侯祠漫赋三首（拓片）局部

马应梦诗碑

明万历十八年（1590 年）

【碑文】

麦积山侯杨藩伯不至

我与麦山似有缘，浃旬两度处山巅①。
间关鸟语迎征□，烂熳花香拂去鞭。
雾锁攒峰新雨后②，翠环列嶂晚风前。
迟君不至同游尝，独步青霄意惘然③。

麦积山早发□□用前韵
□是山灵厌俗缘，为何云雾隐峰巅。
诸天长望空回首，群壑留连懒赠鞭④。
飘渺疎钟疑界外⑤，微茫远树□村前。
山灵应爱清征客⑥，雨滞归途岂偶然。

万历岁次庚寅夏月吉日分巡陇右道金宪前山西道监察御史东鲁

【撰者】

马应梦，字仕徵，山东曹州（今山东省西南菏泽市）人，嘉靖乙丑年（1556 年）进士，曾任巡陇右道金事、巡盐御史、山西道监察御史御史等职，其他事迹不详。

【注释】

①浃旬：一旬，十天。《隶释·汉卫尉衡方碑》："受任浃旬，庵离寝疾，年六十有三。"《宋书·武帝纪论》："（高祖）曾不浃旬，夷凶翦暴。"胡三省注："十日为浃旬。"

②攒峰：密集的山峰。南朝齐孔稚珪《北山移文》："于是南岳献嘲，北垄腾笑，列壑争讥，攒峰竦诮。"

③惘然：同罔然。失意的样子；心中若有所失的样子。

④赠鞭：《左传·文公十三年》载：晋大夫士会奔秦，晋恐士会为秦所用，就派魏寿馀到秦策动士会回晋。士会离秦时，秦大夫绕朝"赠之以策，曰：'子无谓秦无人，吾谋适不用也。'"杜预注："策，马檛。"后即以"赠鞭"喻策马快行。

⑤疎钟：稀疏的钟声。清田兰芳《蓬莱道院〈袁可立别业〉待月诗》："一缕残霞挂夕峰，遥闻鹤观动疎钟。"

⑥山灵：山神，神灵。《文选·班固〈东都赋〉》："山灵护野，属御方神。"李善注："山灵，山神也。"

【释文】

此碑现存于甘肃天水市麦积山石窟天王殿前廊山墙，刊于明万历十八年（1590年）。碑竖立长方形，高1.25米，宽0.75米，半圆额，落款为"分巡陇右道佥宪前山西道监察御史"，未具名，冯国瑞《麦积石窟志》载为"马应梦"书立此碑。碑文楷书十行，满行二十字，字迹多漫漶。内容刻七言律诗二首。此诗应为马应梦任巡陇右道佥事、巡盐御史时麦积山所作。

礼县游金瓜山诗碑

明万历二十八年（1600年）

【碑文】

胜日偕邑缙绅游金瓜山
曾于画里羡登瀛①，胜日山游画里行②。
小队不妨溪壑转，锦袍偏称雾云生。
马驰金勒斗梯上③，人到烟岭风袂轻④。
回首隋唐追往事，弘文草满牧羊坪。

金瓜灵石
金瓜闻说有灵奇⑤，扳葛⑥盘登不惮危⑦。
维石岩岩瞻具尔⑧，峨冠岳岳俨官仪⑨。
天机一手犹能转，地轴千年更不移。
把酒支颐频仰止⑩，个中动静许谁知。

太原　玉衡子

【撰者】

郭玉衡，陕西太原人，时任礼县知县。

【注释】

①登瀛：登上瀛州。尤指成仙。亦比喻士人得到荣宠，如登仙界。

②胜日：指亲友相聚或风光美好的日子。古代五行家谓金、木、土、水、火五行相克之日为"胜日"。

③金勒：金饰的带嚼口的马络头。

④风袂：指随风飘动的衣袖。

⑤灵奇：神异，神奇。指奇异秀丽之景色。

⑥扳葛：指抓住根草树茎。葛，多年生草本植物，茎可编篮做绳，纤维可织布，块根肥大，称"葛根"。

⑦惮危：害怕。

⑧岩岩：亦作"嵓嵓""嵒嵒"。高大；高耸。

⑨岳岳：挺立；耸立。

⑩支颐：以手托下巴。

【释文】

此诗碑现存于甘肃陇南礼县城关镇刘沟村水泉边，碑高 92 厘米，宽63 厘米，厚 11 厘米。作者玉衡子为郭玉衡，时为明万历二十八年（1600

礼县游金瓜山诗碑（拓片）

年）礼县知县。金瓜山位于礼县西 5 公里刘家沟，为当时礼邑胜境之一。在礼县郭玉衡还有一通诗碑，位于礼县永兴乡龙槐村，是明万历三十年（1602 年）任礼县知县时所作。《龙槐》诗曰："杯酒斜阳叹古槐，垂垂龙腹蕴风雷。可怜寂寞空山里，霖雨何年遍九垓。"

平番诗碑

（缺字）□生大人平番诗一十二首

明万历二十九年（1601 年）

【碑文】

……（缺字）□彼时在事者议抚议剿，计无所出。迩来□肆猖獗，莫敢谁何。时云……（缺字）□怒，一鼓荡平，乃辛丑十一月廿四日□凯旋之日，深山穷谷，欢声……（缺字）□太平盛事。余执爵随诸大夫之列，偶成俚语，聊纪其盛云。

云中飞将从先皇①，三十年间百战场。
结发从戎夺汉垒②，推心持节款夷王。
曾向中原屯细柳，直与东海截扶桑③。
南征北伐威名重，何况区区此犬羊。

[几向云中看射雕，孤忠勋业在] 清朝。
月支日本金戈横，青海白登铜柱标④。
[部曲营连老亡鼠] 寨，[凯歌声送野狐桥。
宕渠山下行人] 过，鸡犬无惊归暮樵。

[豺虎丛中老一邱⑤，年来谁复慰穷愁]。
猎回灞水李飞将⑥，师出祁山汉武侯⑦。
赤城新 [挂] 燕支血⑧，白 [钺旧悬可汗头⑨。
奏捷金门迥未与，山中倚] 徙望京楼。

[十万雄兵洮水西，穷檐引领望云霓。

推毂当] 年颇牧重⑩，登坛今日孙吴齐。
[俘] 馘还凭三尺剑⑪，[闭关只用一丸泥。
长城锁钥为君寄，紫诰馨香御墨] 题⑫。

[岷山城下洮水流，千古皇图忆叠州⑬。
蕞尔犬羊] 今授首⑭，长城万里壮金瓯⑮。

[文武全才裕壮猷⑯，山河百二势全收。
豺狼歼尽烽烟] 熄，投笔重封万里侯⑰。

[雷霆烈烈见天兵⑱，牙将材官喜气生⑲。
洗刀水赤鱼龙混]，脱甲声喧虎豹惊。

[旗帜高张金鼓鸣，首功无限列山城。
黄童白叟还罗拜⑳，百尺龙桥] 呼太平。

[幕府初临紫气关，悠然一笑定天山。
金城方略胸中蕴，指顾] 风生云鸟闻 [间]。

[甘棠旧种遍三秦㉑，枢管威名捷有神㉒。
欲纪肤功历万载，燕然] 之 [石] 在洮岷㉓。

[忆昔乘槎使节旋㉔，曾逢元老靖西边。
于今再睹平戎绩㉕，薄暮] 胡然有二天㉖。

[白水川前血战腥，登高履险见威灵。
百年逋寇巢边靖，不数七] 擒旧勒铭㉗。

【撰者】

朱衣，生卒不详，万历二年（1574 年）甲戌科进士，历任刑部广东司主事、兵部职方司主事、兵部职方司员外、兵部职方司郎中、山西潞安府知府、蓟州兵备副使等职，系明清岷州十进士之一。在甘肃天水麦积区凤凰山的《重修凤凰山庙宇碑》就是朱衣撰额。

【注释】

①飞将：即李广。

②垒：古代军中作防守用的墙壁，堡垒。

③扶桑：传说中东方海中的古国名，旧时指日本。

④铜柱：铜制的作为边界标志的界桩。《后汉书·马援传》："峤南悉平"。李贤注引晋顾微《广州记》："援到交阯，立铜柱，为汉之极界也。"

⑤一邱：一丘，一座小山，一座坟墓。唐李白《金门答苏秀才》诗句："未果三山期，遥欣一丘乐。"

⑥灞水：水名，在陕西省。李飞将：指汉名将李广。因其作战勇猛，匈奴称其"汉飞将军"。

⑦汉武侯：诸葛孔明。

⑧燕支血：喻鲜血。清厉鹗《洪襄惠公园中峰石歌》："金闺妖血无人见，塞上燕支洗罗荐。"

⑨钺：古代兵器，青铜制，像斧，比斧大，圆刃可砍劈，中国商及西周盛行。又有玉石制的，供礼仪、殡葬用。

⑩毂：车轮中心，有洞可以插轴的部分，借指车轮或车。

⑪俘馘：俘职，生俘的敌人和被杀的敌人的左耳。《左传·成公三年》："臣不才，不胜其任，以为俘馘。"杨伯峻注："知罃实被'俘'，而未被'馘'，此'馘'字是连类而及之词。"

⑫紫诰：诏书。古时诏书盛以锦囊，用紫泥封口，上面盖印，故称"紫诰金章"。

⑬皇图：封建王朝的版图。亦指封建王朝。

⑭蕞：古代演习朝会礼仪时捆扎茅草立放着用来标志位次，引申为丛聚的样子。

⑮金瓯：比喻疆土之完固，亦用以指国土。《南史·朱异传》："（梁武帝）尝夙兴至武德阁口，独言：'我国家犹若金瓯，无一伤缺。'"

⑯壮猷：宏大的谋略。清魏源《默觚下·治篇七》："何谓'壮猷'？非常之策。陈汤不奏于公卿，破格之功。班超不谋于从事，出奇冒险。不

拘文法、不顾利害者是也。"

⑰万里侯：万户侯，指古代由立功边远地区而受封的侯爵。

⑱雷霆：雷暴；霹雳。比喻威力或怒气。

⑲牙将：军中的中下级军官。材官：武卒或供差遣的低级武职。主管工匠、土木之事的官署。

⑳黄童白叟：黄发儿童，白发老人。泛指老人与孩子。罗拜：环绕着下拜，众人皆罗拜道侧。

㉑甘棠：木名，即棠梨。《史记·燕召公世家》："周武王之灭纣，封召公于北燕……召公巡行乡邑，有棠树，决狱政事其下，自侯伯至庶人各得其所，无失职者。召公卒，而民人思召公之政，怀棠树不敢伐，歌咏之，作《甘棠》之诗。"后遂以"甘棠"称颂循吏的美政和遗爱。

㉒枢管：指中央政务。《新唐书·萧瑀传》："帝委以枢筦，内外百务，悉关决。"《资治通鉴·梁武帝天监二年》："众谓沈约宜当枢管。上以约轻易，不如尚书左丞徐勉，乃以勉及右卫将军周舍同参国政。"

㉓燕然：指汉班固所撰《封燕然山铭》，亦泛指歌颂边功的诗文。

㉔乘槎：乘坐竹、木筏，后用以比喻奉使。唐杜甫《有感》诗之一："乘槎断消息，无处觅张骞。"

㉕平戎：原谓与戎人媾和。后指对外族采取和解政策；此指平定外族。

㉖胡然：突然，谓不知何故。表示不明原因。《诗·鄘风·君子偕老》："胡然而天地？胡然而帝也？"郑玄笺："胡，何也。帝，五帝也。何由然女见尊如天帝乎？"

㉗勒铭：指刻在金石上的铭文，喻建立功勋。

【释文】

此碑现存于甘肃省甘南藏族自治州临潭县新城镇晏家堡村。为石灰岩质，碑体已残缺，仅余下部分，周边无饰纹，残体已断为三块。残体通高72厘米，宽46厘米，厚15厘米。碑文竖刻，剩余20行，每字2厘米见方，字体为楷体。全文依（清）光绪三十三年《洮州厅志》卷十五《艺文下》补录。[ ]内为补齐内容。

《洮州厅志》卷十四《金石》："贺李南圆平番诗刻石，在协署。万历辛丑十二月刻。"《洮州厅志》卷十八《杂录》："万历十八年，青海酋浩尔齐围旧洮，副将李联芳战殁。"卷十《职官·名宦·李联芳》："万历辛丑，六忍、力节二族叛，公为洮岷协镇，率兵讨平之。岷进士朱衣作诗十二章，竖碑以颂。"

张维《陇右金石录》卷七亦有介绍："平番诗刻，在临潭旧参将署，今存。《洮州厅志》：贺李南园平番诗刻石乙在旧协署，刻万历时岷州进士朱衣诗十二首。（清）汪元绸、田而毵纂修《岷州志》，清康熙四十一年刊本第十五卷《选举·进士》："朱衣，万历甲戌科进士，授刑部广东司主事，转兵部职方司主事，历本司员外、郎中，升山西潞安府知府，寻升苏州兵备副使。"同书卷十九《艺文志下·诗》亦录朱衣诗一首，曰《贺李将军平番》，与上录诗文的第二首微异。现照录如下：几向辕门看射雕，风流不数霍嫖姚。才闻遗孽金戈横，旋见丰功铜柱标。部曲营连老鼠寨，凯歌声送野狐桥。宕渠多少行人过，鸡犬无惊归暮樵。

永兴乡龙槐诗碑

明万历壬寅年（1602 年）

【碑文】

龙槐

杯酒斜阳叹古槐，垂垂龙腹蕴风雷①。

可怜寂寞空山里，霖雨何年遍九垓②。

万历岁次壬寅十一日吉日　太原　玉衡子

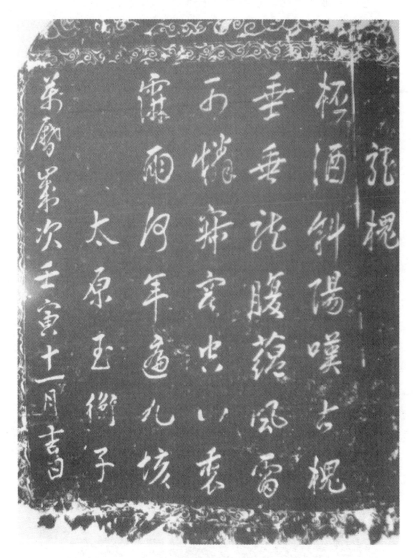

永兴乡龙槐诗碑（拓片）

明崇祯十一年（1638 年）

【碑文】

和龙槐诗碑

苍虬幻出老龙槐，掣电奔风驱五雷③。

幽谷养成鳞角栀④，千秋霖雨普埏垓⑤。

崇祯戊寅春和郭玉衡老寅翁韵　函关彭应程书

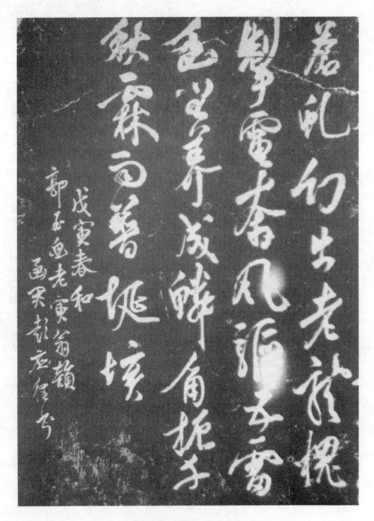

和龙槐诗碑（拓片）

【撰者】

两诗分别刻于两诗碑，第一首为明万历三十年（1602年）礼县知县郭玉衡所作，另外在礼县城关镇还有郭玉衡的一通诗碑《游金瓜山诗碑》；第二首为明崇祯十一年（1638 年）知县彭应程所作。

【注释】

①龙腹：《三国志·魏志·华歆传》："议论持平，终不毁伤人。"裴松之注引《魏略》："歆与北海邴原、管宁俱游学，三人相善，时人号三人为'一龙'，歆为龙头，原为龙腹，宁为龙尾。"后以"龙腹"为跻身贤人之间的典故。这里指古龙槐。

②九畡：亦作"九畹""九陔"。中央至八极之地。《国语·郑语》："王者居九畡之田，收经入以食兆民。"韦昭注："九畡，九州之极数。"晋葛洪《抱朴子·审举》："今普天一统，九畡同风。"

③苍虬：青色的龙。形容树木盘曲的枝干。宋王沂孙《疏影·咏梅影》词："苍虬欲卷涟漪去，慢蜕却、连环香骨。"

④鳞角栀：鱼龙一样的大树。

⑤埏垓：指广阔的大地。清俞樾《春在堂随笔》卷十："窃思河出昆仑墟，其势定可吞埏垓。"

【释文】

现两座碑位于陇南市礼县永兴乡龙槐村，在龙槐树的右侧而立，为两块明朝诗碑，龙槐碑高 76 厘米，宽 62 厘米，厚 13 厘米，为明万历壬寅年（1602 年）十一月立，郭玉衡撰书。另一通和龙槐诗碑高 100 厘米，宽 58 厘米，明崇祯戊寅年（1638 年）春立，彭应程撰书。前者作者借物咏志，将其济世豪情寄予其中，全诗表达了壮志未酬的情怀。而第二首则截然不同，彭应程表现了自己壮志已酬的舒展情怀。据明（清）方嘉发纂修《礼县志》，1756 年刊本记载，崇祯七年（1634 年），李自成部率领的农民起义军进陇右，"一斗谷"孙承恩、"蝎子块"白广恩等部进攻秦州时，先攻占长道。八年（1635 年），再攻秦州未克，转攻礼县城，又不克退走。十一年（1638 年）春，洪承畴追击李自成部到礼县，得知李自成部已进洮州番地，于是又派兵追击。李自成部再次攻击礼县、西和，邑令彭应程守御。此诗极有可能为彭应程成功守御李自成部后，游览龙槐见曾任知县郭玉衡壮志未酬"龙槐"诗后的即兴而作。两通诗碑为七律诗，吟诵龙槐树古迹。此两诗碑也具有较高书法艺术价值。

巡按御史傅振商诗刻

明万历四十六年（1618 年）

【碑文】

南安署中有射亭正对南山，见□□□史取陶诗作悠然，题诗八首，不揣效频

其一

孤亭尘静境萧然，一溪含幽似草玄①。
北牖流清渡少女②，南山落翠锁苍烟。
鸟声似爱芳园倩，槐影能招夕照妍。
来往苔痕寻秘胜，顿觉法署有林泉③。

其二

何须尘外觅仙家，小苑风清对物华④。
翠草遍能觉雨露，苍松长自老烟霞⑤。
卷帘遥玩归山鸟⑥，含笑闲看巾壁蜗。
便欲乘云依绝岫，乌巾随意理丹砂⑦。

其三

虚窗生白敞幽亭⑧，吏隐忘机眼自醒⑨。
耳畔溪声侵骨冷，云中岫色人廉青。
身依薜萝遗尘网⑩，人坐烟霞玩道经⑪。
倚槛畹兰舒野□⑫，夜来应梦客为星。

其四

忘却驰驱白发新，到来幽兴□为邻⑬。
此君散韵摇青玉，□丈含幽卧绿茵。
批射未能下病羽，忘机何用镂飞尘。

揸颐静对南山色^⑭，□□□中□此身。

其五

领略烟光卧翠微，北窗逸兴白云飞。
山疑姑射城头见^⑮，人□月□海上归。
独鸟哺雏窥口帙，薰风吹动□□衣。
便疑谷□高人是，只少滩头一钓矶。

其六

峰头官影俯窗纱，雨过高城□晚霞。
玉□千条飞瀑水，鼓吹一部奏鸣蛙。
篱边堪对□酒，松下□□陆羽茶^⑯。
不是使君惊绝塞，晓人应道是山家^⑰。

其七

柏台胜处启玄关^⑱，身是幽人自往还^⑲。
不□□星依北斗，好从种豆□南山。
夜凉雨过花神靓，午篆香销蝶梦闲^⑳。
□尔□□□逸兴，归心早度水云间。

其八

叱驭遥从陇外游^㉑，□情□句寄沧洲。
操弓未□穿墉准^㉒，献技空惭虚射侯^㉓。
亭下□□频望岫，客中作赋几登楼。
何时得遂南陔愿^㉔，□□□羊竹□游。

南安五日二首

端阳仍楚俗，客兴□南安^㉕。闷绝他乡酒^㉖，幽怀故国兰。
陇山涵远影，渭水泻轻寒。天外□亲客，长吟把艾看。

陇右逢佳节，愁心觉影孤。清风疏荒战，幽兴玩兵符㉗。
艾气频催句㉘，巢□更取雏。何如就子舍㉙，献寿泛香蒲㉚。

陇头水

陇头流水声呜咽，九折□墼助悽切。
今古涓涓满地奔，征人过此心偏绝。
虏骑连□寇武威，寒光更懔雪山雪。
壮怀亟欲射天狼㉛，何时得饮匈奴血。
羌笛胡笳动离情，故园回首肝肠热。
爷娘妻子梦中人，愁□刀□傍古铁㉜。
陇头水泻影分飞，西派如引东派别。
拟将长剑□山□，二水尽东□□□。
破虏随流渡陇归，□时写怨□□□。
万历戊午仲夏五日
巡按陕西川湖监察御史、前翰林院庶吉士、汝南傅振商书

【撰者】

傅振商（1573—1640 年）字君雨，河南汝南城西七十里坟塘人。万历三十一年（1603 年）乡试中举，万历三十五年（1607 年）中丁未科进士，选为翰林院庶吉士，改巡察御史，后任江西道御史，按察京城南部。神宗时，补大理寺丞，转右少卿，迁太常寺卿，巡抚南赣，万历四十二年（1614 年），举荐孙祖寿任蓟镇标营都司。崇祯时，官至兵部尚书。为官清正廉洁。以病辞归。卒谥庄毅。著有《古论元著》《蜀藻幽胜集》《四家诗选》《爱鼎毫文集》《辑玉录》《杜诗分类》等。

【注释】

①草玄：谓淡雅清幽。

②北牖：指朝北的窗。

③法署：司法衙署。清黄六鸿《福惠全书·禀启附·候许刑馆》："风霜严法署，九霄分使者之符。"林泉：指隐居之地。唐骆宾王《上兖州张司马启》："虽则放旷林泉，颇得闲居之趣。"

④物华：物华天宝；自然景物。南朝梁柳恽《赠吴均》诗之一："离

念已郁陶，物华复如此。"

⑤烟霞：泛指山水、山林、烟雾、云霞。南朝梁萧统《锦带书十二月启·夹钟二月》："敬想足下，优游泉石，放旷烟霞。"

⑥簾：通"帘"。

⑦乌巾：黑头巾，即乌角巾。古代多为隐居不仕者的帽子。南朝宋羊欣《采古来能书人名》："吴时张弘好学不仕，常着乌巾，时人号为张乌巾。"仇兆鳌注："《南史》：'刘岩隐逸不仕，常着缁衣小乌巾。'"丹砂：即朱砂。矿物名，丹药。色深红，古代道教徒用以化汞炼丹，中医作药用，也可制作颜料。晋葛洪《抱朴子·金丹》："凡草木烧之即烬，而丹砂烧之成水银，积变又还成丹砂。"

⑧生白：生出光明。一说，谓产生纯洁的道心。《淮南子·俶真训》："是故虚室生白，吉祥止也。"高诱注："虚，心也；室，身也；白，道也。能虚其心以生于道。道性无欲，吉祥来止舍也。"

⑨忘机：消除机巧之心。常用以指甘于淡泊，与世无争。唐王勃《江曲孤凫赋》："尔乃忘机绝虑，怀声弄影。"

⑩薜萝：薜荔和女萝，两者皆野生植物，常攀缘于山野林木或屋壁之上。《楚辞·九歌·山鬼》："若有人兮山之阿，被薜荔兮带女萝。"王逸注："女萝，兔丝也。言山鬼若人，见于山之阿，被薜荔之衣，以兔丝为带也。"后借以指隐者或高士的衣服。

⑪道经：道家或道教的经典。《南史·顾欢传》："案道经之作，著自西周；佛经之来，始乎东汉。"

⑫畹兰：即九畹兰，一种每年四月、九月两次盛开的兰花，花香四溢。屈原《离骚》："余既滋兰之九畹兮，又树蕙之百亩。"

⑬幽兴：幽雅的兴味。唐裴迪《木兰柴》："缘溪路转深，幽兴何时已。"

⑭搘颐：以手托腮。唐王维《赠东岳焦炼师》诗："支颐问樵客，世上复何如？"

⑮姑射：得道的人。原指姑射山的得道真人，后泛指美貌女子。

⑯陆羽茶：唐隐士陆羽，著有《茶经》，民间祀为茶神。后因称茶为"陆羽茶"。宋范仲淹《次韵和刘夔判官对雪》："净拂王恭氅，香滋陆羽茶。"

⑰山家：隐士。宋梅尧臣《九华隐士居陈生寄松管笔》："一获山家赠，令吾魄汝曹。"

⑱玄关：泛指门户；佛教称入道的法门。《文选·头陀寺碑文》："于是玄关幽键，感而遂通。"李善注："玄关幽键，喻法藏也。"

⑲幽人：幽隐之人；隐士。《易·履》："履道坦坦，幽人贞吉。"孔颖达疏："幽人贞吉者，既无险难，故在幽隐之人守正得吉。"

⑳蝶梦：《庄子·齐物论》："昔者庄周梦为胡蝶，栩栩然胡蝶也，自喻适志与！不知周也。俄然觉，则蘧蘧然周也。不知周之梦为胡蝶与，胡蝶之梦为周与？周与胡蝶，则必有分矣。此之谓物化。"后因以"蝶梦"喻迷离惝恍的梦境。唐李咸用《早行》："困才成蝶梦，行不待鸡鸣。"又指超然物外的玄想心境。宋张孝祥《水调歌头·泛湘江》："蝉蜕尘埃外，蝶梦水云乡。"

㉑叱驭：汉琅邪王阳为益州刺史，行至邛郏九折阪，叹曰："奉先人遗体，奈何数乘此险！"因折返。及王尊为刺史，"至其阪……尊叱其驭曰：'驭之！王阳为孝子，王尊为忠臣。'"见《汉书·王尊传》。后因以"叱驭"为报效国家，不畏艰险之典。唐王勃《梓州郪县兜率寺浮图碑》："下岷关而叱驭，寄切全都。"

㉒墉：高墙。《诗·召南·行露》："谁谓鼠无牙？何以穿我墉。"

㉓射侯：指箭靶。《韩非子·八说》："狸首射侯，不当强弩趋发。"北魏郦道元《水经注·穀水》："南面射侯夹席，武峙背山。"

㉔南陔：《诗·小雅》篇名。六笙诗之一，有目无诗。《诗·小雅·南陔序》："《南陔》，孝子相戒以养也；《白华》，孝子之洁白也；《华黍》，时和岁丰，宜黍稷也。有其义而亡其辞。"

㉕南安：陇西县南安。

㉖闷绝：晕倒；喝醉。《左传·定公四年》："由于徐苏而从。"晋杜预注："以背受戈，故当时闷绝。"

㉗兵符：古代调兵遣将用的一种凭证。《史记·魏公子列传》："嬴闻晋鄙之兵符常在王卧内，而如姬最幸，出入王卧内，力能窃之。"

㉘艾气：谓如邓艾之口吃。宋邵博《闻见后录》卷三十："士人口吃，刘贡父嘲之曰：'本是昌徒，又为非类；虽无雄才，却有艾气。'盖周昌、韩非、扬雄、邓艾皆口吃也。"

㉙子舍：借指儿子；儿女。宋富弼《韩国华神道碑》："教子舍悉用经术而济之以严。"

㉚香蒲：俗称蒲草，多年生草本植物。生长在水边或池沼内。叶狭长，夏季开花，雌雄花穗紧密排列在同一穗轴上，形如蜡烛，有绒毛，可做枕头心；叶片可编织席子、蒲包、扇子。花粉称蒲黄，用为止血药。

㉛射天狼：喻诛灭贪残者或敌寇。《楚辞·九歌·东君》："举长矢兮射天狼。"王逸注："天狼，星名，以喻贪残。"洪兴祖补注："狼一星在东井南，为野将，主侵掠。"

㉜古铁：指剑。唐陆龟蒙《杂讽》诗之九："古铁久不快，倚天无处磨。"

【释文】

《陇西金石录》记此诗刻原在甘肃陇西钟灵寺壁间，现存于陇西仁寿山公园，碑面已残沥，字迹挺秀，惜多剥落，模糊不清，为卧碑形式，高2.5尺，宽3.7尺，石质佳。从诗刻内容看，多为歌咏园林景色及抒发个人情怀有感而发之作。"南安署中"题诗八首，"南安五日"题诗二首，"陇头水"一首，全碑共计十一首。全文参照杨凌霄编《陇西艺文集》整理。

傅振商为明代河南汝阳西南傅家堂人，其父官至兵部尚书，家族为当时名门望族，傅振商曾创办"恒阳""国士""天雄"三书院，为国培养人才，声望很高，为官清正，官至兵部尚书，乞病还乡后，自号"养拙叟"。

温泉诗碑

明崇祯十五年（1642 年）

【碑文】

清水县东温泉①
水性原皆冷，此泉何独温？
天留千载泽，池贮四时春。
善洗身心病，蒸销眼耳瘲②。

好乘天际马③，洒鬣暖吾民④。

崇祯十五年岁在壬午季春吉日□□甘肃曹南耽云爱月人李悦心题（印章）。

【撰者】

李悦心，明朝山东曹县人，崇祯七年（1634年）进士，时为陕甘巡按御史，本诗应为崇祯十五年李悦心视察秦州时作。

【注释】

①东温泉：即清水县温泉。

②蒸销：消除。瘗：掩埋，引申为隐藏的污垢。

③天际马：指泉水溢出的热气。《庄子·逍遥游》说："野马也，尘乱也，生物之以息相吹也。"

④洒鬣：本指骏马奔驰时鬃毛飞扬。此指热气蒸腾。

【释文】

温泉诗碑存立于甘肃天水市清水县温泉，是现存天水有关温泉记事最早碑刻。碑刻字体为行书，共七行，碑文书法令人激荡愉悦的心情油然而生，使人流连忘返百看不厌。天水市诗碑中行楷体仅见于此。另一通为清代乾隆十六年（1752年）十月长白郎图书所撰书碑，内容除赞美温泉外，还记述了温泉在明代是陇上胜迹之一，列为清水县八景之一，誉名"烫浴温泉"。

清水温泉位于甘肃天水市清水县城东八公里的峡谷之中。歌咏温泉的诗歌很多，而李悦心这首五律最有名。这首诗所表达的意境足以令人遐想回味。这首诗内容是讲温泉用处，水本是冷的，而此泉水为什么温烫，一年四季，千百年也一样。泉水可以洗涤人们的污垢和疾病，使人耳聪目明，身心愉悦。全诗意境高远，富有哲理，寓意自己也能像温泉水一样，天天长期地为老百姓造福，也表现了作者热爱自然、热爱生活、体恤关心人民的情怀。

温泉诗碑（拓片）

八

清　代

游玉泉观饮李杜祠堂赋此诗碑

清代早期

【碑文】

> 游玉泉观饮李杜祠堂赋此
> 玉泉云横接高岑①，山势嶙峋古洞深②。
> 岩挂老松盘曲姿，水穿幽壑窦疏阴③。
> 仙人楼阁空遗像，才子□华擅正音④。
> 丹室无从探玄秘⑤，乘风把酒涤尘襟。

【撰者】

佚名。

【注释】

①高岑：高山。

②嶙峋：形容沟壑、山崖等重叠幽深。

③幽壑：深谷；深渊。窦：孔、洞。

④正音：指雅正之诗。明宋濂《答章秀才论诗书》："正始之间，嵇阮又叠作，诗道于是乎大盛。然皆师少卿而驰骋于风雅者也。自时厥后，正音衰微，至太康复中兴。"

⑤丹室：炼丹的丹房。指寺庙。

【释文】

此诗镌于碑石，碑现存于甘肃天水玉泉观碑廊。书体草书，潇洒流利。落款部分已残缺，无法辨识作者。从碑石破损状况来看，约成于明代中叶到清代早期之间。

游玉泉观饮李杜祠堂赋此诗碑（原碑）

周祖庙告成诗刻

清顺治五年（1648 年）

【碑文】

苍苍王气抱古城，流峙周遭今古横①。
傅子当年测海若②，邠人此日忆河清③。
松声不逐笳声落④，山色每随月色明。
感慨周家千载业⑤，原陵一片野云生。
庆阳知府祀县李日芳题，顺治五年。

【撰者】
李日芳，生平事迹不详，时为庆阳知府。

【注释】
①周遭：四周；周围。金元好问《乡郡杂诗》之四："新堂缥缈接飞

楼，云锦周遭霜树秋。"

②海若：传说中的海神。《楚辞·远游》："使湘灵鼓瑟兮，令海若舞冯夷。"王逸注："海若，海神名也。"洪兴祖补注："海若，庄子所称北海若也。"

③邠：古同"豳"，邠县。古地名，在陕西省旬邑县。今作"彬县"。豳地，即今陕西省旬邑县和彬县的交界处。周人的先祖公刘葬于彬县龙高乡土陵村。河清：古称黄河千年一清，因以"河清"比喻时机难遇。汉王粲《登楼赋》："惟日月之逾迈兮，俟河清其未极。"

④笳声：胡笳吹奏的曲调。亦指边地之声。唐钱起《送王相公赴范阳》诗："代云横马首，燕雁拂笳声。"

⑤周家：周祖先。

【释文】

诗碑原在甘肃庆阳城南关的周祖庙殿壁，小方石，行书，今已佚。周祖庙即在庆城县城南，祀周祖不窋。明嘉靖初，知府莆海修。庙内曾有塑像，两壁画文王以下三十七王像。顺治五年，知府李日芳建坊，题字"肇周圣祖"及"帝系王风"。从夏朝至商代，周祖在庆阳共传承十二代，达四百余年之久。周人在庆阳教民稼穑，开创了先周农耕文化的先河，使庆阳由以牧业为主的游牧区变为以农业为主的半农半牧区。

据《庆阳县志》载："在县城东北五十里樊老庄东，腴田数亩，号天子掌，又名公刘庄，人莫垦者，相传为周发祥地。"《史记·周本纪》："后稷卒，子不窋立。不窋末年，夏后氏政衰，去稷（农官名）不务，不窋以失其官而奔戎狄之间。不窋卒，子鞠立。鞠卒，子公刘立。公刘虽在戎狄之间，复修后稷之业，务耕种、行地宜、自漆沮渡渭取材用。行者有资，居者有畜，积民赖其。庆百姓怀之多徒而保归焉。周道之兴自此始。"据《史记·周本纪》载：周祖不窋为黄帝苗裔。帝喾嫡孙，后稷姬弃之子。禹夏之世，继为农官。太康政衰，失官来庆阳一带，兴利除弊，务耕课桑，筑屋营城，内修礼义。其子鞠陶、孙公刘，承前启后，务本纳贤，劝农桑，重畜牧，尚武备，崇节礼，使民殷物丰，四方福臻，史称"周道之兴自此始"。不窋所奔的戎狄就是今甘肃庆阳。不窋率领其氏族在此繁衍生息，死后便葬于庆阳。其孙公刘，率其部族迁往豳（今陕西旬邑县）。不窋在后稷氏失势之际，选择庆阳这块风水宝地，使后稷开创的事业和文化发展和保存，为后嗣公刘的崛起及周文王、武王建立帝业，做了充分的准备。

二妙轩碑

清顺治十二年（1655 年）

（杜甫诗六十首（杜甫陇右诗计 117 首，清初宋琬选 60 首，刻制《二妙轩碑》，依宋琬所选杜诗，照录如下）

【碑文】

猗嗟先生，志侔稷契^①。遘乱播迁，身穷道洁^②。
同谷秦州，兹焉停辙^③。拾橡行歌，怀君沥血^④。
灿灿遗编，星云并列^⑤。譬彼嵩华，俯临群垤^⑥。
瞻仰忱容，我心如结。陇水东流，千年呜咽^⑦。
东海宋琬赞

【注释】

①猗嗟：叹词。表示赞叹。《诗·齐风·猗嗟》："猗嗟昌兮，顾而长兮。"毛传："猗嗟，叹辞。"侔：相等，齐。稷契：稷和契的并称。唐虞时代的贤臣。唐杜甫《客居》诗："稷契易为力，犬戎何足吞。"

②遘乱：遘，相遇；遭遇战乱。道洁：品德高尚，孤高磊落，不苟且附和于官场世俗。播迁：迁徙；流离。北周庾信《哀江南赋》："值五马之南奔，逢三星之东聚，彼凌江而建国，始播迁于吾祖。"

③同谷秦州：陇南成县和天水。

④行歌：边行走边写诗歌。借以抒发自己的感情，表示自己的意向、意愿等。

⑤粲粲：即灿灿，闪闪发亮貌。遗编：指散佚的典籍。唐卢照邻《乐府杂诗序》："通儒作相，徵博士于诸侯；中使驱车，访遗编于四海。"星云并列：与日月同辉，星云共存。

⑥嵩华：嵩山和华山的并称。比喻崇高。唐皮日休《内辩》："公当时之望，溟渤于文场，嵩华于朝右。"垤：小土丘。

⑦呜咽：低声哭泣。亦指悲泣声。汉蔡琰《悲愤》诗之一："观者皆歔欷，行路亦呜咽。"

杜少陵流寓诗第一东海
宋琬玉叔甫集秦州杂诗
秦州杂诗二十首

（一）

满目悲生事，因人作远游①。迟回度陇怯，浩荡及关愁②。
水落鱼龙夜，山空鸟鼠秋③。西征问烽火，心折此淹留④。

【注释】

①生事：生存，生计。因：因依，因趁。人：当指住在天水东柯谷其侄杜佐和住在麦积区甘泉镇西枝村友人赞公。

②迟回：迟疑徘徊。陇：指陇山，亦名陇坂，今陕西宝鸡、陇县和甘肃清水、张家川诸县间，是六盘山的南端支脉。浩荡：广阔远大。这里指路程遥远，愁思深沉。及：到。关：陇关，又名大震关，在今陕西陇县西固关镇。

③鱼龙：即鱼龙川，水名，古称汧水，今作千河。因川中出五色鱼，俗以为龙，故名。鸟鼠：山名，在今甘肃渭源县西南一带，以鸟鼠同穴得名，渭河发源于此。《元和郡县图志·陇右道上·渭州》："鸟鼠山，今名青雀山，在（渭源）县西七十六里。渭水所出，凡有三源并下。"

④西征：向西行。烽火：古代传递军情的方式，筑高台燃放烟火，以作信息警示。心折：心惊。语出江淹《恨赋》："意奇神骇，心折骨惊。"淹留：停留，滞留。

（二）

秦州山北寺，胜迹隗嚣宫①。苔藓山门古，丹青野殿空②。
月明垂叶露，云逐渡溪风③。清渭无情极，愁时独向东④。

【注释】

①隗嚣宫：隗嚣（？—33年），字季孟，天水成纪（今甘肃秦安）人，是出身陇右大家族的文人。新莽末占据天水、武都、金城、张掖、酒泉诸郡。自称西州大将军。后与汉军交战屡败，建武九年（33年）春，忧愤而死。《后汉书》有传。隗嚣宫故址在秦州城东北寿山上，乾隆《直隶秦州新志》："寿山，北一里，上有隗嚣连城，俗名皇城，后有北山寺，今废。"《清一统志·甘肃统部·秦州府》："崇宁寺，在（秦）州东北山上。本汉隗嚣故居，后建为寺。杜甫'秦州城北寺，胜迹隗嚣宫'。"

②丹青：丹，丹砂，红色；青，青䨼，青色，为两种矿物质颜料，这里指殿堂的绘画颜色。

③明：照明。

④清渭：指渭河，因水清而称清渭。晋潘岳《西京赋》："北有清渭浊泾，兰池周曲。"渭水发源于甘肃渭源西北鸟鼠山，黄河最大的支流，东流经长安城北。

（三）

州图领同谷，驿道出流沙①。降虏兼千帐，居人有万家②。

马骄珠汗落，胡舞白题斜③。年少临洮子，西来亦自夸④。

【注释】

①州图：秦州的版图。同谷：同谷郡，故治在今甘肃成县。领：督领。《唐书·地理志》："秦州都督府，督领天水、陇西、同谷三郡。"驿道：古代驿马通行的道路，为传送公文所设。流沙：沙漠。

②降虏：这里指归降于唐朝的少数民族。兼：加倍。帐：帐篷，少数民族的居所。居人：指秦州居民。

③朱汗：《汉书·武帝纪》载："贰师将军斩大宛王首，获汗血宝马。"《史记·乐书》应劭注："大宛旧有天马种，蹋石汗血，汗从前肩膊出如血，号一日千里。"后人因以"朱汗"指马的优良特性，庾信《三月三日华林园马射赋》："选朱汗之马，校黄金之埒。"胡舞：即西域胡旋舞。白题：胡人白色毡帽。

④临洮：唐代郡名，在今甘肃岷县。

（四）

鼓角缘边郡[①]，川原欲夜时[②]。秋听殷地发，风散入云悲[③]。
抱叶寒蝉静，归来独鸟迟。万方声一概，吾道竟何之[④]。

【注释】

①鼓角：鼓声和号角声。角，用牛角制成的角号。鼓和角指古代军事用具。缘：沿。边郡：指秦州。

②川原：川，河流；原，宽阔平坦的地方。这里指秦州山川原野。

③殷：指鼓声震动。入云悲：指鼓悲凉的角声穿彻云霄。

④万方：各方，到处。一概：一律，一样。之：往，到。

（五）

西使宜天马[①]，由来万匹强[②]。浮云连阵没[③]，秋草遍山长。
闻说真龙种[④]，仍残老骕骦[⑤]。哀鸣思战斗，迥立向苍苍[⑥]。

【注释】

①西使：一作"南使"。唐代掌管养牧的官职名。《旧唐书》："凡诸牧监分南、北、东、西四使以统之"。天马：神马。《汉书·张骞传》："初，天子发书《易》，曰'神马当从西北来。'得乌孙马好，名曰'天马'。及得宛汗血马，益壮，更名乌孙马曰'西极马'，宛马曰'天马'云。"

②由来：自来，从来。

③浮云：良马名，《西京杂记》："文帝自代还，有良马九匹，一曰浮云。"这里泛指一切良马。

④龙种：相传秦州一带出龙马。《开山图》云：陇西神马山有渊池，龙马所生。即是水也。"《水经注》："马池水出上邽西南六十里，谓之龙渊水。"

⑤残：余。骕骦：古代良马名，也写作肃霜、肃爽。

⑥迥立：远立。苍苍：苍天。

（六）

城上胡笳奏①，山边汉节归②。防河赴沧海③，奉诏发金微④。
士苦形骸黑⑤，旌疏鸟兽稀。那闻往来戍⑥，恨解邺城围⑦。

【注释】

①城：指秦州城。胡笳：古代北方少数民族用的管乐器。

②汉节：此指唐朝的征兵使者。节：符节。用来做凭证之物。

③河：黄河。沧海：指渤海。

④诏：皇帝的命令或文告，即诏书。发：调发、派遣。金微：山
名。今阿尔泰山。《唐书。地理志》："羁縻州有金微都督府，隶安北都
护府。"

⑤形骸：形体、躯壳、样子。

⑥戍：驻守。

⑦邺城：即相州，治所在今河南安阳。

（七）

莽莽万重山①，孤城山谷间。无风云出塞，不夜月临关。
属国归何晚②，楼兰斩未还③。烟尘独长望，衰飒正摧颜④。

【注释】

①莽莽：指广袤无际的样子。

②属国：典属国，秦汉时官名，掌少数民族事务。汉武帝时苏武出使
匈奴历十九年始归，官拜典属国。

③楼兰：古西域国名。故址在今新疆若羌县境，东邻罗布泊。汉武帝
元封三年（前108年）归附汉朝。楼兰地处汉代通西域道上。汉昭帝元
凤四年（前77年）傅介子至楼兰，计斩其王首而归。

④衰飒：衰败，衰落。摧颜：催人衰老，愁眉不展。

（八）

闻道寻源使①，从天此路回②。牵牛去几许③，宛马至今来④。
一望幽燕隔⑤，何时郡国开。东征健儿尽，羌笛暮吹哀⑥。

【注释】

①寻源使：指张骞。汉武帝令张骞出使西域，寻找黄河源头。

②此路：指秦州驿道。

③牵牛：星宿名，指牵牛宿。

④宛马：古代西域大宛国产的良马。

⑤幽燕：幽州和燕州。故地在今河北东北部一带，是唐代安史之乱叛军巢穴。

⑥东征健儿：指派往东部平乱的秦州士兵。羌笛：古羌族管乐器。

（九）

今日明人眼①，临池好驿亭②。丛篁低地碧③，高柳半天青。

稠叠多幽事④，喧呼阅使星⑤。老夫如有此，不异在郊坰⑥。

【注释】

①明人眼：使人眼前一亮，眼花。

②驿亭：秦州驿亭，今甘肃天水秦州城西的天水郡。

③丛篁：丛生的竹子。篁指竹子。

④稠叠：稠密重叠。幽：幽雅，幽深。

⑤喧呼：大声地说话、呼叫。阅：检阅。使星：使者。

⑥郊坰：指城市的郊外。《尔雅》："邑外为郊，郊外为野，野外为林，林外为坰。"

（十）

云气接昆仑①，涔涔塞雨繁②。羌童看渭水，使客向河源③。

烟火军中幕，牛羊岭上村④。所居秋草净，正闭小蓬门⑤。

【注释】

①昆仑：山名。绵亘在今新疆、西藏、青海省一带。

②涔涔：雨连绵下落的样子。

③羌：古代我国西部的一个少数民族。使客：使者。河源：黄河

之源。

④幕：帐篷。

⑤蓬：蓬草，也叫"飞蓬"。蓬门：柴门，贫穷之家以柴草编结的门，亦有隐居之意。

（十一）

萧萧古塞冷，漠漠秋云低①。黄鹄翅垂雨，苍鹰饥啄泥②。

蓟门谁自北③，汉将独征西④。不意书生耳，临衰厌鼓鼙⑤。

【注释】

①萧萧：风声。古塞：秦州。漠漠：云密布的样子。

②黄鹄：黄色的一种鹅。苍鹰：这里泛指鹰一样的鸟类。

③蓟门：即蓟州，在今河北蓟县附近。安禄山在此起兵叛乱。自北：向北征讨。

④汉将独征西：汉将独自西征，胜利而归。《后汉书·光武纪》："以偏将军冯异为征西将军。"

⑤书生：诗人自谓。厌：吃饱。这里指厌倦，够了之意。鼓鼙：鼓，指大鼓；鼙，指小鼓。鼓鼙，喻指战事。

（十二）

山头南郭寺①，水号北流泉②。老树空庭得③，清渠一邑传④。

秋花危石底，晚景卧钟边⑤。俯仰悲身世，溪风为飒然⑥。

【注释】

①南郭寺：寺名。位于今天水市秦州城南慧音山坡上。

②北流泉：泉名。南郭寺东院观音殿前，因泉水北流而得名。

③老树：南郭寺西院古柏一株，树龄距今约 2500 多年。

④邑：此指秦州。

⑤秋花：秋天菊花。危：高高耸立的石头。景：同影。卧钟：斜放于地上的钟。

⑥俯仰：俯视仰望。这里指抬头的瞬间，时间很短。

（十三）

传道东柯谷^①，深藏数十家。对门藤盖瓦，映竹水穿沙。

瘦地翻宜粟^②，阳坡可种瓜。船人近相报，但恐失桃花^③。

【注释】

①东柯谷：地名，在甘肃天水市麦积区东南七十里处，即甘泉镇八槐村、吴家寺、潘集寨沿河一带。

②瘦地：指不好的田地。翻：翻土。

③桃花：指桃花源，用陶渊明《桃花源记》寓意。

（十四）

万古仇池穴^①，潜通小有天^②。神鱼人不见，福地语真传^③。

近接西南境^④，长怀十九泉。何时一茅屋，送老白云边。

【注释】

①仇池：山名。又名仇维山、仇夷山等，在秦州西南二百余里处的今甘肃省西和县南一百二十余里处。又因山上多泉眼诗中说"仇池穴"。汉献帝建安中，氐族首领杨驹率众在此建仇池国，历时一百三十五年。今存故城遗址。

②潜通：暗通。小有天：仇池山有洞名曰"小有洞天"。《名山记》："王屋山有洞，周回万里，名曰小有清虚之天。"《东坡志林》赵德麟曰："仇池，小有洞天之附庸也。"

③神鱼：仇池穴之神鱼。《杜工部草堂诗笺》载："世说仇池有地穴通小有洞，中出神鱼，食之者仙，经十九灵泉矣。"福地：指安乐享福之地。

④西南境：指仇池，在秦州西南方。

（十五）

未暇泛沧海，悠悠兵马间^①。塞门风落木，客舍雨连山^②。

阮籍行多兴，庞公隐不还^③。东柯遂疏懒^④，休镊鬓毛斑^⑤。

【注释】

①未暇：没有空闲时间，即未来得及。泛沧海：泛舟海上。《论语·公冶长》："子曰：'道不行，乘桴浮于海。'"悠悠：时间长久。兵马间：指战争。

②塞门：闭门。

③阮籍：晋朝诗人，长期隐居，"竹林七贤"之一。为人豪放，不拘礼法。他经常行车子无目的地的走，直到车子无法前进的时候而回。行多兴：指阮籍出行时兴致很高。庞公：庞德公，东汉襄阳人，著名隐士。据说他一生住在山里。三国时刘表多次请他做官，他却带妻子到鹿门（在今湖北省襄樊市东南三十里）采药，避而不会。

⑤遂：听之任之。

⑥镊鬓：用镊子拔掉鬓角上的白发。

（十六）

东柯好崖谷，不与众峰群。落日邀双鸟，晴天养片云①。

野人矜险绝②，水竹会平分③。采药吾将老，儿童未遣闻④。

【注释】

①邀：出迎等候。养："卷，拥抱"之意。

②野人：居于郊野的村民、平民。矜：矜持，小心。

③会：应当。

④遣闻：让知道。遣，使，令。

（十七）

边秋阴易久，不复辨晨光。檐雨乱淋幔①，山云低度墙。

鸬鹚窥浅井②，蚯蚓上深堂。车马何萧索，门前百草长③。

【注释】

①幔：幕，指窗帘。这里指檐雨形成的雨幕。

②鸬鹚：又名鱼鹰。《本草衍义》："陶隐居云：'鸬鹚，水鸟，不卵生，口吐其雏，今人谓之水老鸭。'"

③萧索：萧条。

（十八）

地僻秋将尽，山高客未归①。塞云多断续，边日少光辉。

警急烽常报，传闻檄屡飞②。西戎外甥国③，何得近天威④。

【注释】

①客：指诗人自己。

②檄：古代用来征召、声讨的军事文书。遇紧急之事，则插上羽毛，称羽檄。

③西戎：中原人对西方少数民族的通称。这里指吐蕃。外甥国：贞观十五年（641年），唐太宗嫁文成公主给吐蕃王松赞干布。中宗时，又嫁金城公主给吐蕃王赞普尺带珠丹。《旧唐书·吐蕃传》：“开元十年，赞普请和，上表曰：‘外甥是先皇帝旧宿亲，千岁万岁，外甥终不敢先违盟誓。’”顾炎武《日知录》：“《册府元龟》载吐蕃书，皆自称外甥，称上为皇帝舅。”

④迕：违反，抵触。天威：天朝的威严。这里指唐王的威严。

（十九）

凤林戈未息①，鱼海路常难②。候火云烽峻③，悬军幕井干④。

风连西极动⑤，月过北庭寒⑥。故老思飞将⑦，何时议筑坛⑧。

【注释】

①凤林：地名。今甘肃临夏凤林川。《旧唐书·地理志》：“凤林县，属河州，本汉白石县地，属金城郡”。戈：兵器，这里代指战争。

②鱼海：地名。今宁夏、青海一带，具体不详。《杜诗镜铨》引朱注：“鱼海地在河州之西，属吐蕃境。”

③候火：烽火。候，守望、放哨。云峰：比喻候火像插入云霄的山峰。

④悬军：深入敌境的孤军。幕井：加盖的水井。幕，遮盖。

⑤西极：西边极远之地方。

⑥北庭：唐代设北庭大都护府，属陇右道，今新疆境内。

⑦故老：作者自己。飞将：汉将李广，成纪天水人，匈奴人称之为"飞将军"。

⑧筑坛：即筑坛拜将，汉王刘邦曾筑坛，拜韩信为大将军。

（二十）

唐尧真自圣①，野老复何知②。晒药能无妇③，应门幸有儿④。

藏书闻禹穴⑤，读记忆仇池⑥。为报鸳行旧⑦，鹪鹩在一枝⑧。

【注释】

①尧：三皇五帝之一。《尚书·大传》："尧以唐侯升为天子。"唐尧，此指唐肃宗。自圣：生来就很圣明。这是旧时对皇帝的谀辞，杜甫这里反其意而用之，暗讽肃宗拒绝纳谏。

②野老：山乡野老，这里是作者以乡间老人自谓。

③能无：岂能没有。

④应门：看管门户。

⑤禹穴：在甘肃永靖县炳灵寺石窟中，相传夏禹藏书的洞穴。天水冯国瑞《炳灵寺石窟考察记》有考。

⑥记：记载，书籍。

⑦报：答复，告知。鸳行：鸳鹭飞行时排列有序，比喻朝官的行列，这里指同朝旧友。

⑧鹪鹩：一种小黄鸟，像麻雀，以昆虫为主要食物。《庄子·逍遥游》："鹪鹩巢于深林，不过一枝。"此句喻指自己小小的要求。

杜少陵流寓诗第二
东海宋琬玉叔甫集

山寺①

野寺残僧少，山园细路高②。麝香眠石竹③，鹦鹉啄金桃④。

乱水通人过，悬崖置屋牢⑤。上方重阁晚，百里见纤毫⑥。

【注释】

①山寺：今天水市麦积区的麦积山下瑞映寺。

②山园：园，通"圆"，山圆即麦积山像半圆形的山，形状如麦垛。

③麝香：麝，鹿科动物，形状像鹿，但比鹿小。麝香为雄麝的肚脐附近腺囊的分泌物，有特殊的香气，略有苦味，可以制成香料，也可以入药。这里"麝"代指动物。石竹：一种多年生草本植物。

④金桃：樱桃的一种，秦州（天水）盛产，果实个大，色黄，故名"金桃"。

⑤方：正当，正是。阁：栈道，重阁。

⑥秋毫：鸟兽秋天长出特别细小的毛，常用比喻纤小之物。

初月①

光细弦欲上②，影斜轮未安③。微升古塞外，已隐暮云端。

河汉不改色④，关山空白寒⑤。庭前有白露，暗满菊花团⑥。

【注释】

①初月：新月。

②弦：上弦月。指月光细微。

③影：初月阴影部分。轮：月轮。

④河汉：银河。

⑤关山：陇山。《太平御览·陇山》载："天水有大坂，名陇山……其坂九回，上者七日乃越。"

⑥团：指夹有露水的菊花团。

鹦鹉

鹦鹉含愁思，聪明忆别离。翠衿浑短尽①，红嘴谩多知②。

未有开笼日，空残宿旧枝。世人怜复损，何用羽毛奇。

【注释】

①衿：古代衣服的领子。翠衿：鹦鹉翠绿色的颈羽，浑：简直。

②谩：徒然，枉然。

夕烽[①]

夕烽来不近，每日报平安[②]。塞上传光小，云边落点残。

照秦通警急，过陇自艰难[③]。闻道蓬莱殿[④]，千门立马看。

【注释】

①夕烽：傍晚所见的烽火，指平安火。

②报平安：用烽火报平安。唐烽火制度，有点燃两堆、三堆、四堆的区别，意思各有不同。平时每天傍晚点火一堆，叫作"平安火"。

③秦：即关中。陇：即陇山。警急：指紧急的军情。

④蓬莱殿：又叫蓬莱宫，泛指唐朝皇宫。

月夜忆舍弟

戍鼓断人行，秋边一雁声[①]。露从今夜白，月是故乡明[②]。

有弟皆分散，无家问死生[③]。寄书长不避，况乃未休兵[④]。

【注释】

①戍鼓：戍楼所击禁鼓。戍鼓一声，人行禁止通行，戒严。一雁：即孤雁。雁行喻兄弟，一雁指兄弟分散孤单之意。

②白：白露节。

③有弟：指杜甫四个弟弟。

④不避：其他版本作"不达"，即不到。

示侄佐[①]

多病秋风落，君来慰眼前。自闻茅屋趣，只想竹林眠。

满谷山云起，侵篱涧水悬[②]。嗣宗诸子侄，早觉仲容贤[③]。

【注释】

①佐：杜佐，是杜甫的堂侄，当时住在东柯谷。

②侵：同"浸"。

③嗣宗：阮籍的字。仲容：阮咸的字。阮咸是阮籍的侄儿。叔侄俩都是魏晋南北朝时期著名的文学家，这里比喻诗人自己和堂侄杜佐的关系。

佐还山后寄三首

山晚黄云合，归时恐路迷①。涧寒人欲到，林黑鸟应栖。
野客茅茨小，田家树木低②。旧谙疏懒叔，须汝故相携③。

【注释】

①黄云：黄昏时金色的云彩。

②野客：山野之客，指居住于山中的人家。茨：用茅草、芦苇盖的屋顶，这里指茅屋。

③谙：熟悉。疏懒：懒散。携：搀扶，扶帮。

白露黄粱熟①，分张素有期②。已应春得细，颇觉寄来迟③。
味岂同金菊④，香宜配绿葵⑤。老人他日爱，正想滑流匙⑥。

【注释】

①白露：农历二十四节气之一。黄粱：即谷子，黄小米。

②分张：分手，离别；这里也有分享之意。素：向来，以前。期：约定。

③颇：稍微。细：指"精"之意。

④岂：差不多。金菊：菊花。

⑤宜：应当。配：配得上。绿葵：即绿色葵菜。

⑥老人：杜甫自指。他日：平时。滑：米精饭滑。流：流动的米汁。匙：小勺。

几道泉绕圃①，交横落慢坡②。葳蕤秋叶少③，隐映野云多④。
隔沼连香芰，通林带女萝⑤。甚闻霜薤白，重惠意如何⑥。

【注释】

①圃：菜园。

②落：同"络"。

③葳蕤：这里指衰败貌。仇兆鳌《杜诗详注》："葳蕤有两解，一作盛貌，一作衰貌。"

④隐映：暗映。

⑤通林：满林。女萝：又叫松萝，一种地衣类植物，常寄生在松树上。芰：通"指"，食用菱角。古人把两个角的叫菱，三个、四个角的叫芰。

⑥甚闻：常常听说。霜薤白：薤又名藠头，多年生草本植物，薤的地下鳞茎呈白色，因此叫薤白。重：又。惠：赠送。

宿赞公房①

杖锡何来此②，秋风已飒然③。雨荒深院菊④，霜倒半池莲⑤。
放逐宁违性⑥，虚空不离禅⑦。相逢成夜宿，陇月向人圆⑧。

【注释】

①原注："赞，京师大云寺主，谪此安置。"谪，贬谪；此，贬谪地，即秦州西枝村。

②杖锡：也说"锡杖"，佛家禅杖。此处借指赞公。

③飒然：风吹的声音。

④荒：即"使之荒芜"。

⑤倒：即"使之倒伏"。

⑥宁：岂，难道；性：指赞公秉持佛教的气节情操，秉性。

⑦虚空：使世事虚无。禅：静思，佛教梵语。

⑧成夜：整夜，整晚。

遣怀①

愁眼看霜露，寒城菊自花②。天风随断柳，客泪堕清笳③。
水静楼阴直④，山昏塞日斜。夜来归鸟尽，啼杀后栖鸦。

【注释】

①遣怀：排遣抒发情怀。

②花：即开花，开放。

③客：诗人杜甫。清笳：清冷凄切的胡笳音。

④楼阴：楼在水中的影子。

废畦①

秋蔬拥霜露②，岂敢惜凋残。暮景数枝叶，天风吹汝寒。

绿霈泥滓尽③，香与岁时阑④。生意春如昨⑤，悲君如玉盘。

【注释】

①废畦：畦，用土埂围着的一块块排列整齐的田地，一般是长方形的，如菜畦。秋收后蔬菜收尽，园内只有残枝败叶，杂乱不堪，一派萧索荒芜景象，所以说"废畦"。

②秋蔬拥霜露：意思是说深秋的寒霜浸满了蔬菜。拥，围、裹。

③泥滓：污泥。

④阑：尽。

⑤生意：生机盎然。

除架①

束薪已零落②，瓠叶转萧疏③。幸结白花了，宁辞青蔓除④。

秋虫声不去，暮雀意何如。寒事今牢落⑤，人生亦有初。

【注释】

①除架：拆除田地里收成结束的瓜架。

②束薪：这里指瓜架。零落：零散脱落。

③瓠：瓜的一种，又叫"西葫芦"，果实圆长，可以食用。萧疏：稀稀落落，萧条貌。

④宁辞：不辞。

⑤寒事：准备御寒的事情。牢落：稀疏零落的荒废样子。

西枝村寻置草堂地夜宿赞公土室二首①
（其一）

出郭眺细岑②，披榛得微路③。溪行一流水，曲折方屡渡④。

赞公汤休徒⑤，好静心迹素⑥。昨枉霞上作⑦，盛论岩中趣⑧。
怡然共携手⑨，恣意同远步⑩。扪萝涩先登⑪，陟巘眩反顾⑫。
要求阳冈暖，苦涉阴岭冱⑬。惆怅老大藤，沉吟屈蟠树。
卜居意未展，仗策回且暮⑭。层巅余落日，草蔓已多露⑮。

【注释】

①西枝村：即今甘肃天水市麦积区甘泉镇西枝村，又名圆店。

②出郭：出城。眄：斜视。岑：小而高的山。

③披：分开。榛：低矮的乔木，又名木榛子，此泛指灌木杂草。微路：小路。

④方：须，应当。屡：多次。

⑤汤休：南朝时高僧。《南史》记载：沙门惠休，善属文，本姓汤。

⑥心迹：心地，内心。素：纯真。

⑦昨：指为不久前。枉：屈尊，是诗人自谦。霞上作：云霞做伴写成的文章，这是对高僧赞公隐居的赞誉。

⑧盛论：极力论述。岩：山岩，大山。

⑨怡然：快乐高兴貌。

⑩恣意：任意。

⑪扪：抓住。

⑫陟：登。巘：山峰。眩：眼睛昏花。

⑬冱：冻结，寒冷。

⑭卜居：选择居所。展：实现，达到。杖策：即拄着拐杖。

⑮层巅：起伏的山巅。

（其二）

天寒鸟已归，月出山更静。土室延白光①，松门耿疏影②。
跻攀倦日短③，语乐寄夜永④。明然林中薪，暗汲石底井⑤。
大师京国旧⑥，德业天机秉⑦。从来支许游⑧，兴趣江湖迥⑨。
数奇谪关塞⑩，道广存箕颍⑪。何知戎马间⑫，复接尘事屏⑬。
幽寻岂一路⑭，远色有诸岭。晨光稍朦胧，更越西南顶。

【注释】

①延白光：透进洁白的月光。延，伸延，延长。

②耿：明亮清晰。

③跻：登。倦：烦。

④语乐：高兴地说话。寄：愿，寄托。夜永：夜长。

⑤汲：从井里取水。石底井：指泉水。

⑥大师：对赞公的尊称。京国：指长安。旧：旧交，老友。

⑦德业：即德行、功业。天机：天性。秉：秉承。

⑧支许：支遁和许询，两位都是古代佛教大师。这里指代所有与赞公交往的修行僧侣。游：交游，交往。

⑨江湖迥：江湖，指江河、湖海；迥，广阔。指广泛意。

⑩数奇：命运不好。数，命运，运数；奇，不测，非常。《史记·李将军列传》："以为李广老，数奇。"谪关塞：贬谪于关塞，关塞指陇右。

⑪道：思想。箕颖：今河南箕山和颖水两地。此指代隐居之地，隐逸之士。

⑫戎马间：指安史之乱。

⑬尘事屏：尘事：佛教言世俗之事。屏：隐退，即因尘事而隐居之人，此指赞公。

⑭幽寻：即寻找幽雅的居处。

寄赞上人①

一昨陪锡杖②，卜邻南山幽③。年侵腰脚衰④，未便阴崖秋⑤。
重冈北面起⑥，竟日阳光留⑦。茅屋买兼土⑧，斯焉心所求⑨。
近闻西枝西，有谷杉黍稠⑩。亭午颇和暖⑪，石田又足收⑫。
当期塞雨乾⑬，宿昔齿疾瘳⑭。徘徊虎穴上，面势龙泓头⑮。
柴荆具茶茗，径路通林丘⑯。与子成二老，来往亦风流。

【注释】

①上人：道德行为高尚的人，对隐居高士的尊称。

②一昨：昨，昨天，过去。这里指过去。陪锡杖：伴随赞公。锡杖，

这里指代赞公。

③卜邻：卜，选择；邻，邻居。

④年侵：指被岁月所侵已年老。

⑤未便：不方便。

⑥重冈：重叠的山冈。

⑦竟日：终日。

⑧茅屋买兼土：买茅屋兼土地。

⑨斯焉：斯，"这"；焉，语气助词。

⑩柒：作"漆"。稠：多，密。

⑪亭午：中午，正午。

⑫石田：多山石的田地，即瘦田。足收：收成丰足。

⑬当期：当……的时期。

⑭宿昔：早晚，此表示时间很短。瘳：病愈。

⑮面势：面观其势，有度量、思量之意。龙泓：与上句"虎穴"，都是取意有两处幽雅之处。

⑯柴荆：即柴荆之门。此指寒舍之意。具：备。茶茗：指茶叶。迳：同"径"，小路。

太平寺泉眼①

招提凭高冈②，疏散连草莽③。出泉枯柳根，汲引岁月古。
石间见海眼④，天畔萦水府⑤。广深丈尺间，宴息敢轻侮⑥。
青白二小蛇，幽姿可时睹⑦。如丝气或上⑧，烂熳为云雨。
山头到山下，凿井不尽土⑨。取供十方僧⑩，香美胜牛乳。
北风起寒文⑪，弱藻舒翠缕⑫。明涵客衣净⑬，细荡林影趣。
何当宅下流⑭，余润通药圃。三春湿黄精⑮，一食生毛羽。

【注释】

①太平寺：今甘肃省天水市麦积区的甘泉镇。寺内有泉，名春晓泉。寺门泉水清澈甘甜，故称"甘泉寺"。泉西有腰，当地人因称寺平山，太平寺故址即在此，后迁移至山下平地。

②招提：寺院的别称。凭：靠着。

③疏散：疏落。草莽：杂草，丛草。

④海眼：古人误以为泉水从地下直通大海，因此称泉眼为海眼。

⑤天畔：天边。水府：龙王府邸所在。

⑥宴息：安闲，休息。轻侮：轻视。

⑦幽姿：幽雅的姿态。时：时常，经常。

⑧或：有时。

⑨凿井不尽土：意思是打井时挖土打不到水，除此处。

⑩十方：指东、南、西、北、东南、东北、西南、西北、上、下。十方僧：指到处云游的僧人。此指云游到太平寺的僧人。

⑪文：指波纹。

⑫弱藻：柔软随水摆动的水藻。

⑬涵：浸润、包容。

⑭宅下流：指建宅于泉水流经的地方。

⑮三春：正月、二月、三月分别称为孟春、仲春、季春，合称三春。湿：这里指浇灌。黄精：一种药用植物。传说久服黄精，可以延年益寿，羽化成仙，下句"生毛羽"即指羽化成仙。

杜少陵流寓诗第三
东海宋琬玉叔甫集
空囊①

翠柏苦犹食②，明霞高可餐③。世人共卤莽④，吾道属艰难⑤。
不爨井晨冻，无衣床夜寒⑥。囊空恐羞涩⑦，留得一钱看⑧。

【注释】
①空囊：空空的行囊。囊：这里指钱袋。
②翠柏：指柏树的柏子仁。
③明霞：朝霞。
④共：皆。卤莽：即鲁莽，草率。
⑤道：立身、处世之道。属：值，正当。
⑥爨：烧火做饭。

⑦羞涩：难为情。

⑧一钱：一枚钱。看：看护、守候。

别赞上人

百川日东流①，客去亦不息。我生苦飘荡②，何时有终极。

赞公释门老③，放逐来上国④。还为世尘婴⑤，颇带憔悴色。

杨枝晨在手⑥，豆子雨已熟⑦。是身如浮云⑧，安可限南北。

异县逢旧友⑨，初欣写胸臆⑩。天长关塞寒，岁暮饥冻逼⑪。

野风吹征衣，欲别向曛黑⑫。马嘶思故枥⑬，归鸟尽敛翼。

古来聚散地，宿昔长荆棘⑭。相看俱衰年，出处各努力⑮。

【注释】

①川：河流。

②生：一生。

③释：即释迦牟尼的简称，泛指佛教。释门指佛门。

④来上国：从上国（京师）来。

⑤世尘：尘世。婴：羁绊，束缚。

⑥杨枝：指佛教僧人清洁牙齿的细木枝。

⑦豆子：洗豆。即用来洗衣服的皂荚豆。

⑧是身：此身，指诗人自己。

⑨异县：即秦州。相对于长安为异县。

⑩初欣：开始就有兴致。胸臆：指心里的想法。

⑪岁暮：岁末，年底。暮，日落的时候，引申为年底。

⑫曛：黄昏。

⑬枥：马厩。

⑭宿昔：早晚，指很短的时间。

⑮出处：出，处，隐退，隐居。努力：指尽力，有信心。

发秦州①

我衰更懒拙，生事不自谋②。无食问乐土，无衣思南州③。

汉源十月交④，天气凉如秋。草木未黄落，况闻山水幽。

栗亭名更嘉⑤，下有良田畴⑥。充肠多薯蓣⑦，崖蜜亦易求⑧。
密竹复冬笋，清池可方舟⑨。虽伤旅寓远，庶遂平生游⑩。
此邦俯要冲，实恐人事稠⑪。应接非本性，登临未销忧。
谿谷无异石⑫，塞田始微收⑬。岂复慰老夫，惘然难久留。
日色隐孤戍，鸟啼满城头⑭。中宵驱车去，饮马寒塘流。
磊落星月高，苍茫云雾浮⑮。大哉乾坤内，吾道长悠悠。

【注释】

①题下原注："乾元二年，自秦州赴同谷纪行。"

②生事：生计。

③南州：指同谷，在秦州之南。

④汉源：西汉水的发源地。西汉水的发源地在甘肃天水市秦州区以南的齐寿山。

⑤栗亭：镇名，今徽县栗川乡境内。

⑥畴：田地。

⑦薯蓣：山药。

⑧崖蜜：俗称石蜜，野蜂在山崖间酿的蜜。

⑨方舟：木舟，此指泛舟而游。

⑩庶：表希望或推断，有"或许""可能""差不多"之意。遂：实现、满足。

⑪此邦：此地，指秦州。

⑫谿谷：两山之间的大沟。

⑬塞田：边塞的田地。

⑭孤戍：孤零零的戍楼，即当时报时用的钟鼓楼。

⑮磊落：错杂貌。

赤谷①

天寒霜雪繁，游子有所之②。岂但岁月暮，重来未有期③。
晨发赤谷亭，险艰方自兹④。乱石无改辙，我车已载脂⑤。
山深苦多风，落日童稚饥。悄然村墟迥⑥，烟火何由追⑦。
贫病转零落，故乡不可思。常恐死道路，永为高人嗤⑧。

【注释】

①赤谷：地名，今甘肃天水秦州区西南暖和湾河谷。

②游子：诗人自谓。之：往。

③岂但：不仅仅。岁月暮：意为一年将尽。

④方：才。兹：这里。

⑤载脂：车轴上加的润滑油。

⑥村墟：村落。

⑦何由追：在哪里去追寻。

⑧高人：有讽刺之意，即那些位高权重之人。

铁堂峡①

山风吹游子，缥缈乘险绝②。硖形藏堂隍③，壁色立积铁。
径摩穹苍蟠④，石与厚地裂。修纤无垠竹⑤，嵌空太始雪⑥。
威迟哀壑底⑦，徒旅惨不悦。水寒长冰横，我马骨正折⑧。
生涯抵弧矢⑨，盗贼殊未灭⑩。飘蓬逾三年⑪，回首肝肺热。

【注释】

①铁堂峡：又名猫眼峡，位于今甘肃天水市秦州区天水镇石滩子与平南镇之间。

②缥缈：凌空高远之境。乘险绝：即徒涉险绝之处。

③硖：同“峡”。堂隍：院落走廊，过厅。

④穹苍：指天。蟠：盘曲起伏貌。

⑤修纤：长而细。垠：边界。

⑥太始：远古，太古。

⑦威迟：远行曲折的样子。

⑧正：恰巧。

⑨抵：相当。孤矢：单支箭。

⑩盗贼：指安史叛军。殊：很远。

⑪飘蓬：漂泊。逾三年：从天宝十五载（公元 756 年）四月作者离

长安到乾元二年（公元759年）十月，已超过三年。

盐井①
卤中草木白②，青者官盐烟。官作既有程③，煮盐烟在川。
汲井岁搰搰④，出车日连连。自公斗三百⑤，转致斛六千。
君子慎止足⑥，小人苦喧阗⑦。我何良叹嗟，物理固自然。

【注释】

①盐井：在今甘肃礼县城东北70余里的盐官镇，这里曾生产食盐，至今仍可生产少量食盐。

②卤中：指盐官镇不生谷物的盐碱地。草木白：草木凋枯变白。

③作：生产作业。程：规程，数量，指规定的生产数量和期限。

④搰搰：汲水用力的样子。《庄子·天地》："子贡南游于楚，反于晋，过汉阴，见一丈人，方将为圃畦，凿隧而入井，抱瓮而出灌，搰搰然用力甚多，而见功寡。"

⑤自公：指官方价。转致：商贩转手倒贩。斛：古代以十斗为一斛。

⑥君子：指正人君子；指正规盐商。慎：警戒、告诫语。杜甫《潼关吏》："请嘱防关将，慎勿学歌舒。"

⑦喧阗：声大而杂。

寒峡①

行迈日悄悄②，山谷势多端。云门转绝岸③，积阻霾天寒④。
寒峡不可度，我实衣裳单。况当仲冬交⑤，溯沿增波澜⑥。
野人寻烟语，行子傍水餐。此生免荷殳⑦，未敢辞路难。

【注释】

①寒峡：地名。即今甘肃陇南市西和县长道镇祁家山山下的漾水河谷，又名大晚家峡、祁家峡。

②迈：远行。

③云门：指峡门。绝岸：陡峭的河岸。

④积阻：重山叠嶂。霾：沙尘、雾气笼罩的阴暗天气。

⑤仲冬：农历十一月。

⑥溯沿：逆流而上。沿，指顺流而下。

⑦免荷殳：荷，负、扛。殳指兵器。是说可以不去服兵役。

法镜寺①

身危适他州，勉强终劳苦②。神伤山行深，愁破崖寺古③。

婵娟碧藓净④，萧槭寒箨聚⑤。回回山根水⑥，冉冉松上雨⑦。

洩云蒙清晨⑧，初日翳复吐⑨。朱甍半光炯⑩，户牖粲可数。

拄策忘前期⑪，出萝已亭午⑫。冥冥子规叫⑬，微径不复取⑭。

【注释】

①法镜寺：遗址在今甘肃陇南市西和县北三十里石堡乡西山上。

②身危：指身处艰难险境。勉强：努力去做。

③愁破：愁怀顿破。破，解除。

④婵娟：美好的样子，这里形容碧藓颜色鲜亮。碧藓：青苔。

⑤槭：树叶落尽光秃貌。箨：俗称"竹壳""竹皮"。

⑥回回：盘旋迂回的样子，此指崖下的漾河。

⑦冉冉：柔弱貌。松上雨：指雨中的松树。

⑧洩云：飘散的云。"洩"同"泄"。

⑨翳：遮蔽。吐：露出。

⑩甍：屋脊。炯：光亮，明亮。

⑪策：拐杖。

⑫萝：莪蒿，此处指茂密的草丛。亭午：正午。

⑬冥冥：隐约。子规：杜鹃，候鸟。

⑭微径：小路。取：取道，抄近路。

青阳峡①

塞外苦厌山，南行道弥恶②。冈峦相经亘，云水气参错③。

林迥硖角来，天窄壁面削④。蹊西五里石⑤，奋怒向我落。

仰看日车侧⑥，俯恐坤轴弱⑦。魑魅啸有风，霜散浩漠漠⑧。

昨忆逾陇坂⑨，高秋视吴岳⑩。东笑莲华卑⑪，北知崆峒薄⑫。

超然侔壮观[13]，已谓殷寥廓[14]。突兀犹趁人，及兹叹冥寞[15]。

【注释】

①青阳峡：今甘肃陇南市西和县南三十余里的青羊村，又名"青羊峡""青羊"。

②弥恶：更加险恶。

③经：竖。亘：横。参错：参杂交错。

④林迥：森林茂密。天窄：指从峡底望天，天很窄。

⑤磎：同"溪"。

⑥日车：指太阳。传说太阳是乘六龙驾跑的，每天运行不息，故以"日车"喻之。

⑦坤：地。轴：地之轴。坤轴弱指轴承受不住。

⑧魑魅：山中精灵鬼怪。浩：广大，这里指霜霰覆盖面广。霜散：细小霜粒。漠漠：密布的样子。

⑨陇坂：陇山。

⑩吴岳：即吴山，在今陕西陇县西南部。

⑪莲华：华山山峰的名称，此处指代华山。

⑫崆峒：山名，在今甘肃平凉市西，为道教名山。薄：微薄，这里指山小不足道。

⑬侔：相等、齐。

⑭殷：当。寥廓：辽阔的天。

⑮突兀：高耸。趁：追逐、赶。及兹：到这里。冥寞：幽深，无际貌。

龙门镇

细泉兼轻冰，沮洳栈道湿。不辞辛苦行，迫此短景急。

石门云雪隘，古镇峰峦集。旌竿暮惨澹，风水白刃涩。

胡马屯成皋，防虞此何及。嗟尔远戍人，山寒夜中泣。

石龛

熊罴咆我东，虎豹号我西。我后鬼长啸，我前狨又啼。

天寒昏无日，山远道路迷。驱车石龛下，仲冬见虹蜺。
伐竹者谁子，悲歌上云梯。为官采美箭，五岁供梁齐。
苦去直骍尽，无以充提携。奈何渔阳骑，飒飒警蒸黎。

杜少陵流寓诗第四
东海宋琬玉叔甫集

积草岭

连峰积长阴，白日递隐见。飕飕林响交，惨惨石状变。
山分积草岭，路异明水县。旅泊吾道穷，衰年岁时倦。
卜居尚百里，休驾投诸彦。邑有佳主人，情如已会面。
来书语绝妙，远客警深眷。食蕨不顾余，茅茨眼中见。

凤皇台

亭亭凤皇台，北对西康州。西伯今寂寞，凤声亦悠悠。
山峻路绝踪，石林气高浮。安得万丈梯，为君上上头。
恐有无母雏，饥寒日啾啾。我能剖心血，饮啄慰孤愁。
心以当竹实，炯然无外求。血以当醴泉，岂徒比清流。
所重王者瑞，敢辞微命休。坐看孙翮长，举意八极周。
自天衔瑞图，飞下十二楼。图以奉至尊，凤以垂鸿猷。
再光中兴业，一洗苍生忧。深衷正为此，群盗何淹留。

乾元中寓居同谷县作歌七首
（其一）

有客有客字子美，白头乱发垂过耳。
岁拾橡栗随狙公，天寒日暮山谷里。
中原有书归不得，手脚冻皴皮肉死。
呜呼一歌兮歌已哀，悲风为我从天来。

（其二）

长镵长镵白木柄，我生托子以为命。

黄独无苗山雪盛，短衣数挽不掩胫。

此时与子空归来，男呻女吟四壁静。

呜呼二歌兮歌始放，闾里为我色惆怅。

（其三）

有弟有弟在远方，三人各瘦何人强。

生别展转不相见，风尘暗天道路长。

东飞驾鹅后鹙鸧，安得送我置汝傍。

呜呼三歌兮歌三发，汝归何处收兄骨。

（其四）

有妹有妹在钟离，良人早殁诸孙痴。

长淮浪高蛟龙怒，十年不见来何时。

扁舟欲往箭满眼，杳杳南国多旌旗。

呜呼四歌兮歌四奏，林猿为我啼清昼。

（其五）

四山多风溪水急，寒雨飒飒枯树湿。

黄蒿古城云不开，白狐跳梁黄狐立。

我生胡为在穷谷，中夜起坐万感集。

呜呼五歌兮歌正长，魂招不来归故乡。

（其六）

南有龙兮在山湫，古木巃嵸枝相樛。

木叶黄落龙正蛰，蝮蛇东方水上游。

我行怵惕安敢出，拔剑欲斩且复休。

呜呼六歌兮歌思迟，溪壑为我回春姿。

（其七）

男儿生不成名身已老，三年饥走荒山道。

长安卿相多少年，富贵应须致身早。

山中儒生旧相识，但话宿昔伤怀抱。
呜呼七歌兮悄终曲，仰视皇天白日速。

万丈潭

青溪合冥寞，神物有显晦，龙依积水蟠，窟压万丈内。
跼步凌垠堮，侧身下烟霭。前临洪涛宽，却立苍石大。
山危一径尽，岩绝两壁对。削成根虚无，倒影垂澹瀩。
黑如湾澴底，清见光炯碎。孤云倒来深，飞鸟不在外。
高萝成帷幄，寒木垒旌旆。远川曲通流，嵌窦潜泄濑。
造幽无人境，发兴自我辈。告归遗恨多，将老斯游最。
闭藏修鳞蛰，出入巨石碍。何当暑天过，快意风云会。

发同谷县

贤有不黔突，圣有不暖席。况我饥愚人，焉能尚安宅。
始来兹山中，休驾喜地僻。奈何迫物累，一岁四行役。
忡忡去绝境，杳杳更远适。停骖龙潭云，回首虎崖石。
临岐别数子，握手泪再滴。交情无旧深，穷老多惨戚。
平生懒拙意，偶值栖遁迹。去住与愿违，仰惭林间翮。

木皮岭

首路栗亭西，尚想凤皇村。季冬携童稚，辛苦赴蜀门。
南登木皮岭。艰险不易论。汗流被我体，祁寒为之喧。
远岫争辅佐，千岩自崩奔。始知五岳外，别有他山尊。
仰干塞大明，俯入裂厚坤。再闻虎豹斗，屡跼风水昏。
高有废阁道，摧折如短辕。下有冬青林，石上走长根。
西崖特秀发，焕若灵芝繁。润聚金碧气，清无沙土痕。
忆观昆仑图，目击玄圃存。对此欲何适，默伤垂老魂。

顺治十有二年孟秋皋兰张正言张正心摹勒上石
长安卜栋镌

跋 （一）

少陵先生者，余素奇先生之诗，并奇先生之遇。何也？曾见得弟书："老身付托，白骨更何忧！"为之掩卷。即流寓秦州，遗韵颇多，非诗也，盖以不可逃之身寄无可寄之心者也。玉叔宋公祖以世谱与余共心共事非一日，笔传少陵之神，神游少陵之遇，余稔知之。奉兹简命，保釐西土，流寓少陵之流寓，其少陵流寓之少陵，可将所得遗篇钩摹成集，复为之赞，意更可知。人谓少陵得公而表章之，余谓公得少陵，千古前有知己也。诗也，遇也，少陵先生也，余心公并心少陵也，曷容一辞。

关西陈宝意先山人于羌党崇雅谨跋

跋 （二）

少陵流寓秦州，为诗以传，后人为祠于西岩之上。东海宋玉叔先生分宪兹土，务以葺初为先。亡何，有地震之灾，祠乃圮。先生重构，伟厥观，因勒秦州诸诗于石。少陵因人远游，卜筑东柯，易代寥绝，又得先生为其所主。九京有知，魂魄犹应来此，倡予和女，宁复作"吾道何之"之叹乎？予以甲午流寓陇西，先生客之如归，乃为诗。有云："却叹远游杜工部，因人未若使君贤。"千古以后，客必不传，而客客者不能不传也。予跋少陵诗而并附此于后。

南邳东荫商

跋 （三）

呜呼！西州大雅之不作久矣！杜工部因人避世，成诗于秦地。独寻秦州郭外，旧有少陵祠，兵燹之余，摧剥摇落，即俎豆未烟，固令草堂五色矣。吾师宋玉叔先生自公之余，扬仡风雅，葺祠毕，复以工部客秦之诗凡六十余篇，辇石购工，不惮千里，浃岁而摹勒始成。虿尾银钩，书法烨然生动，诗犹是之。乃从百千年之后忽开生面，先生非工部真知己耶？碑传则诗传，诗传，工部传，先生传矣。宁惟楔序娥碑，千缯不易而已哉！

当亭长古吴门人王一经述

跋 （四）

少陵诗圣，学者率北面顶礼之。乃秦川，同谷诸杂诗尤为情至。大抵流离困踬中，有不忘君父之恩。吾玉叔公祖盖深有取尔，历其地想其人，益味乎其诗，捐俸鸠工，重摹之石上，勃勃生气，宛当年郾城观剑时。于戏！读少陵之诗，知少陵之心，知重刊少陵之诗之心，则公与少陵遭际不一而与怀一也。昔人云，不行一万里，不读万卷书，不知杜诗。如公者乃称少陵知己，是可并传不朽云。

陇西郭充跋

跋（五）

杜少陵先生足迹半天下。至辄有诗。当其客秦陇，岑间坎坷，发诸声韵，流连悲恸，集中有《秦州杂诗》、《草堂》、《赤谷》数十篇，迄今脍炙人口，先生岂以秦州传哉！秦州西北阜玉泉观旧有先生祠，余初揽辔兹土，地震之后，摇落丘墟，几同没灭。玉叔宋君慨然欲脩复之，并取先王秦陇诸诗勒之贞珉，以为兹土重。余曰：善！未几，辇石鸠工，绘像成赞，新厥圯祠，轮奂丹垩，且与谪仙共祠同堂。夫采石、敬亭、桃花洞、凤凰台诸处，余每至吊古迹，曾未闻履秦陇焉，然二先生时同遇同，诗仙诗圣传不朽，同享俎豆，宜无不同。迨余阅岁西还，登眺展谒，酹酒苔庖，飒飒天风，振响祛袂，顿觉身在烟云洞壑间。嗟呼！莫为之前，虽美弗彰；莫为之后，虽盛弗传。嗣后，陟公之堂，瞻公之貌，咏公之什，千古知己，洵非偶然。先生岂不以秦州传哉。

顺治丙申嘉平月杪河中聂阶伯玉氏题于天水之四虚亭

跋（六）

少陵以右拾遗论房琯事出司功华州。会乱，避之天水，负薪采栗，子处飞龙峡，旋依侄佐，备历穷愁，其发之声歌，极态尽变。杜，固诗之雄。而《秦州》暨《草堂》、《蜀夔》诸诗，尤杜诗之雄。天水赵子栎类能注释之，而不能表章勒石以垂永久，迄今千百年无有过而问者。予备员史馆，酷嗜杜诗。及奉调洮岷，人方为予忧，予窃喜之。从兹过仇池，探万丈潭，高吟杜句，镌石而记其事以传，岂不快甚！乃宿疴顿作，待命泾干，天之不欲成我也。未几，年友宋荔裳赐予墨刻，披而读之，则工部秦州诸篇得我同然，为之击节不能置。荔裳，东莱文人，豪于诗，得杜神骨。以天出宪成纪，其视拾遗而任功曹无以异，宦寓秦州，醉吟骚，抑与工部后先有同志焉！今辟楹宇而祠之，尽辑其诗，构求二王笔法，命寿之石，荔裳殆工部后身哉！不然，何以迹同志同而创举乃独得也。草堂诗石碑成于宋、吕、胡诸公，蜀因以不朽；秦州石刻成于荔裳，而秦州亦持以不朽。后之登其堂者，揖其象，临摹其诗，可以繇秦州得工部，繇工部得荔裳，而荔裳亦繇兹不朽矣。夫子栎辈不能勒石，而俟之后人，予又不克从愿，而待之吾友，天固特萃此千秋之业以钟我荔裳也夫。

峕顺始丁酉孟春洞庭旧士邓旭元昭甫谨跋

杜诗石刻题后

清·顺治十三年（1656 年）

清·宋琬

杜少陵以天宝之乱，避地秦州。后乃迁居同谷，渡嘉陵而赴成都焉。当其闭关锁尾，妻子流离，拾橡栗以自充，托长馋而为命，可谓穷矣。顾其诗，乃逾益工，格以逾益变。今所传《秦州杂诗以及同谷七歌》数十篇，忧时闵乱，感物怀君，怨不涉诽，哀不伤激，殆；风；风乎《小雅》、《离骚》之遗矣。

余小子备官天水，拜先生之祠宇而新之。尝两登成州之凤凰台。其下有飞龙峡，先生之草堂在焉。群峰刺天，怒涛飞雪，酌酒惊流，未尝不慨然相见其为人。皋兰张生长于钩摹之技。因取先生流寓诸诗，集古人书法勒之石，刻成为文，刻一通以告于先生之祠。

呜呼！先生之诗，虽童子能诵之，而余独区区于此者，其意何居？夫陇山以西，天下之僻壤也。山川荒陋，冠盖罕臻。荐绅之士，自非官于其地者，莫不信宿而去，驱其车惟恐不速。自先生客秦以来，而后风俗景物，每每见称于篇什。今世之相去又有余祀矣。地经属震，陵谷变迁。诗所载隗嚣宫、南郭寺、东柯、盐井之地，秦父老犹能言之。及问及西枝、寒峡、石龛、铁堂诸胜概，则茫然不能举其处。盖其划削磨灭于荆榛也久矣。爰构一亭，刻石于其壁，庶使后人之来此者，按籍而知遗迹之所在；即不必来此，而西州风土，一展卷而如在仇池二陇间，犹之读《秦风》而览《东辚》、《板屋》之章，宁信怀古卧游之助云尔哉！是区区之意也夫。

顺治丙中秋七月东海宋琬题于天水之尚伦堂

【撰者】

杜甫和李白齐名，世称"李杜"。韩愈评价杜甫诗云："李杜文章在，光焰万丈长。"白居易亦云："杜诗贯穿古今，尽工尽善，殆过于李。"鲁迅说"杜甫似乎不是古人，就好像今天还活在我们堆里似的。""杜甫是中华民族的脊梁！"（文见《文艺报》1956 年 20 号，刘大杰《鲁迅谈古典文学》）杜诗以吟酒诗居多，也有现实性、人民性与爱国精神的诗，还有缅怀往事，思念亲朋，描述自身与别人生活、性情的作品。其诗存世有一千四百五十八首。

他的诗歌多数体现其忧国忧民思想，具有丰富的社会内容、强烈的时代现实感和鲜明的政治倾向，真实反映其生活时代人民社会生活现状。其诗风格"沉郁而顿挫"，语言力求丰富的变化，精求于字句。其诗有五古、七古、五律、七律、排律、拗体等。是唐诗艺术的"泰山北斗"。杜甫生平在《旧唐书》卷一九〇有详细介绍，有《杜工部集》。

唐朝在政治、经济、文化、艺术各方面都达到了极盛时期。然而，天宝十四年（755 年）的"安史之乱"，使得兴盛唐王朝从此走向了下坡路。时代生活的巨大变化，瞬息间改变了每一个人的遭际命运，包括此时的诗人杜甫，他所面临的社会现状，正是这一时期人民生活的真实写照。唐肃宗乾元二年（759 年）七月，"安史之乱"尚未平息，杜甫放弃了华州司功参军之职，携家带眷的离开关中，越过陇坂，到达陇右，开始了他一生中唯一的一次关陇之行。杜甫的陇右之行近一百六七十天，写诗一百二十余（存世）首。秦州、成州均属唐陇右道，故而杜甫于陇右期间所创作的诗歌，称之为"杜甫陇右诗"。《二妙轩碑》中的六十首就在其中。无疑陇右诗作是杜甫留给我们的一份特殊而又珍贵的文学遗产。正如著名学者林家英在《序〈杜甫与徽县〉》中所写"陇右苍莽万重的峰峦峡谷，以它博大宏伟的气势，清幽秀雅的神韵，给杜甫以无言的抚慰、陶冶、启迪……古云：'忠正之士不以穷达易志操。'在陇右地母的怀抱中，杜甫的这种志操得到了升华，其陇右诗正是这种志操的艺术展现。《凤凰台》便是这种高境的代表作。故其文采风神，可谓得山川之助，而更助于山川。陇右的许多山川胜迹，因杜甫的热情礼赞而永垂诗史，获得永恒的生命力。"

【释文】

《二妙轩碑》是清初大诗人宋琬主持镌刻的杜甫流寓诗碑，原碑立于甘肃天水市玉泉观内，长 1516 厘米，高 24 厘米，由 34 刻石组成，为富平青石刻。集杜甫陇右诗 60 首，3241 个字。顺治十二年（1655 年）孟秋由兰州著名摹勒书法家张正言、张正心兄弟心摹勒上石，长安卜栋镌刊刻。

《二妙轩碑》碑首最左端是杜甫线刻的半身像，从左到右依次刻有：宋琬的《杜甫像赞》诗、杜甫陇右诗 60 首、陈宝党崇雅的跋、东荫商的跋、王一经的跋、郭充的跋、聂蚧的跋、邓旭的跋，以及宋琬《杜诗石刻题后》。所刊杜甫陇右诗 60 首共四个部分。第一部分为《秦州杂诗》20 首，第二部分为《山寺》1 首，《初月》1 首，《鹦鹉》1 首，《夕烽》1 首，《月夜忆舍弟》1 首，《示侄佐》1 首，《佐还山后寄》3 首，《宿赞公房》1 首，《遣怀》1 首，《废畦》1 首，《除架》1 首，《西枝村寻置草堂地夜宿赞公土室》2 首，《寄赞上人》1 首，《太平寺泉眼》1 首，共 17 首，第三部分为《空囊》1 首，《别赞上人》1 首，《发秦州》1 首，《铁堂峡》1 首，《盐井》1 首，《寒峡》1 首，《法镜寺》1 首，《青阳峡》1 首，《龙门镇》1 首，《石龛》1 首，共 11 首。第四部分是《积草岭》1 首，《乾元中寓居同谷县作歌》7 首，《万丈潭》1 首，《发同谷县》1 首，《木皮岭》1 首，共 12 首。

此碑刻具有极高的书法艺术价值，字体以行楷、行书为主，其中也有行草、楷书。冯国瑞先生曾评价："天云织锦，无针线迹。"据乾隆《直隶秦州新志·名宦·宋琬》载："集兰州《淳化阁》及西安碑洞中晋人帖，书杜甫《秦州诗》勒诸石"。光绪《秦州直隶州新志·名宦·宋琬》中："集兰州《淳化阁》及西安碑洞中晋帖字，录《秦州杂诗》勒诸石，时称二绝。"其书体出自《淳化阁帖》和西安碑林的晋帖，有东晋大书法家王羲之和王献之父子书法之风。

宋琬（1614—1674 年），山东莱阳人，清初诗人，字玉叔，号荔裳，顺治四年（1647 年）进士，历任官户部主事、户部河南司主事、吏部稽勋司主事、陕西陇西道兵备金事、顺治十一年到任，驻节秦州陇西右道金事、顺治十七年（1660 年），宋琬任左参政、康熙十一年（1672 年），授四川按察使等职。在秦州大地震时，拯恤灾民，并捐俸银，重修被震毁的城垣。次年，重建杜甫祠，刊刻杜甫诗碑。十三年，倡修《秦州志》；此外还修筑南湖堤坝，人称"宋公堤"，政绩卓著。喜好诗词，长于五七言。其经历坎坷，多感伤于世之作。诗风豪爽，多壮语。与宣城施闰章有

"南施北宋"之称。所撰现存《安雅堂集》七种十八卷，另编纂有《永平府志》等。

党崇雅（1584—1666年），明末清初陕西宝鸡人。字于姜，万历四十年（1612年）中举，天启五年（1625年）以民籍中三甲第一百五十四名进士，官至户部侍郎。明顺清三朝宰相，官至刑部尚书、户部尚书、翰林国史院大学士、太子太保。被列入中国历代名相录，明清时期陕西宝鸡政治地位最高、历史影响最大的文化名人。著有《鹃失啼》《图南草》《意先草》《焚焚草》及前后疏稿二十卷。

东荫商：字云雏，明末清初陕西华州人。崇祯九年（1636年）举人，喜好书画，善画山水，自清以后隐居不仕。

王一经：字心古，明末清初江南吴县人，江南吴县拔贡。顺治十年（1653年）任伏羌县令，顺治十五年（1658年）任延津县知县，致力文教，颇有政绩。离任后闲居秦州南湖。受宋琬邀请，纂修完成《秦州志》十三卷。

郭充：原名九围，字函九，又字损庵，陇西县城油盘巷人。崇祯十年（1637年）进士。任山西太原府推官，断狱持平，分校省闱考试，持正无私，称为得人。期满以卓异廷试，升刑部给事中，弹劾权要，对时政提出建议，名震一时。奉令督催江南漕运，军食供应充足，所过的地方坚决不受馈赠。事毕回京，转兵部，仍管刑部事。李自成起义军破北京，充出郊欢迎，后清军入关，遂还乡。清起用遗老被征召已起程，又因故辞归。著有《疑思录》。卒祀乡贤①。

聂蚧：字伯玉，明末清初山西蒲州人，崇祯十六年（1643年）进士，曾任监察御使。

邓旭（1609—1683年），字元昭，号九日。明末自寿州迁金陵，遂为江宁人，喜好书法，顺治四年（1647年）进士，授翰林院检讨。八年，典江西乡试。曾任陕西临洮道，仕至甘肃洮岷道按察副使。古体诗为钱谦益、徐乾学、王士祯诸大家所推重。存《林屋诗集》九卷。

卜栋：著名篆刻家，顺治三年（1416年）曾主持镌刻西安碑林《淳化阁帖》。曾刻陀罗尼经今藏陕西省博物馆。

---

① 陇西县志编纂委员会：《陇西县志》，甘肃人民出版社，1990版，第635页。

清乾隆四十九年（1784年），秦州知州王宽（王宽，号西园，字笠人，江苏金匮，即今江苏无锡人，为王千仞之子，乾隆三十一年（1766年）进士，官兵部主事，监察御史，甘肃临洮知府，秦州知州，广西会试主考官等职。）在秦州西关发现《少陵流寓诗》残碑四块。随后将残石移至其寓所，逐撰《二妙轩碑题跋》，首次以"二妙轩碑"命名。王宽《题二妙轩碑》诗云："淳化摹天宝，风流宋荔裳。诗遗百六字，碑获十三行。藤瓦东柯杜，鹅笼东晋王。千秋称二妙，零落赞公房。"之后《少陵流寓诗》碑，即《二妙轩碑》移至秦州文庙明伦堂西壁。这些《少陵流寓诗》原石共三块，其中一块已碎为四部分。石质陕西富平产石灰岩，每块纵36厘米，横48厘米，厚8到11厘米之间。这三块残刻现藏于天水市博物馆。

现存《少陵流寓诗》原拓本卷首为线刻杜甫像，题名"杜子美先生像"。从左到右依次为宋琬所撰并书的画像赞，隶书凡四行，署"东海宋琬赞"。其次为《少陵流寓诗》正文，四卷，每卷首行书题"杜少陵流寓诗"，下署名为"东海宋琬玉叔甫集"。卷后隶书题记两行："顺治十有二年孟秋皋兰张正言张正心摹勒上石。"第四卷后有"长安卜栋镌"题记。最后为题跋，从左到右次序为：关西陈宝意先山人党崇雅、南呲东荫商、当亭长古吴门人王一经、陇西郭充、河中聂介伯玉氏，此跋下有"顺治丙申嘉平月梢"的纪年、洞庭旧史邓旭元昭甫，此跋下有"顺治丁酉孟春"纪年、宋琬《杜诗石刻题后》，此跋下款为"顺治丙申秋七月"。

《二妙轩碑》初拓本曾遗失，不知去向。到民国23年（1934年），学者冯国瑞先生奉亲归里，周酉山先生出示珍藏的《二妙轩碑》拓本让冯鉴赏，冯国瑞作《秦州杜诗石刻记》。周酉山之后，拓本由其子周恒收藏，1985年捐献给天水市图书馆。1997年，天水市政府在南郭寺东院内新建"诗圣碑林"，将《二妙轩碑》拓本重新刻石，碑总长35.7米，高4.37米，碑体正中镶嵌着25块蒙古石，长30.2米，宽0.8米，黑底白字映衬。该碑依照清初拓本，电脑雕刻。

二妙轩碑拓片（局部）

重刻后的二妙轩碑

二妙轩碑跋一（局部）

二妙轩碑跋二、跋三、跋四（局部）

二妙轩碑杜诗石刻题后（局部）

蝴蝶石铭

清康熙二十二年（1683 年）

【刻文】

疑博望之槎来，

恍漆园之蝶舞。

时在癸亥五月十七日

了望偶书于风雅堂

【释文】

此石原存于府隍庙，现藏于甘肃陇西博物馆。蝴蝶石为王了望 78 岁时所得奇石，平时摆放于书斋，爱不释手。此石为花岗岩质地，高 47.5 厘米、宽 38 厘米、厚 19 厘米，石色呈乳黄色。题末"癸亥"为康熙二十二年，即公元 1683 年。

王了望[①]（1606—1686 年），原名家柱，曾用名予望，字胜用，号锦佛头陀，巩昌府陇西县城钟灵池巷人。父母早逝，自幼穷困，由亲朋扶养成人，他与弟相依为命，故名家柱。幼时勤奋好学，博览群书，诗文俱佳，名扬故里。清世祖顺治五年（1648 年）时，由岷庠选为拔贡，任过京官。约在 50 岁时，任福建同安县知县，为官清廉，政声民扬。王了望抱一世才，尤其喜读《国策》及六朝书，写文章以翻案见意，所著《雪秦》《千古恨》《洗玉环》诸篇受到好古的人欣赏，诗作天分很高。康熙十年（公元 1671 年）前后，王了望结束了游历生活，返回故里陇西，以淡泊的心境习字著书。康熙二十五年（公元 1686 年）逝世。所著据《陇西县志》有《风雅堂诗文集》一卷残存（见武尚仁《搜珠集》及王海魏录辑《风雅堂拾遗》、《荷泽先生自书诗文稿》），《小蛊冷集》一卷、《一笑册》一卷均佚。墨迹有《蝴蝶石题词》、木刻楹联、字画均存陇西文化馆，《宝塔寺漫赋辛丑二月》、《石镜山房剪葡萄叶以疏风》、《过黄河入蒲

---

① 　罗康泰：《甘肃人物辞典》，甘肃民族出版社 2006 年版，第 255 页。

州道值重阳》、《读史至褒姒不好笑》、《读周子无极说》等诗文手稿及
《释东汉张芝草帖》长卷、《重修天竺寺碑》尚存。王了望的书法上溯魏
晋，博览唐宋，并借鉴明代早期书法，加上他本人的学识修养，故而能在
传统书法中得以创新，其笔法、墨法、章法达到一种新的境界，形成了潇
洒、灵动、凝重、自然天成的气韵，堪与清代王铎、傅山媲美。可惜遗墨
不多。另天水麦积山存木刻匾及楹联数对，甘肃省图书馆存长轴复制品。

靖逆侯张勇去思碑

清康熙三十年（1691 年）

【碑文】

> 侯初平甘，副总督孟，
> 一来陇西，兵不民病。
>
> > （原注①：顺治五年，临巩镇西四十余载）
>
> 既征沔国，陇西往来，
> 万民献章，爱君侯哉！
>
> > （原注：往沔，陇民挂帐，事闻朝廷）
>
> 逮靖逆吴①，陇西城外，
> 闻侯乃降，全活者大。
>
> > （原注：贼据城内，侯处城外，大叶代）
>
> 天子召见，仍过陇西，
> 父老争迎，侯笑语兮。
>
> > （原注：以上四章，历叙生前恩遇）
>
> 侯归于天，于今多载，
> 天上人间，音容如在。
>
> > （原注：殁在甘州，陇民如丧考妣）
>
> 侯之讳勇，既勇且仁，
> 仁人君子，弥思弥亲。

---

① 原注指碑文正文间小字，为撰者加入的注释。

（原注：讳何敢呼，传远不能不志）

侯字飞熊，熊飞于渭，
渭水空流，甘棠蔽芾②。

（原注：呼字不禁，山高水长之意）

为侯立石，仁寿谷间③，
望之堕泪，比于岘山④。

（以上四章，极言殁后之思慕）

康熙三十年岁次辛未四月廿二日

【注释】

①逮靖逆吴：张勇原为明将，降清后为清初的定鼎中原立下了汗马功劳，康熙十二年封靖逆侯。后在平定吴三桂的叛乱中又立奇功，进封一等侯。

②甘棠蔽芾：相传西周的召伯曾在棠树下听讼断狱，办理政事，公正无私，使官民各得其所，天下大治。后人因作《甘棠》诗歌颂其政绩，诗中有"蔽芾甘棠"之句。后因以"蔽芾"、"甘棠"等颂扬有政绩的官吏或其政绩。唐刘长卿《奉和赵给事使君》："庭顾婆娑老，邦传蔽芾新。"

③仁寿：甘肃省陇西县城西南一华里处的仁寿山，历史悠久，素有"天边仁寿"的美名。

④岘山：山名。

【释文】

碑石原在甘肃陇西仁寿山，今已佚。撰者不详。此文据《陇西艺文集》收录。全文以诗体的形式叙述了名将靖逆侯张勇平定叛乱，收复巩昌后凯旋时热闹的场景，抒发了陇西人民对他的爱戴之情。诗刻于康熙三十年，即公元1691年。

张勇（1618—1687年），字非熊，洋县人，清顺治十年（1653）后，寓居咸宁（今西安市）。张勇幼年丧父母，性聪慧，豪侠不羁，善骑射，青年从军，明末为副将。历任甘肃总兵、云南提督、甘肃提督等职，封一等侯，谥号襄壮公。

张勇镇守甘肃，威名远扬，各族皆服。康熙二年（1663年）朝廷使张勇还镇甘肃，设立永固营，筑八堡寨，以御厄鲁特蒙古。康熙十二年（1762 年）吴三桂起兵反清，陕西提督王辅臣、四川总兵吴之龙响应一同反清，并拉拢张勇，张勇反督师防御。之后康熙封张勇为靖逆侯，授靖逆将军。康熙十五年，吴之龙屯兵乐门（今甘肃武山县洛门镇），占领通渭，张勇督兵攻取通渭，收复乐门。康熙二十三年（1687 年）张勇率部赴丹山戍边，至甘州重病而死，时年 69 岁。

孙宝德等挽杨庆诗刻

清康熙四十三年（1704 年）后

【碑文】

挽潜斋杨先生

东壁星沉二月天，清滨遗草自今传。
苦心千帙表前圣①，呕血万言师后贤。
刘向传经堪问世②，虞卿著作竟忘年。
怀中锦字何曾减③，风雨窗前意黯然。

后学孙宝德

挽潜斋杨先生

……（诗文缺失）

邑人杨阳

吊陇西杨潜斋先生

闻道先生已陨身，如何处处各伤神。
若非旷代真名士，安得吾儒惜哲人。
月冷窗前空白照，花开槛外为谁春。
陇头地接西山近，遥忆清风可比伦。

宽州白玖

挽理斋杨先生

吾爱杨子云，耽志在清虚④。寂寂门常关，寥寥车马疏。
富贵弃如土，典坟赖爬梳⑤。一夜玉楼召⑥，长风驾蚪舆⑦。
高山失仰止，岂徒叹遗余。秦风吹绿野，垒垒悲丘墟⑧。

同邑孟思智

【撰者】

作者分别为潼关训导孙宝德；陇西杨阳；宁夏训导、宽州白玖；城固
训导、陇西孟思智。

【注释】

①帙：书、画的封套，用布帛制成；整理书籍。

②刘向传经：即刘向传经之典故，刘向是汉代著名学者，汉宣帝曾令
他在石渠讲授六经，任中五经秘书的官职。刘向又名刘更生，字子政，西
汉经学家、目录学家、文学家，沛县（今属江苏）人。楚元王刘交四世
孙。宣帝时为谏议大夫，元帝时任宗正。成帝即位后任光禄大夫，改名为
"向"，官至中垒校尉。曾奉命领校秘书，所撰《别录》为我国最早的图
书公类目录。治《春秋穀梁传》。著《九叹》等辞赋三十三篇，大多亡
佚。今存《新序》、《说苑》、《列女传》等书，《五经通义》有清人马国
翰辑本。原有集，已佚。明人辑为《刘中垒集》。汉成帝河平三年（前26
年）秋八月，诏刘向领导校勘、整理采访来的书籍。他负责校经传、诸
子、诗赋，任宏校兵书，尹咸校术数，李柱国校方技。在三阁校书十九
年，终于编成当时国家藏书总目——《别录》，开创了世界上最早的图书
目录工作这一先例。《别录》记录了上古至西汉的文化典籍，为古代文化
史之精华，对后世目录学、分类学有极深远的影响。该书已佚失，今从
《七略》可窥一斑。

③锦字：喻华美的文辞。唐卢照邻《乐府杂诗序》："霜台有暇，文
律动于京师；绣服无私，锦字飞于天下。"

④清虚：清净虚无。《文子·自然》："老子曰：'清虚者天之明也，
无为者治之常也'。"

⑤典坟：亦作"典贲"。三坟五典的省称。指各种古代文籍。《淮南

子·齐俗训》："衣足以覆形，从典坟，虚循挠便身体，适行步。"洪适释："碑以'贲'为'坟'。"

⑥玉楼：传说中天帝或仙人的居所。《十洲记·昆仑》："天墉城，面方千里，城上安金臺五所，玉楼十二所。"

⑦蚪舆：指驾云乘车仙逝。

⑧丘墟：陵墓；坟墓。北魏郦道元《水经注·浊漳水》："中状若丘墟，盖遗囷故窖处也。"

【释文】

此刻石为甘肃陇西县挽悼杨庆诗刻之一方，现今存佚不详。据陇西档案记载，此刻残毁为三块，拼合略呈方形。高 1.5 尺，宽 1.2 尺。刻四位作者的挽诗。即潼关训导孙宝德七律一首；陇西杨阳七律一首，宁夏训导、宽州白玖七律一首，城固训导、陇西孟思智五古一首。除"邑人杨阳"作品佚失外，其余都收编在陇西馆藏《杨潜斋挽章集》中，据以整理入编。

据《陇西县志》，杨庆（1621—1704 年）字宪伯，一字有庆，初号理斋，继号潜斋，自称雍野逸民，陇西县城万寿街人，崇祯秀才。生平笃学，凡经史诗书典章文物，莫不探索研究。10 岁能通音律声韵，了解经书大义。14 岁应试，文章很出色。15 至 21 岁，先后读书于天竺寺、仁寿山，并开始著作。51 岁时为考证礼乐制度，曾出游齐、鲁、燕、晋等地，得读私家藏书，增广见闻，造诣更深。至 93 岁逝世止，终年口不停吟，手不停批，孜孜学业，著述终身。为人胸怀坦荡，处事合乎规矩，孝敬父母，丧葬以礼，兄弟先后逝世，视侄如子。两次拾金皆奉还失主，毫不苟且。三次举乡饮宾，皆坚辞不接受。巡抚拟请授太常博士，也坚辞。清世祖顺治十年（1653 年）部令监司兴屯，有人主张括地加租，以求升赏，诸官集议。他听到此事，即出面力陈利害，坚持不可加租，官府遂作罢论，而素常足迹从不登公门。圣祖康熙四十年（1701 年），陇西遭灾荒，他追述明知府乔迁高救荒善政，请祀名宦祠。因而，当时知府县令也仿照乔知府救荒办法，开仓赈救灾民，大大缓解了地方上的灾情。晚岁虽过九十，犹不拄拐仗，步履轻捷，精神矍铄，为完成《道源图书集》著述而奋笔不辍。集刚写成，告诉小儿会贞代为设宴，别各位老友故知，第二天沐浴，衣冠穿戴整齐，无病而卒。门首题"西京文献"匾，知县吕高培撰墓志，并题额，"耄而好学"。圣祖康熙五十五年（1716 年）提学修撰王云锦题祀乡贤。著书 172 卷。①

所著据《陇西县志载》有《吾从编》二卷、《四书解》四卷、《蒙训》一卷、《诗解》四卷、《礼解》十卷、《大学定本》一卷、《西文》四卷、《史略》十二卷、《处语》、一作《潜斋处语》一卷（《四库全书》列入子部三十五）、《静规》一卷（自序存于宣统《甘肃新通志·艺文志》）、《参合》一卷、《道枢》一卷、《大成通志》二十卷（《四库全书》列入史部十九）、《佐同录》一百零二卷（《四库全书》列入经部四十四小学类）、《古韵叶音》四卷（《四库全书》列入经部四十四小学类）、《易叶》一卷、《诗叶》一卷、《道源图书集二卷》。②

杨超曾等挽杨庆诗刻

清康熙四十三年（1704 年）后

【碑文】

挽宪伯杨先生

（一）

等身卷轴手裁初，三食仙经老蠹鱼①。

终日草草甘寂寞，问奇进叩子云居②。

（二）

关西世业亦同传，人逞风微思悄然。

生晚未能作都讲，堂阶亲见集三鳣③。

武陵　杨超曾

《余于汉阳行览通志》至郡特召作颂

吾道渊深不易窥，忻君著里见精微。

---

① 陇西县志编纂委员会：《陇西县志》，甘肃人民出版社 1990 年版，第 649 页。

② 同上书，第 763 页。

博收万卷皆经济，发论千章无委随④。

此日造成不朽业，他年定作永传规。

关西名俊不加少⑤，推尚斯文当在兹。

龙门　钟朗

赠潜斋征士著作等身《信同录》、《大成志》尤堪不朽

陇西有高士，腹笥何便便⑥。足不逾户外，著书五十年。

讵识襟露肘，都口发堕颠。柴扉惟竹素⑦，芸窗日艸系⑧。

审音复古调，遵圣搜遗编。文献允在兹，吾将征吾言。

千金布国门，只字藏名山。风雨归鸿笔⑨，其人自可传。

淝水　许孙荃

挽潜斋先生

好书堆案且盈箱，谁肯翻腾校阅详⑩。

先生不惮三余苦，编辑一函箧里藏。

后学杨卣
后学闫芝书丹

【撰者】

杨超曾、钟朗、许孙荃、杨卣。

【注释】

①蠹鱼：即蟫。又称衣鱼。蛀蚀书籍衣服。体小，有银白色细鳞，尾分二歧，形稍如鱼，故名。借指书籍。

②云居：指隐居之所。宋黄庭坚《鄂州南楼书事》诗之二："南楼槃礴三百尺，天上云居不足言。"任渊注："江南谚曰：'天上云居，地下归宗。'盖云居在山之绝顶。"

③三鳝：东汉杨震明经博览，屡召不应，有鹳雀衔三鳝鱼飞集讲堂前，人谓蛇鳝为卿大夫服之象；数三，为三台之兆。后果位至太尉。事见

《后汉书·杨震传》。后每用以为典，指登公卿高位的吉兆。南朝梁简文帝《司徒始兴忠武王诔》："三鳣表服，二鹿随轮。"

④委随：谓软弱无能；萎弱。委通"萎"。《魏书·王嶷传》："嶷性儒缓，委随不断，终日在坐，昏睡而已。"

⑤名俊：俊杰，杰出的人。

⑥腹笥：语出《后汉书·边韶传》："边为姓，孝为字，腹便便，五经笥。"笥，书箱。后因称腹中所记之书籍和所有的学问为"腹笥"。宋杨亿《受诏修书述怀感事三十韵》："讲学情田堉，谈经腹笥虚。"

⑦竹素：犹竹帛。多指史册、书籍。《三国志·吴志·陆凯传》："明王圣主取士以贤，不拘卑贱，故其功德洋溢，名流竹素。"

⑧芸窗：亦作"芸牕"。指书斋。唐萧项《赠翁承赞漆林书堂诗》："却对芸窗勤苦处，举头全是锦为衣。"

⑨鸿笔：大手笔。汉王充《论衡·须颂》："古之帝王建鸿德者，须鸿笔之臣褒颂纪载，鸿德乃彰，万世乃闻。"

⑩翻誊：犹言改作；抄写誊录。《朱子语类》卷九六："他本是释学，但只是翻誊出来说许多话耳。"

【释文】

此方刻石存五首杨庆挽诗，现存于甘肃陇西仁寿山公园游廊墙壁。原镶嵌于万寿街杨氏宅门壁间，后被县文化馆征集归公。碑石为方形，青石质，共刻四位作者的挽诗，均为楷书。"挽宪伯杨先生"，七律二首，共6行，行10字（末行8字），落款"武陵杨超曾"。"余于汉阳行览《通志》，至郡特召作颂"，七律一首，共6行，行10字（末行6字），落款"龙门钟朗"。"赠潜斋征士著作等身，《佐同录》、《大成志》尤甚不朽。"五古一首，共8行，行10字，落款"浥水许孙荃"。《挽潜斋先生》七律一首，共3行，行10字，落款"后学杨卣"，尾题"后学闫芝书丹"。

杨超曾挽悼杨庆石刻（拓片）

吕高培挽杨庆诗刻

清康熙四十三年（1704 年）后

【碑文】

杨子好学实可传①，黄衣玉环来自天。

著书百七有二卷，历寿九十加三年。

古道尽从孝友出，言拟为贤圣编。

笃学力行有根柢②，命之曰儒讵不然③。

于今作者属谁氏，赐以笔削白璧全④。

幼儿一心承父训，继述若将终身焉。

我欲纂文表之墓，孰与大笔能如椽！

此宪伯杨秀才轶诗也，诗成于丙戌之冬。因有□□□季森洲坚请表其墓，既树表矣，复请勒此诗于祠，乃并为书石焉。

岁在丁亥秋八月，锡山柏庭吕高培。

【撰者】

吕高培，字柏庭，1698 年任陇西知县，无锡人，康熙五十五年举人，为官清正，才高学博，慷慨好义。①

【注释】

①杨子：杨秀才，杨庆。

②根柢：比喻事物的根基，基础。《后汉书·王充王符传论》："百家之言政者尚矣，大略归乎宁固根柢，革易时敝也。"

③讵：岂，怎。

④笔削：指著述。笔，书写记录；削，删改时用刀削刮简牍。南朝梁元帝《〈金楼子〉序》："夕望汤池，观仰月之势，朝瞻美气，眺非烟之色，替于笔削。"白璧：平圆形而中有孔的白玉，喻指经典。

【释文】

此诗刻现存于甘肃陇西仁寿山公园游廊墙壁，亦为挽悼杨庆先生之一方石刻，此刻保存完好，文字清晰。原镶嵌于陇西万寿街杨氏宅门壁间，后被县文化馆征集归公，1985 年由县政府下令调拨仁寿山公园统一保管。碑体呈长方形，青石质。高 46 厘米、宽 72 厘米、厚 16 厘米。此诗内容也是赞颂了杨庆的高尚品格的挽诗。共 7 行，每行字数不等，后有跋 5 行，行书。尾题"岁在丁亥秋八月，锡山柏庭吕高培"。

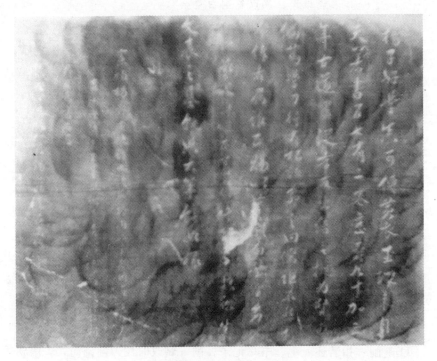

吕高培挽悼杨庆石刻（拓片）

李楝等挽杨庆诗刻

清康熙四十三年（1704 年）后

【碑文】

挽征士杨先生

派延洙泗已多年①，道德文章自古传。

时有哲王厘旧典②，那堪浮学乱新编③。

豆登不改其中味④，琴瑟空张此地绚。

征士考核成大集，泮宫禋祀岂徒然⑤。

后学李楝廪生

吊征君杨先生

中流谁是障狂澜，赖有关西卫杏坛⑥。
礼乐修明光俎豆⑦，诗书订补萃琅玕⑧。
太常无意银袍老⑨，征士留名玉版寒⑩。
此日登堂寻旧轨，几筵剩有气如兰。

秦安胡渶　廪生

哭杨子宪伯

（一）

七十年来学道人。天根月窟问君频⑪。
而今笑驾长风去，寂寞窗前二月春。

（二）

忆昔论文山墅清，一编青史漫相评。
思君不见琴书在，愁看黎床片月明⑫。

后学杨其忠　庄浪训导

挽潜斋杨先生

室中奇怪夜飞霜，传到柏台梨枣光⑬。
从此道行南北国，千年登豆拊宫墙⑭。

后学陶琬庠生

后学闫芝书丹

赤亭傅广镌

【撰者】

李棟、胡渶、杨其忠、陶琬。

【注释】

①洙泗：洙水和泗水，代称孔子及儒家。古时二水自今山东省泗水县北合流而下，至曲阜北，又分为二水，洙水在北，泗水在南。春秋时属鲁国地。孔子在洙泗之间聚徒讲学。《礼记·檀弓上》："吾与女事夫子于洙泗之间。"后因以"洙泗"代称孔子及儒家。南朝梁任昉《齐竟陵文宣王行状》："弘洙泗之风，阐迦维之化。"

②哲王：贤明的君主。《尚书·酒诰》："在昔殷先哲王，迪畏天显小民，经德秉哲。"厘：治理，整理。

③浮学：浮浅的学问。《商君书·农战》："是以明君修政作壹，去无用，止浮学。"

④豆登：古代盛器，亦用作祭器。登似豆而较浅。《诗·大雅·生民》："于豆于登。"《毛传》："木曰豆，瓦曰登。豆荐菹醢也，登盛大羹也。"

⑤原注王公云锦拊祀先生乡贤祠。泮宫：西周诸侯所设大学。《诗·鲁颂·泮水》："既作泮宫，淮夷攸服。"后泛指学宫。唐杨炯《少室山少姨庙碑》："辟雍所以行其礼，泮宫所以辨其教。"禋祀：泛指祭祀。《左传·桓公六年》："故务其三时，修其五教，亲其九族，以致其禋祀。"杜预注："禋，絜敬也。"

⑥杏坛：相传为孔子聚徒授业讲学之处。泛指授徒讲学之处。今喻教育界。唐杜甫《八哀诗·故著作郎贬台州司户荥阳郑公虔》："空闻《紫芝歌》，不见杏坛丈。"

⑦俎豆：俎和豆。古代祭祀、宴飨时盛食物用的两种礼器。亦泛指各种礼器。汉班固《东都赋》："献酬交错，俎豆莘莘。下舞上歌，蹈德咏仁。"

⑧琅玕：比喻珍贵、美好之物。也比喻优美文辞。唐韩愈《龊龊》诗："排云叫阊阖，披腹呈琅玕。"

⑨原注刘抚军起补太常博士，先生固辞。太常：官名，太常博士。秦置奉常，汉景帝六年更名太常，掌宗庙礼仪，兼掌选试博士。历代因之，则为专掌祭祀礼乐之官。北魏称太常卿，北齐称太常寺卿，北周称大宗伯，隋至清皆称太常寺卿。参阅《汉书·百官公卿表上》、《通典·职官七》。

⑩玉版：亦作"玉板"。古代用以刻字的玉片。亦泛指珍贵的典籍。《韩非子·喻老》："周有玉版，纣令胶鬲索之，文王不予；费仲来求，因予之。"

⑪天根月窟：指星月。天根：星名。即氐宿。东方七宿的第三宿，凡四星。月窟：月宫；月亮。

⑫黎：古通"黧"，黑色。

⑬原注《大成通志》，大中丞刘公讳斗梓之行也。

⑭原注王公云锦祔祀先生乡贤祠。

【释文】

　　此诗碑现存于甘肃陇西仁寿山公园游廊墙壁。诗碑中有些句子下有注释，即文中标为"原注"。此碑刻悼杨庆挽诗一方，原镶嵌在万寿街杨氏宅门壁间，后被县文化馆征集归公，诗碑近方形，青石质。高 53 厘米、宽 60 厘米、厚 9 厘米。共刻李楝、胡淏、杨其忠、陶琬四人诗歌五首，其中杨其忠二首，全是楷书。尾题"后学闫芝书丹"、"赤亭傅广镌石"。

挽悼杨庆石刻（拓片）

理斋杨先生行实赞

清康熙四十三年（1704年）后

【碑文】

　　癸巳仲秋游鸟鼠、莲峰之胜，便道访焦氏昆仲于襄武，寓隐药室，得闻理斋之名。阅《大成通志》，始晓先生博通今古，争光孔孟之硕德也。夫箕畴五福，全者极难，而先生备之矣！何也？穷经涉史，著书百卷，富也；流传海宇，亿代诵法，寿也；蒙训垂世，童习效行，好攸德也；好学不倦，精修清静，康宁也；豫知时至，辞友霞迁，终命也；力扶圣教，遵持八行，乃熙朝第一人也。予敬慕之而造其宅，于影堂柱香焚帛，观其丰姿苍古，体态怡然，拜首而退。见案头有挽章一册，展而诵之，乃诸绅衿士夫著奠表扬之集也。内中传序、诗赋、歌记罗列，可谓尽善尽美矣。予虽不敏，特拈三十二韵，制行实一赞，聊叙先生之三不朽，岂在程朱之下哉，可惜未人经筵为恨耳。

　　　　赞词

　　　　羲皇画卦，文字开先；至圣桃李①，秦郡三闲②。

　　　　成纪南安③，地脉相连；钟灵毓秀④，陇渭之间。

　　　　万历壬子，理斋诞焉；生而颖异⑤，品格超然。

　　　　孩提方语，首问坤乾；智慧夙禀⑥，日记千言。

　　　　克复诚正⑦，愿效心坚；髫年入泮⑧，默识渊源。

　　　　坟典丘索⑨，性善不偏；五赴棘闱⑩，乡荐没缘。

　　　　闲游吴鲁，燕楚山川；名利糠粃⑪，绝口厌宣。

　　　　隐居仁寿，仰钻后前；会通一贯，学达性天。

　　　　裁冰镂雪，教化无边；著书立说，鹤发童颜⑫。

　　　　三十余载，笔秃砚穿；尊崇尼父⑬，贤哲并肩。

　　　　道高德重，师范八埏⑭；大哉《通志》，抚军刊传⑮。

　　　　题请寺博⑯，力辞意专；七九修静，以汞投铅。

　　　　留戊就己，气满丹田；顶门复动，返本还元。

　　　　康熙甲申，别客霞迁；百期大定，吉祥而眠。

影堂觌面[17]，体态端严；神明金阙，广额列仙[18]。

名闻天耳，从祀庑龛[19]；稽道拜颂，海岳齐年[20]。

又感梦而作

富贵晾天总是空，儒风理学古今同；

南安相访无缘会，陕右江东梦里逢。

　　　　云间隐者沈藻

扬子直曰：沈晓清先生者，云间隐君子也。足迹遍天下，所过名山大川，形诸咏歌，类多感慨愤激之辞，交游少许可，而独于潜斋先生有默契焉。一日，过陇西，读其书，造其庐，见其像，撮生平大要而为诗以赞之。夜五更，神与潜斋交，梦里相逢，坐语良久。倪非宿缘，何以有此。噫！非潜斋不足以感晓清之心，非晓清不足以表潜斋之大，人生知己，岂必在一堂觌面间耶！

【撰者】

沈藻，即沈晓清，应为归隐居士。

【注释】

①至圣：指道德智能最高的人。《礼记·中庸》："唯天下至圣，为能聪明睿知，足以有临也。"

②三闲：闲话、闲事、闲思。

③成纪南安：天水成纪，陇西南安。

④钟灵毓秀：谓美好的风土诞育优秀人物。

⑤颖异：聪慧过人。宋苏轼《哭干儿》诗序："去岁九月二十七日，在黄州生子名遯，小名干儿，颀然颖异。至今年七月二十八日病亡于金陵，作二诗哭之。"

⑥凤禀：亦作"凤秉"，早岁秉承；天然具有。唐皮日休《九讽·见逐》："嗟予凤秉于大训兮，涵渍骨之忠贞。既贸者之莫余容兮，向重苍而自盟。"

⑦克复：能够恢复。《国语·晋语九》："基于其身，以克复其所。"

⑧髫年：幼年。唐杨炯《明威将军梁公神道碑》："卯岁腾芳，髫年超霭。"入泮：古代学宫前有泮水，故称学校为泮宫。科举时代学童入学为生员称为"入泮"。《醒世恒言·张廷秀逃生救父》："文秀带病去赴试，

便得入泮。"

⑨坟典丘索：即典籍的通称。坟典指三坟、五典的并称，后转为古代典籍的通称。《〈书〉序》："讨论坟典。"《隶释·汉太尉刘宽碑》："幼与同好镌坟典于第庐。"丘索指古代典籍《八索》、《九丘》的并称。亦泛指古籍。

⑩棘闱：亦作"棘围"。指科举时代的考场。唐五代试士，以棘围试院以防弊端，故称。宋黄庭坚《博士王扬休碾密云龙同事十三人饮之戏作》诗："棘围深锁武成宫，谈天进士雕虚空。"

⑪糠枇：指不重要的东西。

⑫鹤发童颜：白色的头发，红润的面色。形容老年人气色好有精神。唐田颖《梦游罗浮》诗："自言非神亦非仙，鹤发童颜古无比。"

⑬尼父：亦称"尼甫"。对孔子的尊称。孔子字仲尼，故称。《左传·哀公十六年》："旻天不吊，不慭遗一老。俾屏余一人以在位，茕茕余在疚。呜呼哀哉，尼父！无自律。"

⑭八埏：八殥，八方边远的地方。《汉书·司马相如传下》："上畅九垓，下泝八埏。"颜师古注引孟康曰："埏，地之八际也。言德上达于九重之天，下流于地之八际。"

⑮抚军：刘抚军。

⑯寺博：太常寺卿。

⑰觌面：当面；迎面；见面。宋陆游《前诗感慨颇深犹吾前日之言也明日读而悔之乃复作此然亦未能超然物外也》诗："世人欲觅何由得，觌面相逢唤不应。"

⑱金阙：道家谓天上有黄金阙，为仙人或天帝所居。《神异经·西北荒经》："西北荒中有两金阙，高百丈。"颡：额，脑门儿。

⑲庑：堂下周围的走廊、廊屋。

⑳海岳：大海和高山。

【释文】

诗刻现今存佚不详，此诗刻为哀悼杨庆诗刻之一方，原在陇西万寿街杨氏宅门壁间，全文据《杨潜斋挽章集》整理人编，落款与杨其忠（子直）跋文当与原刻有出入。应为整理时有误。

宋朝楠挽杨庆诗刻

清康熙四十三年（1704 年）后

【碑文】

杨子，陇西诸生也。少有大志，慨然以著书明道自任，举动循礼，虽乡人笑以为迂，而有所不顾。家居食贫，官府无私谒，邑有大事，义形于色，侃侃正论，吏民允服，诚士林翘楚，后进所当矜式者。年九十余，一旦无疾卒，余作诗以哭之。

南安迩西京，文教何陵迟①！士子时艺外，稽古反受嗤②。
风俗杂氐羌③，三礼弃如遗④。祖考不血食⑤，倾家建淫祠⑥。
更怪丧葬者，呗咒延髡缁⑦。酒肉日厌饫⑧，门户罗兜离⑨。
愚民何足责，绅士兢为之。醺然游庠序，颠覆及书诗。
幸生尧舜世，甘外文明时。杨子秦陇杰，浊流不肯随。
巨擘障狂澜⑩，颓厦独木支。言笑岂妄发，举止有成规。
读书破万卷，耄年不停披⑪。曾忆两居庐，秉礼坚不移。
三日断水浆，六年无愆仪⑫。檀弓存天壤⑬，力行如公谁。
条理阐洙泗⑭，画律追轩羲⑮。著述充梁栋，精辨释群疑。
异端必排斥，儒术赖扶持。大义动盗跖⑯，还金露心期。
上官昔增赋，抗论言何危。指陈有根据，猾吏曰唯唯⑰。
今日想丰裁，永逝不可追。余在童稚日，典型夙所推。
宦游十六载，京华萦梦思。昨岁扶檥来⑱，款扉频问奇。
气宇钦古健，敦庞真吾师⑲。凶问传仲春，泪下如缏縻⑳。
大雅竟云丧㉑，吾道谁起衰。仰天长叹息，凄凉飘□帷。

同里宋朝楠题

【撰者】

宋朝楠（1655—1705 年），字于蕃，号拙庵，甘肃陇西县城东街人，康熙二十七年（1688 年）戊辰科二甲第 66 名进士。明太仆宋琮的后代，清康熙选翰林庶进士，历任广西道御史、太仆寺少卿、通政使司正卿、金都御史等职。性格内向温和，深藏若虚，对义所应为的事，力求实践，志不可夺，中翰林后，仍闭门读书如少年时。居官谨慎廉洁，刚正不阿。起初任御史时受命刚月余，就对楚、粤三省驻军纵放流寇事提出弹劾，认为应都归罪于督抚提镇管理不严，一时封疆大吏，无不俯首伏罪。后巡察京城，彻底革除市集一切积弊陋规。京都中城本为全国货物聚散之地，地方官府每月却向商贩索取种种苛捐杂税，饱入私囊，酷吏土豪上下其手，朋比为好，以前谁也不敢过问。宋御史一一查究，明令取缔。对执法徇情枉法的人也坚持以法绳治。遭母丧服满后补江西道监察御史，掌江南道及京徽道事，条陈治河的意见，切实可行，皇帝皆为采纳。退职后回家。所撰著碑文、序文，散见于志集中，对邑人学者杨宪伯的嘉言善行提倡宣扬，公之于世。康熙四十八年（1709 年）55 岁时病殁。①

【注释】

①陵迟：折磨，艰难。《敦煌变文集·汉将王陵变》："苦见陵母不招儿，遂交转队苦陵迟。扑枷卧于枪下倒，失声不觉唤娇儿。"

②稽古：考察古事，做学问。《书·尧典》："曰若稽古。帝尧曰放勋。"嗤：讥笑。

③氐羌：我国古代少数民族氐族与羌族的并称。都居住在今西北一带。《诗·商颂·殷武》："自彼氐羌，莫敢不来享，莫敢不来王。"

④三礼：儒家经典《周礼》、《仪礼》、《礼记》的合称。《后汉书·儒林传下·董钧》："中兴，郑众传《周官经》，后马融作《周官传》，授郑玄，玄作《周官注》。"

⑤血食：谓受享祭品。古代杀牲取血以祭，故称；又谓吃鱼肉之类荤腥食物。

⑥淫祠：不合礼义而设置的祠庙，邪祠。《宋书·武帝纪下》："淫祠惑民费财，前典所绝，可并下在所除诸房庙。"

⑦髡缁：指僧尼。僧人穿黑衣，故称。明徐渭《〈逃禅集〉序》："今之诋佛者，动以吾佛律之，甚至于不究其宗祖之要眇，而责诸其髡缁之末流。"

⑧厌饫：吃饱；吃腻。汉严忌《哀时命》："时厌饫而不用兮，且隐

①　陇西县志编纂委员会：《陇西县志》，甘肃人民出版社 1990 年版，第 636 页。

伏而远身。"

⑨兜离：喻不典雅的音乐；形容言语难懂。宋梅尧臣《韩子华内翰见过》诗："诚惭兜离音，唐突韶与濩。"

⑩巨擘：大拇指。比喻杰出的人物。《孟子·滕文公下》："于齐国之士，吾必以仲子为巨擘焉。"

⑪耄年：老年。

⑫愆仪：失礼。清蒲松龄《聊斋志异·绛妃》："臣饮少辄醉，惧有愆仪。"

⑬檀弓：檀木做的弓。《后汉书·东夷传·秽》："乐浪檀弓出其地。"

⑭原注："著《大成通志》"。洙泗：洙水和泗水；代称孔子及儒家。

⑮原注："更有字学、音韵诸书。"

⑯盗跖：相传为古时民众起义的领袖；盗贼或盗魁的代称。名跖，一作"蹠"，"盗"是当时统治者对他的贬称。《庄子·盗跖》："盗跖从卒九千人，横行天下，侵暴诸侯。"

⑰原注："国初时事"。猾吏：奸猾的官吏。

⑱扶櫬：犹"扶柩"，护送灵柩。唐杜甫《别蔡十四著作》诗："主人薨城府，扶櫬归咸秦。"

⑲敦庞：敦厚朴实。汉孔融《肉刑议》："古者敦庞，善否不别。"

⑳绠縻：喻雨水泻注貌。唐刘禹锡《和河南裴尹侍郎宿斋天平寺诣九龙祠祈雨》："炎空忽凄紧，高雷悬绠縻。"

㉑大雅：指德高而有大才的人，泛指学识渊博的人。

【释文】

此诗碑现存于甘肃陇西仁寿山公园游廊壁间。此诗刻为挽悼杨庆诗刻之一方，原镶嵌在陇西万寿街杨氏"西京文献"宅门墙壁，后被县文化馆征集归公。碑体呈长方形，青石质。残存一角，诗存五半行。残高52厘米、宽72厘米、厚12厘米。首行可见"杨子，陇西诸生也。少有大志，慨然以（后残缺）"。诗碑中有注释，本书为说明前加"原注"。诗文歌颂了杨庆特立独行、卓尔不群品格，赞扬了他对待学问孜孜以求、体恤爱民、不为世俗名利诱惑的高尚人格。全文据馆藏《杨潜斋挽章集》整理。

李逢年挽杨庆诗刻

清康熙四十三年（1704 年）后

【碑文】

吊潜斋杨先生并序

士之不求闻达、著作满箧者，代有其人，而德行或亏，即文章遍海内，名不足称也。读《潜斋先生传》，行绩昭烁，未易更仆数。即以居父母丧论之，水浆不入口者三日，蔬果不茹食者三年，庐居孺慕终其身，非至孝能若是耶！使先生出而行志，亲亲仁民，仁民爱物，裕如也。先生乃辟举不就，非矫然自命者欤！虽然，先生徒抱此志抑郁以没，亦泯泯无闻已耳。而先生维持名教，为世道人心计，手编《大成通志》等书共百有七十三卷，要皆先生至孝一念所发，故推而准之，至于古今万物之理，天人生命之微，剖析靡遗，足为后世楷模，宜乎传之者乐为称扬，又何疑挽之者向慕无已也哉！

余秉铎襄武，见先生久，知先生最详。先生举动以礼，不苟取予，非公事足迹不出户庭。戊寅年，先生首状乔郡伯治行，请祀名宦，余也共襄厥事。辛巳，偕郡之缙绅缝掖躬送乔公木主人祠，来往徒步，毫无倦容，动履强键，语言笑貌，俨若少壮然。乃余去陇，岁在甲申。先生九十三岁，以无疾卒。

呜呼！先生孝矣至矣，寿矣遐矣，德行已无亏矣。文章著作将遍天下矣，夫复何憾！戊子春初，友人杨子然烘有事朔方，携宋侍御、杨明经征集同里诸君与夫都中名公挽歌传纪，载有成书，问言于余，余更何言？余惟追念昔之见先生知先生者，以为先生吊焉。

> 个中有静致，座上无纤尘。
> 先生家世陇山麓，谁似孝勤能颂读。
> 西京文献渺何乡[①]，余得著作在板屋。
> 由来富贵等浮云，不因征辟恋薄禄[②]。
> 思将书卷垂古今，宁甘清贫守空谷。
> 庐居可以泣鬼神，素行从未惭幽独[③]。

多年志士性坚贞，一代大儒人佩服。

生前惟有雀衔环④，身后更知人如玉。

先生乃以无疾终，何事吾侪俱痛哭。

为惜典型今已亡，可怜学士失私淑⑤。

问奇尚忆子云亭，披简犹思孝先腹。

蓬户虽冷架多藏，哲人虽萎气未伏⑥。

望重乡评事昭昭⑦，名传史册声馥馥⑧。

今怅望遥追谁，想见颜色尚雍穆⑨。

吁嗟乎！当年三径但荒芜⑩，一生志节存松菊⑪。

　　池阳李逢年　宁夏教授

【撰者】

李逢年，陕西池阳（今三原县）人，曾住宁夏儒学教授。

【注释】

①西京：古都名，长安。

②征辟：谓征召布衣出仕。朝廷召之称征，三公以下召之称辟。《后汉书·儒林传下·蔡玄》："学通五经，门徒常千人，其著录者万六千人，征辟并不就。"

③素行：高尚纯洁的品行。南朝梁慧皎《高僧传·诵经·慧弥》："又有沙门法仙，亦诵经，有素行。"

④雀衔：相传东汉杨宝九岁时，至华阴山北，见一黄雀为鸱枭所搏，坠于树下，宝取雀以归，置巾箱中，食以黄花，百余日毛羽成，乃飞去。其夜有黄衣童子自称西王母使者，以白环四枚予宝曰："令君子孙洁白，位登三事（三公），当如此环矣。"事见南朝梁吴均《续齐谐记》。后用为报恩之典。唐王绩《青雀歌》："莫言不解衔环报，但问君恩今若为。"

⑤私淑：私自敬仰而未得到直接的传授。《孟子·离娄下》："予未得为孔子徒也，予私淑诸人也。"赵岐注："淑，善也。我私善之于贤人耳，盖恨其不得学于大圣也。"

⑥哲人：智慧卓越的人。《诗·大雅·抑》："其维哲人，告之话言。"

⑦昭昭：明白；显著。《老子》："俗人昭昭，我独昏昏。"

⑧馥馥：形容香气很浓。汉苏武《别友》诗："烛烛晨明月，馥馥秋

兰芳。"此指书香气浓。

⑨雍穆：和睦；融洽。汉扬雄《羽猎赋》："乃祗庄雍穆之徒，立君臣之节，崇贤圣之业，未遑苑囿之丽，游猎之靡也。"

⑩三径：晋赵岐《三辅决录·逃名》："蒋诩归乡里，荆棘塞门，舍中有三径，不出，唯求仲、羊仲从之游。"后因以"三径"指归隐者的家园。晋陶潜《归去来兮辞》："三径就荒，松菊犹存。"

⑪松菊：松与菊不畏霜寒，因以喻坚贞节操或具有坚贞节操的人。晋陶潜《归去来兮辞》："三径就荒，松菊犹存。"

【释文】

此诗刻现存于甘肃陇西仁寿山公园游廊壁间。此刻为池阳李逢年挽悼杨庆诗刻之一方，碑体呈方形，青石质。宽 64 厘米，高 56 厘米，厚 10 厘米。标题可见"吊潜斋杨先生并序"。前有序，书体为楷书，小字书刻七律一首，大字亦为楷书，共 28 句，20 行，除末行 9 字外其余每行 10 字。落款"池阳李逢年宁夏教授"。此刻石文字保存完好。

李逢年輓悼杨庆石刻之一（拓片）

张廷枢等挽杨庆诗刻

清康熙四十三年（1704 年）后

【碑文】

积学世无偶①，亮节古所稀。虽得上寿年，犹令人悲欷。
遗编高等身，一一窥天倪②。渊源洛与闽，博物穷幽奇③。
使符三至门④，坚卧南山陲。叹息斯人世，高风不可追。
子云圣者徒，伯起经生师。没后名益显，千秋以为期。

韩城张廷枢拜挽

一夜星茫陨少微，士林酸楚泪交挥⑤。
书成百卷言犹在，鹤驾三山人已非⑥。
精舍漫听流水去⑦，草堂空见白云飞。
即今我有修明志，零落典型叹失归。

同里后学吴之埏

关西伯起抱遗经，黄发番番旧典型。
读礼争传戴氏学，问奇尽识子云亭⑧。
躬耕谷口真高士，大隐人间老岁星。
翘首墓门碑碣在，中即应不愧题名。

嵩阳景日畛

我读潜夫论⑨，于世无可取。自谓真潜夫，乃复重皇甫⑩。
士苟得其真，名实有等□。惜哉斯道薄，悠悠不足数。
杨氏关西族，后樱存襄武。吾志切观风，访求缅前口。
其世虽已殊，其人如可睹。曰卓彼行谊⑪，盖足砥流洿。
言者德之华，粲粲成玄圃⑫。□昔藏名山，奕叶贻义府⑬。
王符其后身，同一潜而古。谁为表章之，我欲□□□。

泽州陈豫朋

圣代真儒者，闻有关西杨⑭。早岁露英气，白雪擅词场⑮。
正论□丸沮，谠言墨吏良⑯。遂乃弃科举，东升夫子堂。
渊源秉周礼⑰，立身直以方。期颐耳目爽⑱，作述饶篇章。
梦吞三画爻⑲，口吐白凤凰。书成谢故友，一朝归帝乡。
有德思典型，有造亦不忘。惟当祀泮宫⑳，歌诗荐馨香。

宜兴潘宗洛

（一）

已叹麟封角，谁知凤集肩㉑。关西分讲席，陇右剩遗编。
白日文昌见，中天北斗悬㉒。著书金匮满㉓，不记伏生年㉔。

（二）

举世无朱陆㉕，谁能辨异同。再来杨伯起，绝学起关中。
有作皆垂世，无人不识公。陇云陇水外，惆怅影堂空。

奉天胡麟征

【撰者】

以上诗文作者分别为张廷枢、吴之埏、景日畛、陈豫朋、潘宗洛、胡麟征。

吴之埏，生卒不详，清巩昌府陇西（今甘肃陇西）人，字乾玉，号赤谷。为襄武三杰（吴之埏、陈长复、王铭号称"襄武三杰"）之首，康熙时拔贡，历任江西婺源、江苏宝应、浙江秀水等县知县，颇有政绩。工诗、能文，尤长于史才。客游静宁时，曾协助知州黄廷钰编纂《静宁州志》。当时上元（今江苏江宁）黄周星以《夕阳诗》著称于世，吴之埏和之，不减原韵。三原刘绍敛辑《二南遗音》，收吴之埏诗十五首之多。吴之埏的诗文还散于《诗文略》、《赤谷论书》和陇西人武尚仁撰《搜珠集》中。另外著有《蠢书》、《襄武人物志》。①

---

① 陇西县志编纂委员会：《陇西县志》，甘肃人民出版社1990年版，第649页。

【注释】

①无偶：无与匹比。《三国志·魏志·管宁传》："德行卓绝，海内无偶。"

②天倪：自然的分际，自然的道理。

③幽奇：指玄妙的哲理。南朝宋宗炳《答何衡阳书》："夫神光灵变，及无量之寿，皆由诚信幽奇，故将生于佛土，亲映光明，其寿无量耳。"

④使符：天子使者所持的符信。《汉书·文帝纪》："（文帝二年）九月，初与郡守为铜虎符、竹使符。"

⑤士林：指文人士大夫阶层。汉陈琳《为袁绍檄豫州》："自是士林愤痛，民怨弥重，一夫奋臂，举州同声。"

⑥鹤驾：仙人的车驾；死的讳称。唐卢照邻《郑太子碑铭》："霓旌扬汉，犹寻杇骨之灵；鹤驾停空，尚谒先人之墓。"

⑦精舍：学舍；书斋。《后汉书·党锢传·刘淑》："淑少学明《五经》，遂隐居，立精舍讲授，诸生常数百人。"

⑧问奇：指从师受业或向人请教。《汉书·扬雄传下》：间请问其故，乃刘棻尝从雄学作奇字……雄以病免，复召为大夫。家素贫，煮酒，人希至其门。时有好事者载酒肴从游学，而巨鹿侯芭常从雄居，受其《太玄》、《法言》焉。"后以载酒问奇字"谓人勤奋好学。子云亭：在四川省绵阳县。相传为西汉学者扬雄读书处，扬雄字子云，故名。唐刘禹锡《陋室铭》："南阳诸葛庐，西蜀子云亭。"

⑨潜夫论：指王符《潜夫论》著作。

⑩潜夫：隐者。清方文《从子子唯园中作》诗："勿使衡门延俗客，每将疑义问潜夫。"也喻王符。

⑪行谊：品行，道义。《汉书·董仲舒传》："今世废而不脩，亡以化民，民以故弃行谊而死财利，是以犯法而罪多，一岁之狱以万千数。"

⑫玄圃：传说中昆仑山顶的神仙居处；指讲经之处。玄，通"悬"。《文选·张衡〈东京赋〉》："左瞰阳谷，右睨玄圃。"

⑬奕叶：累世，代代。汉蔡邕《琅邪王傅蔡郎碑》："奕叶载德，常历官尹，以建于兹。"义府：义理之府藏。常指《诗》、《书》而言。《左传·僖公二十七年》："《诗》、《书》，义之府也。"

⑭关西杨：指杨庆。

⑮词场：犹文坛。南朝梁萧统《十二月启·姑洗三月》："持郭璞之毫鸾，词场月白；吞罗含之彩凤，辩囿日新。"

⑯谠言：正直之言，直言。《汉书·叙传上》："吾久不见班生，今日复闻谠言！"颜师古注："谠言，善言也。"墨吏：贪官污吏。《明史·魏观陶垕仲等传赞》："太祖起闾右，稔墨吏为民害，尝以极刑处之。"

⑰周礼：亦称《周官》或《周官经》，儒家经典之一。

⑱期颐：百岁。语本《礼记·曲礼上》："百年曰期、颐。"郑玄注："期，犹要也；颐，养也。不知衣服食味，孝子要尽养道而已。"

⑲三画爻：乾卦由三画爻重叠三画爻构成六画爻为乾卦，其他七卦如此类推，每宫逐步改变每一爻，为一个新卦。白凤凰：亦作"白凤皇"，传说中的神鸟。宋陆游《夜闻塔铃及泉声》诗："梦骑白凤皇，佩玉朝珠宫。"

⑳祀泮宫：禋祀，泛指祭祀。泮宫，西周诸侯所设大学。《诗·鲁颂·泮水》："既作泮宫，淮夷攸服。"后泛指学宫。唐杨炯《少室山少姨庙碑》："辟雍所以行其礼，泮宫所以辨其教。"

㉑凤集：群凤聚集，比喻贤才聚会。《艺文类聚》卷二六引晋傅咸《申怀赋》："穆穆清禁，济济群英，鸾翔凤集，羽仪上京。"

㉒中天：高空中；当空。

㉓金匮：亦作"金柜"。铜制的柜。古时用以收藏文献书籍或文物。汉贾谊《新书·胎教》："胎教之道，书之玉版，藏之金柜，置之宗庙，以为后世戒。"

㉔伏生：汉时济南人，名胜，或云字子贱。原秦博士，治《尚书》。始皇焚书，伏生以书藏壁中。汉兴后，求其书，已散佚，仅得二十九篇，以教于齐鲁间。文帝即位，闻其能治《尚书》，欲召之。然伏生年已九十余，老不能行，乃诏太常使掌故晁错往受之。西汉《尚书》学者，皆出其门下。相传所撰有《尚书·大传》三卷，疑为后学杂录所闻而成。见慕寿祺《尚书大传序录》。

㉕朱陆：宋代朱熹和陆九渊的并称。元刘壎《隐居通议·理学一》："乾道、淳熙间，晦庵先生以义理之学阐于闽，象山先生以义理之学行于江西，岳峻枓明，珠辉玉锵。一时学士大夫雷动风从，如在洙泗，天下并称之曰'朱陆'。"晦庵，朱熹的字；象山，陆九渊的号。

【释文】

诗刻现存于甘肃陇西仁寿山公园。此亦为哀悼杨庆诗刻之一方，原镶嵌在县城万寿街杨氏宅门壁间，后征集归公；碑体呈方形，青石质地；高50厘米，宽50厘米，厚11厘米。共刻六位作者的七首诗歌，字体均为楷书。首行文字磨泐不清，其余基本清晰，碑石品相基本完好。

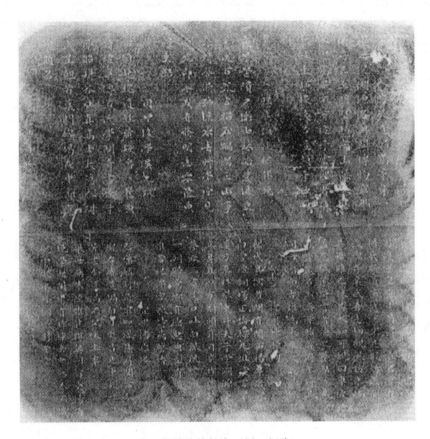

张廷枢等挽悼杨庆石刻（拓片）

挽杨庆诗刻

清康熙四十三年（1704年）后

【碑文】

挽潜斋先生

挽先生者，诗歌传志言之详矣。余固不文，若复以近古陈言辍其后，不几千篇一律，贻笑作者！杜少陵所谓"欲语羞雷同也"。独先生自少至老，力学不倦，祭必尽诚，丧必尽哀。竭力于所生，推产于同气；理折暴客，义还遗金。游燕晋而突奇，上遗书而却荐；增赋之墨议不行，乡饮之嘉招屡谢。非第能言之，而实行之；非第能始之，而实终之。至《大成通志》、《佐同录》、《叶音》诸书，皆足以嘉与后学，百世不刊，岂徒与夫风云月露、侈淹雅而矜浩博者若！仅以著述为功，抑浅之乎视先生矣。

赞曰：

　　德立于身，天性孝友；功流于人，型俗劝后；
　　百七十卷，训词口厚；猗欤先生①，修之不朽。

昭水陈廷纶　陇西闫芝书

挽处士杨潜斋先生

陇西故处士杨潜斋，笃学君子也。余不及见其人，仅得读其遗刻，渊沉洁博，在《法言》、《繁露》之间。既殁后，人犹思之不置，名公卿为诗歌志传以吊惜之者，且盈帙矣。苟非其文行超越，何以得此！今陇西之士诚能溯其芳轨，仰其遗踪，企而及焉，此潜斋之志，而亦守兹土者之幸也。因为诗挽之。

　　遁世唯耽学②，穷年只著书。力能窥二酉③，功不辍三余④。
　　杖履于时忏，心神与道俱。仪型犹未远⑤，宜式子云庐⑥。

虞山赵友夔

【撰者】
陈廷纶、赵友夔。康熙间二人都曾任巩昌知府，其余不详。
【注释】
①猗欤：叹词，表示赞美。《诗·周颂·潜》："猗欤漆沮，潜有多鱼。"
②遁世：避世隐居。《孔丛子·记义》："孔子读《诗》及《小雅》，

喟然而叹曰：'……于《考槃》见遁世之士而不闷也'。"

③二酉：指大酉小酉二山，在今湖南省沅陵县西北。二山皆有洞穴。相传小酉山洞中有书千卷，秦人曾隐学于此。见《太平御览》卷四九引《荆州记》。后即以"二酉"代称丰富的藏书。唐陆龟蒙《寄淮南郑宝书记》诗："五丁驱得神功尽，二酉搜来秘检疏。"

④三余：《三国志·魏志·王肃传》"明帝时大司农弘农、董遇等，亦历注经传，颇传于世"裴松之注引三国魏鱼豢《魏略》："遇言：'（读书）当以三余。'或问三余之意。遇言'冬者岁之余，夜者日之余，阴雨者时之余也'。"后以"三余"泛指空闲时间。晋陶潜《感士不遇赋》："余尝以三余之日，讲习之暇，读其文。"

⑤仪型：同"仪刑"。做楷模，做典范。《元典章·礼部三·祭祀》："已上系自古忠义直烈，仪型后世，赞扬风化者，故历代载于祀典。"

⑥子云庐：子云亭，在四川省绵阳县。（详见前注释）

【释文】

诗刻现存佚不详。据（清）鲁延琰《陇西县志·金石》，清乾隆三年（1738年）刊本记载，此碑刻高一尺，宽二尺，共刻两位作者诗歌，书体均为行书。此刻为挽悼杨庆诗刻之一方，第一首诗前有序，共18行，行10字。字为"陇西闫芝书"。第二首，诗前也有序。序言布列14行，行9字；诗为五律一首，共4行，行10字。全文依照陇西馆藏《杨潜斋挽章集》整理。

刘应瑞挽杨庆诗刻

清康熙四十三年（1704年）后

【碑文】

奉挽杨宪伯先生兼示森洲世兄

余令漳，闻郡人杨先生贤，未之面也。会孙曙耕于漳，先生来漳抚孙课农，余迓先生于署，相与坐卧者旬日，因取先生手编而卒业焉。既余代庖陇西，先生不一过，盖澹台之流亚欤！未几，先生卒，子森洲请言于余，余诗以挽之，哭先生也，且以嘉森洲之不没先生也。

陇西文献久沉沦，辛苦弘农起问津。

独雍百编南面贵，难鸣孤学北方新。

曾为洙泗门前客①，自是羲皇里上人②。

能读父书光旧业，更谁秉笔作功臣③。

景州刘应瑞

陇西闫作梅书

【撰者】

刘应瑞，河北景州人，时任漳县县令，又代理陇西县知县。

【注释】

①洙泗：洙水和泗水。古时二水自今山东省泗水县北合流而下，至曲阜北，又分为二水，洙水在北，泗水在南。春秋时属鲁国地。孔子在洙泗之间聚徒讲学。

②羲皇里：伏羲故里，即天水。

③秉笔：执笔。《国语·晋语九》："臣以秉笔事君。"

【释文】

此诗刻现存佚不详。此刻亦为挽悼甘肃陇西杨庆诗刻之一方，此石刻略近方形，上半留白，下部刻文，书体系楷书。诗前为序言，共9行，行12字。刻诗歌一首，共4行，除末行4字外，每行13字。作者"景州刘应瑞"，作此挽诗时，时为代理陇西县知县。全文据《杨潜斋挽章集》整理而成。

邵观等挽杨庆诗刻

清康熙四十三年（1704年）后

【碑文】

挽潜斋年道翁

尽道关西第一人，天根月窟得其真①。

浮云富贵心如水，得意文章味却醇。

片语不磨羞盗跖②，慈航使渡泣天祥③。

典型犹在贤豪没④，空使生徒泪满巾。

金台邵观

挽潜斋杨先生

故里传凶问，难将硕果留。

可怜后起辈，不及见风流。

著述一生事，山川万古悠。

遥思高隐处，云树尽含愁。

古齒尚彤庭

挽杨宪伯先生

……（缺损）

骊山李越

同里闫芝书

挽潜斋杨先生

举世重科第，先生独不然。

文章除陋习，道德见真铨⑤。

志以孤竹遂⑥，名当大隐传⑦。

人琴今已杳，惆怅草堂前。

后学吴周礼

【撰者】

诗作者分别为邵观、尚彤庭、李越、吴周礼。

【注释】

①天根月窟：根据邵雍《伊川击壤集》和《周易本义》书中所载，邵雍解读《伏羲先天六十四卦方圆图》时创造了"天根和月窟"专用名词。其宗旨是阴阳中看世界，思考宇宙，寻找事物运行法则，人类社会发展的规律。寓意阴阳互补。此处指天地间万事万物的奥妙。

②盗跖：盗贼。（注释同前）

③慈航：佛教语。谓佛、菩萨以慈悲之心渡人，如航船之济众，使脱

离生死苦海。南朝梁萧统《开善寺法会》诗："法轮明暗室，慧海度慈航。"

④贤豪：贤士豪杰。《史记·刺客列传》："荆轲虽游于酒人乎，然其为人沉深好书；其所游诸侯，尽与其贤豪长者相结。"

⑤铨：衡量轻重。此指真理、道理。

⑥孤竹：《庄子·让王》："昔周之兴，有士二人，处于孤竹，曰伯夷、叔齐。"后遂用"孤竹"借指伯夷、叔齐。

⑦大隐：指身居朝市而志在玄远的人。晋王康琚《反招隐诗》："小隐隐陵薮，大隐隐朝市，伯夷窜首阳，老聃伏柱史。"

【释文】

此诗刻现存佚不详。此诗刻亦为杨庆挽诗一方，原镶嵌在甘肃陇西万寿街杨氏宅门壁间，据（清）鲁延琰《陇西县志·金石》，清乾隆三年（1738 年）刊本记载，此石碑体呈方形，长宽各 1.5 尺，右上角残，共刻四位作者的挽诗，均为楷书。《挽潜斋年道翁》为七律诗一首，共六行，除末行 6 字外，其余每行 10 字，作者是康熙间侍御史金台人邵观。《挽潜斋杨先生》为五律诗一首，共四行，行 10 字。作者是康熙间翰林庶常古豳尚彤庭。《挽杨宪伯先生》为五律诗一首，有序，共六行，行 11 字；诗歌四行，行 12 字（末行 4 字）。作者为康熙时巩昌教授骊山李越，字为同里闫芝书写。后一首《挽潜斋杨先生》为五律一首，共三行，行 14 字（末行 12 字），作者吴周礼，为康熙时代候铨训导。碑文据陇西馆藏《杨潜斋挽章集》整理而成。

帅天柱等挽杨庆诗刻

清康熙四十三年（1704 年）后

【碑文】

赠杨……（余缺）

……（诗文残缺）

奉挽潜斋杨先生俚语

昔闻关西杨夫子①，四知三鳝垂青史②。

窃谓先生古之人，悠悠旷代谁能比。

何知南安有真儒，千秋芳踪今垂起。

读书万卷敦实行③，服礼三年维纲纪④。

生来劲骨复稜稜⑤，不共流俗波同靡。

佟教劳劳控诡随⑥，骅骝偃蹇中程执⑦。

衡门却聘甘隐沦⑧，此道今人等敝屣⑨。

惟公气慨干云霄，昂藏特立少跛倚⑩。

手把一编已云耄，淡经直抉关洛旨。

著书百七未是奇，名理琨耀差足美。

我从延陵识平生，泰山岑寂仰止耳⑪。

吁嗟乎我欲为君荐溪毛⑫，安得幽兰与芳芷⑬。

候铨

古鄂帅天柱　训导

【撰者】

前诗作者不详，后诗作者为帅天柱。

【注释】

①杨夫子：杨庆。

②四知：《后汉书·杨震传》："当之郡，道经昌邑，故所举荆州茂才王密为昌邑令，谒见，至夜怀金十斤以遗震。震曰：'故人知君，君不知故人，何也？'密曰：'暮夜无知者。'震曰：'天知，神知，我知，子知。何谓无知！'密愧而出。"又《传赞》："震畏四知。"后多用为廉洁自持、不受非义馈赠的典故。三鳝：东汉杨震明经博览，屡召不应，有鹳雀衔三鳝鱼飞集讲堂前，人谓蛇鳝为卿大夫服之象；数三，为三台之兆。后果位至太尉。事见《后汉书·杨震传》。后每用以为典，指登公卿高位的吉兆。

③敦实：敦厚诚实。《南齐书·虞悰传》："悰性敦实，与人知识，必相存访，亲疏皆有终始。"

④纲纪：法度；纲常。《汉书·礼乐志》："夫立君臣，等上下，使纲纪有序，六亲和睦，此非天之所为，人之所设也。"

⑤稜稜：稜同“棱”。神灵之威，威势。

⑥侭：同“尽”。诡随：谓不顾是非而妄随人意。《诗·大雅·民劳》：“无纵诡随，以谨无良。”

⑦骅骝：周穆王八骏之一，泛指骏马。中程：亦作“中呈”。合乎法度；合乎要求、规格。

⑧衡门：专指隐者所居屋舍之门。唐刘沧《赠隐者》诗：“何时止此幽栖处，独掩衡门长绿苔。”隐沦：隐居。南朝宋谢灵运《入华子冈是麻源第三谷》诗：“既枉隐沦客，亦栖肥遯贤。”

⑨敝屣：破烂的鞋子。《孟子·尽心上》：“舜视弃天下犹弃敝屣也。”

⑩跛倚：站立歪斜不正，倚靠于物。指不端庄的样子。《礼记·礼器》：“有司跛倚以临祭，其为不敬大矣。”

⑪原注：“先生里儒吴子乾玉与余遇于当亭莲幕，得读其所《传》并达其概。”

⑫溪毛：溪边野菜。语出《左传·隐公三年》：“苟有明信，涧溪沼沚之毛……可荐于鬼神，可羞于王公。”杜预注：“溪，亦涧也。毛，草也。”

⑬芳芷：香草名。《楚辞·离骚》：“畦留夷与揭车兮，杂杜蘅与芳芷。”王逸注：“杜蘅、芳芷，皆香草也。”

【释文】

此诗刻现存佚不详。此刻为各地名流挽杨庆诗刻之一方，原石与拓片都不见。诗刻原存于甘肃陇西万寿街杨庆宅门壁间，据（清）鲁延琰《陇西县志·金石》，清乾隆三年（1738 年）刊本记载，此刻高 1.5 尺，宽 2 尺，右边与左下侧残缺，上刻有两位作者的诗作。前半为“赠杨□□□（下缺)”题目也残缺，内容文字已磨泐不清，作者也缺失。后半为帅天柱七言诗一首，共二十四句，原注有二行。此文据陇西馆藏《杨潜斋挽章集》整理而成。

祝兆鼎挽杨庆诗刻

清康熙四十三年（1704 年）后

【碑文】

挽杨宪伯先生

余幼未尝学问，交游亦寡。及长，于荐绅长老座中听其藏否人物，若陇右杨宪伯先生者已彰彰在人耳目间矣。相距□远，无由亲炙。乙酉岁，来知伏羌县事，为襄武邻邑，谒郡之顷，迹旧所闻，造庐请见，讵料其衣服徒存，墓草芊芊也耶！访其里人之贤者，得吴君乾玉，亦海内名士，为余备述先先生平颠末及所为论著。呜呼！老成凋谢，谁为典型？哲人云亡，道于斯尽。挽歌鄙陋，聊志慨慕云尔。

有美人兮杨宪伯[①]，未入城府精典籍。
身如鸿鹄巢高林，种松已作千尺碧。
只本六经开秘密[②]，掩前深却问字迹。
呜呼一歌兮歌正长，贵无功业亦徒忙。
孰谓先生守环堵，辨论兴替关千古。
从来经济在学术[③]，独惭曳裾干簪组[④]。
拳拳岂事乡里儿，折腰归去良足苦。
呜呼二歌兮歌声殷，北山应不为移文。
避喧何必山之麓，混迹乌论樵与牧。
见道愈真去愈坚，早识宠深辱已伏。
燕雀但知处华栋，牺牛甘心衣绣縠[⑤]；
呜呼三歌兮歌声高，千岩万壑生松涛。
蒲车蒲车何辚辚[⑥]，一方长吏推毂频。
保身孰若保天下，怀宝不顾可谓仁[⑦]。
先生释耕子为耘，士各有志甘贱贫。
呜呼四歌兮歌未了，清风远迈高山老。
首阳亡英日缥渺，间世出为人伦表。
山水之乡疏凿易[⑧]，隐沦序舍茆茨小[⑨]。

虽乏消筋佐异味⑩，故山薇蕨实足饱⑪。

呜呼五歌兮何时休，唐虞以上有巢由⑫。

神清貌古心守正，如椿之寿由于静。

何须服气餐朝霞⑬，丹沙空说勾扁令⑭。

典型二代九十余，至棺杳去灵铨口；

呜呼六歌兮歌已裹，不见紫气口自天。

汉最一宰独萧萦，千里心神远相托。

素车白马来何迟⑮，立雪无门空寂寞。

吴君为撰逸人传，不忍大雅终寒落。

呜呼七歌兮辋歌终，松楸日暮起悲风。

襄平祝兆鼎

【撰者】

祝兆鼎，襄平人，康熙间任伏羌县令。

【注释】

①美人：品德美好的人。《诗·邶风·简兮》："云谁之思，西方美人。"郑玄笺："思周室之贤者。"

②六经：六部儒家经典。《庄子·天运》："孔子谓老聃曰：'丘治《诗》、《书》、《礼》、《乐》、《易》、《春秋》六经，自以为久矣，孰知其故矣'。"

③经济：经世济民，指治国的才干。《晋书·殷浩传》："足下沉识淹长，思综通练，起而明之，足以经济。"唐袁郊《甘泽谣·陶岘》："岘之文学，可以经济；自谓疏脱，不谋宦游。"

④曳裾：拖着衣襟。又"曳裾王门"之省称。唐杜甫《又作此奉卫王》诗："推毂几年惟镇静，曳裾终日盛文儒。"比喻在王侯权贵门下作食客。簪组：冠簪和冠带；借指官宦。《旧五代史·唐书·庄宗纪四》："伪宰相郑珏等一十一人，皆本朝簪组，儒苑品流。"

⑤牺牛：古代祭祀用的纯色牛。《庄子·列御寇》："子见夫牺牛乎？衣以文绣，食以刍菽，及其牵而入于大庙，虽欲为孤犊，其可得乎？"衣绣：穿锦绣衣裳，谓显贵。南朝陈徐陵《为陈武帝作相时与岭南酋豪书》："故乡如此，诚为衣绣，故人不见，还同宵锦。"毂：生长；美善

的。这里指朴素之意。

⑥蒲车：用蒲草裹着车轮的车子。古代用于封禅或征聘隐士。《史记·封禅书》："古者封禅为蒲车，恶伤山之土石草木。"

⑦怀宝：喻自藏其才；怀才。汉王褒《四子讲德论》："幸遭圣主平世而久怀宝，是伯牙去钟期，而舜禹遁帝尧也。"

⑧疏凿：开凿。唐皇甫冉《杂言无锡惠山寺流泉歌》："任疏凿兮与汲引，若有意兮山中人。"

⑨茆茨：茆同"茅"，用茅草覆盖屋顶。茨，用茅或苇覆盖房子。

⑩觞：欢饮，进酒。

⑪薇蕨：薇和蕨，嫩叶皆可作蔬，为贫苦者所常食。

⑫唐虞：唐尧与虞舜的并称，亦指尧与舜的时代，古人以之为太平盛世。《论语·泰伯》："唐虞之际，于斯为盛。"巢由：巢父和许由的并称。相传皆为尧时隐士，尧让位于二人，皆不受。因而用以指隐居不仕者。《汉书·薛方传》："尧舜在上，下有巢由。"

⑬服气：吐纳，道家养生延年之术。《晋书·隐逸传·张忠》："恬静寡欲，清虚服气，餐芝饵石，修导养之法。"

⑭丹沙：指丹砂炼成的丹药。南朝梁江淹《莲花赋》："味灵丹沙，气验青腰。"勾扇：山名。在今广西北流县东北。有山峰耸立如林，溶洞勾曲穿漏，故名。为道家所传三十六小洞天的第二十二洞天。见《云笈七签》卷二七。汉置勾漏置，隋废。《晋书·葛洪传》："以年老，欲炼丹以祈遐寿，闻交阯出丹，求为勾扇令。"

⑮素车白马：指一般的白色车马，古代凶、丧之事所用的白车白马。《尸子》卷上："汤之救旱也，乘素车白马，著布衣，婴白茅，以身为牲，祷于桑林之野。"

【释文】

此碣为挽杨庆诗刻之一方，原镶嵌在甘肃陇西万寿街杨庆宅门壁间，内容为古诗七歌一章，诗前有小序。诗文作者祝兆鼎，襄平人，康熙间任伏羌县令。石刻现存佚不详，碑文据《杨潜斋挽章集》整理而成。

王铭挽杨庆诗刻

清康熙四十三年（1704 年）后

【碑文】

挽杨潜斋先生有序

画卦斫桐，判婚制冕，文章礼乐，实始吾陇上荒陬。后以俗强乐战，兼之用武要区，文教微矣。然五言肇汉，仙鬼辉唐，代挺作者，接踵则未能也。于是间有杰士硕彦，群且骇而怪之。夫博奕沈湎，名教之禁也，而恬若素业，相视莫异，闻杨子著述，则起而非之者有矣，即云同一唐苍日月，与其为彼，宁为此也！况名山石室既没之，杨子方将千世百世人诵人思，而环视蜉蝣者，不早与草木同其腐朽哉！

杨子产于陇，独行不死能事，自喜遭逢盛朝，思欲表扬功德，以与《大成》诸书，并寿万年。故逾耄近期，能使齿也再儿，步也重壮，谓吾且未肯死也。乃一旦于春分前，睹西风凛凛，弱藻栖霜，慨然叹曰："吾欲去也！"时皆以素餐蒙咎，不耕见尤，救过不遑，未得一与永诀，而先生竟逝矣！

然则，先生遂能自死也。先生能自死，则前之自言不肯死者，果其权由已操不爽也。而胡为乎其竟去耶！

忆昔之日，黉右坊倾，先生不怡者久之，曰："哀此穷儒！"斯言也，其为他人伤耶？抑为一己伤耶？先生已矣，向之毁之者，今虽无闻矣，而如先生之博极群书者谁耶？著述不辍者谁耶？非礼不言、非礼不动者谁耶！诱进后学、诲人不倦者抑又谁耶？彼碌碌者，上之不能黼黻皇猷、宏宣圣道，下之又不能荷戈边陲、效命封疆，而徒虚掷岁月，坐食农功，真程子所谓偃伏而天地间一蠹，宜其为皂隶舆台之所凌轹，而抗其吭者也。以视先生生死自由，脱然无累，其可几乎？然则，先生其神乎！方将为先生贺也，而犹为先生吊乎？

> 荧惑谁教人少微①，西京一老黯然归。
>
> 圣世身忘倦地僻，春霜夜振衣□□。
>
> 游夏欢迎推作手，闽关肃向说知机②。

倘逢乃祖问清白，孙叔硗田野草肥③。

后学　王铭

【撰者】

王铭，字洗心，陇西县北关人，康熙间拔贡。其人博古通今，才华出众，与吴之埏、陈长复号称"襄武（今陇西县属）三杰"。

【注释】

①荧惑：古指火星。因隐现不定，令人迷惑，故名。《吕氏春秋·制乐》："荧惑在心。"高诱注："荧惑，五星之一，火之精也。"

②知机：同"知几"。谓有预见，看出事物发生变化的隐微征兆。《素问·离合真邪论》："故曰知机道者不可挂以发，不知机者扣之不发。"

③孙叔：即孙叔敖。春秋楚人，名敖，字孙叔，一字艾猎。楚庄王时任令尹，注意发展生产，使楚日渐富强。邲之战，协助庄王指挥楚军，大败晋兵。事见《史记·楚世家》。硗田：地坚硬不肥沃的田地。

【释文】

此诗刻现存佚不详，为挽杨庆诗刻之一方，此碑原镶嵌在甘肃陇西万寿街杨庆宅门壁间，碑已不见，仅有拓片留存。拓片高3尺，宽2尺；前刻序文15行，满行36字，后附七律一章，共2行。

赐宋朝楠诗碑

清康熙四十三年（1704年）后

【碑文】

别馆芳菲上苑东①，

飞花口荡御筵红②。

城临渭水天河静，

阙对南山□□通。

绕殿流莺凡几树③，

当蹊乱蝶许多丛。

□□□□□□□，

□□□□□□□。

赐协理河南道事、广西道监察御史臣宋朝楠

【撰者】

宋朝楠（介绍同前）。

【注释】

①上苑：皇家的园林。南朝梁徐君倩《落日看还》诗："妖姬竞早春，上苑逐名辰。"

②御筵：皇帝命设的酒席。《梁书·萧子显传》："高祖雅爱子显才，又嘉其容止吐纳，每御筵侍坐，偏顾访焉。"

③凡几：共计多少。宋刘克庄《水龙吟·寿赵瘫斋》词："闻自垂车日，都门外，送车凡几。"

【释文】

据《陇西金石采访录》记载，此刻石原在甘肃陇西县城通达巷宋氏祠堂壁间镶嵌，共二方，横宽二尺，纵高一尺，于同治兵乱时被火焚裂。原刻七律诗一首，字为清康熙帝草书，大寸五分。后有康熙御用"敕几清宴之章"一枚刻印，末题"赐协理河南道事广西道监察御史臣宋朝楠"字样。此诗刻现存佚不详，也未见存世拓本。宋朝楠是明代太仆寺正卿宋琮的后裔，这首诗描述了皇帝对宋朝楠特殊的恩宠和礼遇，用细腻轻快的笔触描写宴会，以及周围雅致优美的环境，以此来衬托宴会之盛大与气派，彰显皇恩之浩荡。

东林和尚观如禅师塔铭

清康熙四十四年（1705 年）

【碑文】

生不生灭不灭，西方东域何区别？

能达观乃自如①，六尘五蕴皆消除②。

十六妙观彻三品③，性相如如本无朕④。

壳漏子既，维常乐我净。呜呼支提⑤，用勒贞珉⑥。

康熙四十有四年旃蒙作噩窒窝之月乙卯朔月之七日辛丑之吉，锡山柏庭居士吕高培撰并书。

（碑阴）：

发僧鹿山见高僧无达骨骸塔，集唐句以吊云

> 了心还与我心同，
> 塔下僧归塔影空。
> 清梵庵中人转静[⑦]，
> 夕阳江上望飞鸿[⑧]。

【撰者】

吕高培（介绍同前）。

【注释】

①达观：谓一切听其自然，随遇而安。晋陆云《愁霖赋》："考幽明于人神兮，妙万物以达观。"

②六尘：佛教语。即色、声、香、味、触、法，与"六根"相接，便能染污净心，导致烦恼。《圆觉经》卷上："妄认四大为自身相，六尘缘影为自心相。"宗密疏："六尘是境，识体是心。"五蕴：佛教指人的色、受、想、行、识五种刹那变化，由这五种成分的暂时结合而形成了个我。

③十六妙观：即佛家十六种观法，出自观无量寿经。

④无朕：亦作"无联"，没有迹象或先兆。汉严遵《道德指归论·用兵》："与敌相距，变运无形，奇出无朕，错胜无穷。"朕，本作"朕"。宋欧阳修《三皇设言民不违论》："化被而物不知，功成而迹无朕。"

⑤支提：梵语（巴利语）的音译。也译作"制底"、"制多"等。原义集聚，佛火化后以土石、香柴积聚而成的纪念物。亦为塔、刹的别名。南朝陈徐陵《东阳双林寺傅大士碑》："大士亦还其里舍，货贸妻儿，营缔支提，缮写尊法。"

⑥贞珉：石刻碑铭的美称。蒋士超《五人墓》诗："不欲求仁竟得仁，永垂义烈勒贞珉。"

⑦清梵：谓僧尼诵经的声音。南朝梁王僧孺《初夜文》："大招离垢之宾，广集应真之侣，清梵含吐，一唱三叹。"

⑧飞鸿：飞行着的鸿雁；音信。

【释文】

该碑石现存于甘肃陇西柴家门东林寺，碑镶嵌在寺里小砖塔外壁上，保存完好。此塔铭呈长方形，青石质地。高33.6厘米，宽40.6厘米。碑文为陇西知县无锡人吕高培撰写。据《陇西艺文集》记载，碑阴还刻有七绝一首，由于碑阴嵌入墙体，现无法见到。康熙四十有四年（1705年）立石。

汤其昌诗碑

清康熙年间

【碑文】

恭和卢大中丞题玉泉观杜少陵祠原韵

（一）

文彩风流未杳茫①，秦州杂咏纪篇章。

缠绵忠爱存住句，阅历羁愁剩草堂。

喷玉泉流源未竭，参天崖立径何荒。

中丞怜调新词字②，瑞气遥瞻正郁苍。

（二）

谁谓开元事混茫③，感怀喜得和佳章。

多君能识诗中画，愧我惟登室外堂。

书卷尚留秦塞曲，钓竿已掷陇云荒。

东柯南廓皆遗迹④，欲表芳微鬓未苍。

【撰者】

汤其昌，姚江（今浙江余姚）人，监生，清康熙年间任秦州知州。

【注释】

①杳茫：渺茫；消亡。唐牟融《山中有怀李十二》诗："林前风景晚苍苍，林下怀人路杳茫。"

②中丞：官名。汉代御史大夫下设两丞，一称御史丞，一称御史中丞。因中丞居殿中而得名。此指卢大中丞。

③混茫：亦作"混芒"，混沌蒙昧，指上古人类未开化的状态。《庄子·缮性》："古之人，在混芒之中。"

④东柯南廓：天水市麦积区东柯谷与天水市南郭寺。

【释文】

汤其昌诗碑"恭和卢大中丞题玉泉观杜少陵祠原韵"现存甘肃天水市秦州区玉泉观碑廊，碑体保存完好，为长方体，碑面污渍涂抹严重，但字迹尚能辨认。

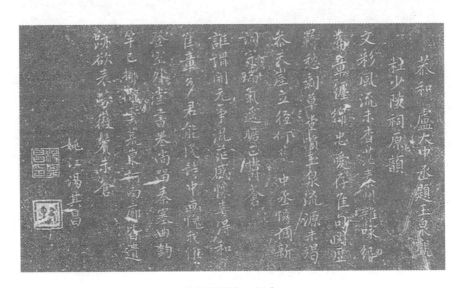

汤其昌诗碑（拓片）

汤其昌诗碑（原碑）

太昊庙祀乐章碑①

清乾隆五年（1740 年）

【碑文】

迎神曲
山冷冷兮水溜溜，风瑟瑟兮云悠悠。
殿阒旷兮鸟声幽②，天阴晦兮树色愁。
喧鼓吹兮陈肴馐，纷跪拜兮杂舞讴。
神之来兮灵气周，驾玉龙兮乘苍虬。

音沓沓兮意寂寂，只在清虚烟上头。

送神曲

日未落兮月将辉，雾横布兮雨初霁。

酿桂酒兮目睎睎，瞻琼筵兮心依依。

钟鼓间兮弦管微，羽盖张兮琳轩归③。

神欲旋兮不可挥，鸣玉佩兮飘仙衣。

欢无颜兮笑无语，松柏萧萧鸟雀飞。

【撰者】

李铉，生卒不详，福建侯官（治所在今福州市）人，举人。乾隆二年任秦州知州（1739 年），在天水颇有政绩，乾隆四年（1739 年）秦州知州李铉重修李杜祠。清高宗乾隆四年六月至九月，秦州知州李铉、秦州州判吴三煜、秦州吏目郑重主持重修伏羲庙。乾隆五年（1740 年）五月李铉撰《重修伏羲庙记》碑建立，碑今存天水伏羲庙碑廊。清光绪王权辑《重纂秦州直隶州新志·名宦》十二卷，清光绪十五年（1889 年）刻本中有传。

【注释】

①太昊庙：天水伏羲庙。

②闃：空廊广阔。

③羽盖：古时以鸟羽为饰的车盖；指仙人车驾。唐韦应物《王母歌》："众仙翼神母，羽盖随云起。"

【释文】

诗碑现存，镶嵌于甘肃天水市伏羲庙西碑廊墙壁。其高 63 厘米，宽100 厘米。保存基本完好。为明嘉靖十三年（1534 年）八月初刊刻，重刊碑文系李铉步张鹏乐章原韵创作。清乾隆五年（1740 年）四月秦州知州李铉主持重刊立石。分巡陇右道纪常书丹，分守陇右道刘从学题额。

天水伏羲庙祭祀乐章为明嘉靖十三年（1534 年），巡按甘肃御史张鹏、秦州知州黄仕隆主持制礼作乐，完善伏羲庙祭祀规程。张乃自撰《迎神曲》《送神曲》各一章，以配合祭祀礼乐。乐章哀婉华丽，文采飞扬，有屈原《九歌》的风韵。胡缵宗依据明代通行的文庙祭祀乐章撰

《太昊庙乐章》七章。乐章规范典雅，在每年农历五月十三日这天，传说为龙的生日，天水市都要举行盛大的伏羲祭祀典礼，公祭举办三天，在此期间将展示伏羲庙祭典的所有程序。①

张鹏（1502—1545 年）字鸣南，号漳源。明山西沁州人。嘉靖五年（1526 年）进士。授河南府推官，迁都察院监察御史，上谏《经略九边封事》，被采纳，出任甘肃、山东按察使，官至大理寺右丞。后以疾乞归，卒于家。著有《北还集》、《遗文谏草》、《东巡录》等。

附一：张鹏《太昊庙祀乐章》

迎　　神

山蠚蠚兮水悠悠，风瑟瑟兮云脩脩。

殿阒旷兮鸟声柔，天元冥兮树色幽。

谐鼓吹兮陈肴馐，纷拜舞兮恭献酬。

神之来兮灵色周，驾玉龙兮乘苍虬。

銮锵锵兮旆蟠蟠，宛在清虚烟上头。

送　　神

日欲暝兮月将晖，雾霭霭兮烟霏霏。

湛桂醑兮天熹微，陈琼筵兮神依稀。

钟鼓间兮琴瑟希，凤吹导兮鸾舆归。

神犹眷兮旌欲挥，鸣苍珮兮垂丹康。

来何从兮去何适，松柏穆穆兮鸟雀飞。

附二：胡缵宗《太昊庙乐章》

迎　　神

天生羲圣，广大变通。立极垂易，列圣攸宗。

天子致祀，仪文式崇。神之鉴之，昭格雍雍。

初　　献

牺牲既洁，俎豆载馨。鼓琴鼓瑟，惟圣惟灵。

---

① 刘雁翔：《伏羲庙志》，甘肃文化出版社 2003 年版，第 155 页。

文敷八卦，道衍六经。报功报德，惟格惟歆。

亚　　献

洁帛既陈，清酤复献。惟祀雍容，维灵缱绻。

八卦初传，斯文式宪。神其来临，歆此亚饭。

终　　献

律吕既翕，仪度复详。在天上帝，在帝羲皇。

河图垂宪，龙马回翔。惟神昭格，眷此帝乡。

彻　　馔

神之来兮，见龙在田。神之去兮，飞龙在天。

牺牲斯报，琴瑟斯宣。神其眷注，鉴此衷虔。

送　　神

龙乘秘殿，云复行宫。卦台斯格，纪邑攸同。

太羹金注，元酒玉溶。瞻依犹切，陟降曷从。

太昊庙祀乐章碑（原碑）

太昊庙祀乐章碑（局部）

侯氏碑长歌碑

清乾隆年间（1735—1796 年）

【碑文】

襄武层障浮空翠①，储精毓秀曷胜配②。

南安名媛娴如云③，侯氏函贞莫与比。

寒门岂无怀德人，彤管杨休称盛事④。

不但世德传三迁⑤，卓哉太君早拔萃⑥。

温惠端庄非人授，苍苍之表隐赋异。

共传妇德与妇容，焉得孝节第一义⑦。

讵奈生辰替差时⑧，残黄鹄伤化离日⑨。

事奉舅翁守妇箴，藜藿奉养主中馈⑩。

痛翁构疾人膏盲⑪，亲尝汤药两三次。

数载辛勤见丹忱⑫，百计俱穷竟不治。

堂上白发与我殡，膝下黄口时垂泪⑬。

饥溺私爱瘁衔恤⑭，孝子曾作招贤被。

可怜中道泣孤儿，含饴弄孙茹乌腻⑮。

漆室冰心应嘉和，阶前兰英喜有二。

惟天眷德嗣繁多，绳绳蛰蛰称人瑞⑯。

一门五代世罕稀，元仍又穿班衣戏。

枯筠老去长孙枝，纯嘏并臻歌天赐⑰。

乡曲口舌何没较，伫看旌坊下垂曾。

身膺旷典显后雕⑱，□□□□□□□。

长笛口子青史标，俎豆千秋自遥遥。

【撰者】

邱扶凤，时任华阴县司训。

【注释】

①襄武：古代为陇西郡下的一个县，陇西郡先治狄道（今临洮），后迁治于襄武（今陇西）。

②毓：同"育"。

③名媛：有名的美女，亦指名门闺秀。

④彤管：杆身漆朱的笔。古代女史记事用。《诗·邶风·静女》："静女其娈，贻我彤管。"亦指女子文墨之事。清陈康祺《郎潜纪闻》卷九："三闺秀时代相近，并有功是书。彤管清徽，一时鼎峙，韵矣哉！"

⑤世德：累世的功德，先世的德行，祖上及本人均有美德的人。

⑥太君：封建时代官员母亲的封号。唐制四品官之妻为郡君，五品为县君。其母邑号，皆加太君。宋代群臣之母封号有国太夫人、郡太夫人、郡太君、县太君等称。

⑦孝节：孝行节操。《魏书·王肃传》："誓雪怨耻，方展申复，穷谕再期，蔬缊不改，诚季世之高风，末代之孝节也。"

⑧讵：岂，怎；讵料。讵知。

⑨仳：夫妻分离，特指妇女被遗弃而离去。

⑩藜藿：藜和藿，指粗劣的饭菜。中馈：指妻室。宋张齐贤《洛阳缙绅旧闻记·张相夫人始否终泰》："及为中馈也，善治家，尤严整。"

⑪膏盲：中医指心尖脂肪，是药力达不到的部位。借指重病。

⑫丹忱：赤诚的心。

⑬黄口：指儿童，"古之伐国，不杀黄口"。

⑭衔恤：含哀；心怀忧伤。清方苞《七思·三姊》诗："嗟余兄弟常危疾，姊在视兮时衔恤。"

⑮乌腻：油污。因白饧糖能去油污，故以"乌腻"称白饧糖。

⑯绳绳蛰蛰：众多貌；绵绵不绝貌。

⑰纯嘏：大福。并臻：一齐到来。

⑱旷典：前所未有的典制。后雕：亦作"后凋"。《论语·子罕》："岁寒然后知松柏之后凋也。"何晏集解："喻凡人处治世，亦能自修整，与君子同在浊世，然后知君子之正不苟容也。"后因以"后凋"比喻守正不苟而有晚节。《汉书·王商等传赞》："傅喜守节不倾，亦蒙后凋之赏。"

【释文】

此碑原在甘肃省甘南藏族自治州临潭县，今已不存。《洮州厅志》卷十三《列传下·列女》载："侯氏，孟魁璧妻。魁璧卒，侯孝事翁姑，善抚孤，守节终身。乾隆间奉旨旌表。华阴司训邱扶凤撰长歌诵之（歌在墓碑）。"

附："从"立碑"看传统女性的贞操观"

中国古代很重视对女子贞操、孝节观的要求。《史记·始皇本纪》三十七年事记载，早在秦始皇三十七年巡游之际，即在会稽刻石云："男秉义程。妻为逃嫁，子不得母，咸化廉清。大治濯俗，天下承风。蒙被休经，皆遵度轨。和安敦勉，莫不顺令。"从汉代到唐代，对贞操节孝的要求不甚严格，从文学作品《孔雀东南飞》及唐代女子改嫁事例的频发可知。宋代随着程朱理学"存天理，灭人欲"思想的异乡向，社会上对女子守节，寡妇改嫁等事极为关注，甚至上升到了"饿死事小，失节事大"

的层面，这一思想对清时期女子贞操孝节观产生了深远的影响。此碑是时任华阴县司训（明清时县学教谕的别称）邱扶凤所立，也正是他职责所在，是为时代的产物。像如类旌表节孝的碑刻陇右地区也有很多，如天水市清水县就有三通，分别是乾隆五十八年（1793 年）奉立的"大清旨旌表节孝处士雍庠妻赵氏恩荣碑"、宣统年间的"大清旌表节孝监生左弼妻鲁氏碑"、"皇清旌表节孝庠生刘洵之妻程氏碑"。这些旌表节孝碑都是为表彰纪念那些孝顺公婆，相夫教子，德行高尚的妇女所立。

天水清水县"大清旨旌
表节孝处士雍庠妻赵氏恩荣碑"

重刊张三丰避诏碑

清乾隆三年（1738 年）

【碑文】

太宗文皇帝御制香书，钦差礼部左侍郎胡请，皇帝敬奉书真仙张三丰足下：朕久仰真仙，渴思亲承仪范，尝遣使致香奉书，遍诣名山虔请。真仙道德崇高，超乎万有，体和自然，神妙莫测。朕才智疏庸，德行菲薄，而至诚愿见之心，夙夜不忘。敬再遣使，谨致香奉书虔请，拱俟云车驾惠然降临，以副朕拳拳仰慕之怀敬奉书，永乐十年三月初□。

奉天承运皇帝制曰，朕为仙风道骨，得天地之真元秘与灵文，集阴阳之正气，愿顾长生久视之得，成超凡入圣之功，旷世一逢，其踪罕见尔。真仙张三丰芳姿颖异，雅志孤高，存想持修圣定，得仙篆之宝诀，锘金鼎之灵膏，是以名隶丹台，神游玄圃，云来攸然，岂但烟霞之栖，隐显渺茫，实同造物之妙。兹特赠尔为通微显化真人，锡之诰命以示褒崇。于戏，脱形不老，未惟物外之道遥，抱道范伦益，动寰宇之景慕，尚期指要，贰惠来英。天顺三年四月十三日立，御宝鉴。

张真人回书：

一叶扁舟出离尘①，二来江上独称尊②，
三向蓬莱寻伴侣，四海滩头立姓名，
五湖浪里超生死，六渡江边钓锦鳞③，
七弦琴断无人续④，八仙闻我也来迎，
九霄自有安身处⑤，十载皇萱不负恩，
烧丹炼药归山去，那得闲心捧圣文。

万历四十三年六月吉日主持道人霍真祥，徒张常明立。重刊立石，刻石匠李功能孙。大清乾隆岁次戊午四月初一日。主持全真道人谈本玉。

重刊张三丰避诏碑（拓片）

重刊张三丰避诏碑局部（拓片）

【注释】

①离尘：离尘脱俗，犹出家。

②称尊：自居第一，自以为最好。元乔吉《沉醉东风·倩人扶观璚华》曲："仙裙翡翠薄，宫额鹅黄嫩，牡丹也不敢称尊。"

③锦鳞：鱼的美称。南朝宋鲍照《芙蓉赋》："戏锦鳞而夕映，曜绣羽以晨过。"

④七弦：古琴的七根弦，亦借指七弦琴。汉应劭《风俗通·声音·琴》："今琴长四尺五寸，法四时五行也；七弦者，法七星也。"

⑤九霄：道家谓仙人居处。张铣注："九霄，九天仙人所居处也。"唐李白《明堂赋》："比乎崑山之天柱，矗九霄而垂云。"王琦注："按道书，九霄之名，谓赤霄、碧霄、青霄、绛霄、黅霄、紫霄、练霄、玄霄、缙霄也。一说以神霄、青霄、碧霄、丹霄、景霄、玉霄、琅霄、紫霄、火霄为九霄。"

【释文】

此碑今存于甘肃平凉崆峒山雷声峰厢房窗下。为褐沙质石一方，高92厘米，宽66厘米，乾隆三年（1738年）勒石，碑文内容分三部分，存461字，品相完好。

此碑刊载了明朝两位皇帝的诏书，第一位是明成祖文皇帝（太宗）朱棣于永乐十年（1412年）下的诏书，第二位是明英宗朱祁镇于天顺三年（1459年）下的诏书，两诏书内容都是请张三丰赴京，而张真人回书是张三丰回前面诏书，讲了回避诏书的原因。其实不止两位皇帝下诏书请张三丰，朱元璋，朱棣父子都请过张三丰，就天顺皇帝朱祁镇一人曾下过五回"敕封三丰祖师诰命"书，这些皇帝的目的有二，一是通过张三丰使自己成仙得道，长命百岁。二是通过张三丰神化君权，维护其统治，使江山社稷永葆万年。

咏金天观诗

清乾隆十五年（1750 年）

【碑文】

> 左控华林右龙尾，仙袖翩翩拂云起。
> 银潢远泄星宿源①，奔流直到沧海上。
> 金城西畔少潆洄②，滩头争注阿干水③。
> 具阙琼楼缥缈间④，关门望之气常紫。
> 招邀刘阮恣探奇，凌虚先度仙梁始。
> 云生小洞润芝苗，风过空庭落松子。
> 半日烦嚣暂涤除⑤，试款元关揖道士。
> 王乔为我述参同⑥，危微即是希夷旨。
> 养生为主访蒙庄⑦，大道无名宗柱史。
> 从来造化鲜停机，古往今来一瞬尔。
> 君不见九阳山上凭高望，黄河白日流行驶。
> 丙辰至金天观题大痴王梦师斋壁之作
> 　　　　　秀水沈青崖
> 乾隆十五年□山人庚午应钟铁笔□上石

【撰者】

沈青崖，字艮思，号愚舟，浙江秀水（在浙江嘉兴县北）人。清乾隆初名士、学者，曾纂修《陕西通志》、《狄道州志》等，清雍正十一年（1733 年）以西安粮监道管军需库务驻肃州，乾隆元年（1736）改授延绥道。他博学多识，以史地学者名世。他在驻肃州时同黄文炜一起主持修纂了《重修肃州新志》。他所写的《噶巴石歌》是迄今为止唯一一首关于红水河玉质奇石的诗歌，为当地美石增色不少。

【注释】

①银潢：天河，银河。宋苏轼《和文与可洋川园池·天汉台》："漾水东流旧见经，银潢左界上通灵。"

②金城：兰州的别称，始建于公元前86年。据记载，因初次在这里筑城时挖出金子，故取名金城，还有一种说法是依据"金城汤池"的典故，喻其坚固。两汉、魏晋时在此设置金城县。潆洄：水流回旋的样子。

③阿干：指阿干河。

④缥缈：隐隐约约，若有若无的样子。形容空虚渺茫。一般指心中想要而现实中不可得到的东西，并非指虚无，不存在于现实的东西，也可形容富有美感。

⑤烦嚣：喧扰；嘈杂。唐宋之问《灵隐寺》诗："夙龄尚遐异，搜对涤烦嚣。"

⑥参同：共同参加。

⑦蒙庄：指庄周，即庄子。

【释文】

此碑现存于甘肃兰州金天观内中大殿西厢房北墙。诗碑书体为行草，共15行，每行10、13字不等，碑宽0.78米，高0.56米。诗无题名，碑末书有小字，该诗作于清乾隆元年（1736年），诗碑刻立于乾隆十五年（1750年）。右上角钤"□李"白文起首印。左下角有跋语两行"丙辰至金天观题大痴王梦师斋壁之作。"落款"秀水沈青崖"，钤"臣青崖印"、"□□"印两枚，另一枚不可识。左侧题"乾隆十五年□山人庚午应钟铁笔□上石"16字。此诗先写金天观位于华林山，龙尾山之间，有如仙人舞袖，阿干河东绕，黄河北望，观内琼楼迭起，道士静修老庄之道，全诗摇曳舒缓，勾画出一副生机依然、井然有序的道教圣地。

兰州金天观建于明肃庄王建文二年（1400年），此地古寺庙甚多，有唐代建云峰寺，宋代建九阳观。金天观现处在兰州繁华的地段，在明代这里相对僻静，在五行方位中西方属金，故名金天观。据观内碑刻记载"皋兰袖川外之金天观为通省各寺观冠冕"，可见金天观在明代是甘肃最大的道观。过去金天观有四大建筑群：东有元坛祠、洗心道院、中有雷坛、西有英武祠、九阳山上有玉皇阁、老子殿；此外还有花园，园内叠石为山，称山字园。

咏金天观诗（原碑）

贡院诗碑

清乾隆二十三年（1758 年）

【碑文】

　　巩昌试院岁久将圮，西岩太守率属捐俸于乾隆戊寅重修，即事赋十二韵。

　　官舍重新日，文星朗耀时。

　　规模仍往夕，轮奂美今兹[①]。

　　十邑归陶冶，三年长蕙芝。

　　群才看济济[②]，长夏度迟迟。

　　渭水澄波远，龙山树雨滋。

　　凉轩朝树荫，曲院晚风吹。

甲乙衡须定③，丹黄手自披④。

元音追正始⑤，伪体辨离奇⑥。

所愧空迷目，翻疑类相皮。

贤能书长吏，董戒藉明师⑦。

堂构经为训，垣墉古是资⑧。

相将责名实，大雅共扶持⑨。

【撰者】

张映辰，字星指，号藻川，钱塘人。雍正十一年（1733 年）进士。历任兵部左侍郎、左副都御史等职。著有《露香书屋集》。撰写该诗时作者正任陕西提学使。

【注释】

①轮奂：形容屋宇高大众多。语出《礼记·檀弓下》："晋献文子成室，晋大夫发焉。张老曰：'美哉轮焉！美哉奂焉！'。"郑玄注："轮，轮囷，言高大；奂，言众多。"

②济济：众多貌。《诗·大雅·旱麓》："瞻彼旱麓，榛楛济济。"毛传："济济，众多也。"

③甲乙：甲科、乙科的并称。唐萧颖士《江有归舟》诗序："今兹春连茹甲乙，淑问休阐，为时之冠。"

④丹黄：旧时用来点校书籍的笔，遇误字，涂以雌黄，故称点校文字的丹砂和雌黄为丹黄。

⑤元音：纯正而完美的声音。借指诗歌。清吴伟业《送杜大于皇兼简曹司农》诗："一气元音接混茫，想落千峰入飞鸟。"

⑥伪体：指违背《风》、《雅》规范的诗歌或风格不纯正的文章；或指专事摹拟而无真实内容和独特风格的作品。唐杜甫《戏为六绝句》："别裁伪体亲《风》、《雅》，转益多师是汝师。"

⑦董：监督管理。

⑧垣墉：墙。《书·梓材》："若作室家，既勤垣墉，惟其涂塈茨。"

⑨大雅：泛指学识渊博的人。

【释文】

《贡院诗碑》现存于陇西县城南大街贡院，为卧碑。原碑本镶嵌于壁间，乾隆二十三年（1758年）巩昌知府时西岩（钧辙）率属捐资修葺贡院，落成时恰逢陕西提学使张映辰莅临，张即事赋诗，刊刻成碑。光绪后诗碑失落不存。

陇西贡院，最早设立于明宪宗成化六年（1470年）前后，在陇西县城南大街，供陕甘学政来巩昌时举行岁考和科考，书院共经历四代分别为：崇文书院、崇羲书院、南安书院、襄武书院。

崇文书院，据《洮岷边备道题名碑记》载："明宪宗成化四年（1468年），设置洮岷整饬边备道（道治巩昌）时，将崇文书院改设道署。"由此推崇文建于这一时期。书院故址今在陇西道署巷。康熙二十八年（1689年），陇西知县杨本植重建崇文书院（明成化六年所建的贡院旧址），规模较旧书院更为宽阔。

崇羲书院，明世宗嘉靖十四年（1535年），陕西巡按御史王书坤巡按陇右，在陇西县城东园（即东关）建新书院。于嘉靖十五年（1536年）六月竣工。亲书"崇羲书院"四个大字，该书院历经一百多年，于清康熙十三年（1674年）毁于王辅臣叛乱。叛乱平息后，改建为伏羲庙。

南安书院，创建时间不能确定。道光四年，提督兼理陕甘学政张岳松来巩昌了解到崇羲、崇文书院毁废，南安书院年久失修，提议兴建新学宫新书院。于是道光五年（1825年）南安书院动工重建，次年落成。同治三年（1864年）毁于兵乱，书院才经历不到40年。同治十年（1871年），知府支昭展筹划再修南安书院，将府城东门处原姓宅（今陇西师范一部分）作为院址新建，但由于资金筹措等困难，直到光绪十九年（1893年）才建成。

襄武书院，同治十一年（1871年），知县吴本烈创立襄武书院，地址在陇西县城报国寺（今城关一小）。

苍龙岭陶万达题记

清乾隆二十四年（1759年）

【刻文】

> 横川有灵山，古石点苔斑。
> 五载仅一访，留句播人间。

乾隆乙卯冬月邑令陶万达

【撰者】

陶万达，江西南城人，乾隆间进士。工诗善文、通书法，在成县任职期间（1756—1764年）兴修学堂、减免赋税，做了很多利民的好事。后人在成县为其立有祠堂。

【释文】

《苍龙岭陶万达题记》刻于陇南市成县红川镇甸山观音崖下，冻冰楼前的一块巨石上。4行，字径4至6厘米，行书。

另附：成县县令陶万达《甸山八景诗》

苍龙叠翠
青青万树锁云封，怪石重叠堆翠峰。
疑是幽美来紫气；谁知此地结苍龙。

万松涛声
仰望青松乱扦扦，参参万仞晃齐天。
和风一般枝摇动，盈耳声涛似涌泉。

松伞干霄
东岭秀孤松，亭亭是车盖。
挺拔乍干霄，临藏暮云霭。

天池映月
孤松高几许，绝顶有天池。
夜半金光射，蛟龙不敢居。

果老仙洞
何年有老人，避谷来崆峒。
应问欲得晤，谁能结伯仲。

石碣临空
横川有灵山，古石点苔班。
五载仅一访，留句播人间。

天赐神印
御赐神宫号玉阳，特召天师赐图章。
至今魑魅无逢者，轩此瑞符镇大荒。

锦屏对峙
万仞峭壁挂石文，虫鱼鸟迹字难分。
若排御座示飞白，照日何如气氤氲。

苍龙岭陶万达题记（石碣临空诗）（拓片）

苍龙岭陶万达题记（原碑）

周祖庙诗刻

清乾隆二十六年（1761 年）

【碑文】

　　有基开帝业，无国窜戎原①。
　　文士崇羲勺②，村农莫酒尊③。
　　山围云气暖，溪抱雨声喧。
　　不见荒岗上，牛羊践墓门。
　　　　庆阳知府武林赵本植题

【撰者】

　　赵本植，浙江上虞（今浙江省绍兴市东部）人，乾隆二十三年补任庆阳知府。处事精详，一丝不苟、从不言累。曾修葺镇朔楼，续修《庆阳府志》。乾隆十八年（1753 年）在府城（今银川城区）光化门内街东创设银川书院（约在承天寺稍东偏南处），清乾隆二十六年（1761年）创建凤城书院，建于府署左隙地，构堂三间、学舍东西各十间，寝室五间，另有耳房、大门等。

【注释】

①戎原：中国古代称西部民族集聚地。指北豳，即今之庆阳。

②羲：中国神话中人类的始祖伏羲，和"女娲"、"神农"并称太古的三皇，简称"羲"。

③酒尊：亦作"酒罇"，古代盛酒器。

【释文】

《周祖庙诗碑》原在甘肃庆阳县城南街周祖庙正殿壁。正方形石，高宽各一尺五寸，字径八分，正书。为乾隆二十六年庆阳知府武林赵本植题。此碑现存佚不详。

大雅今何在诗并跋诗碑

清乾隆三十三年（1768年）

【碑文】

大雅今何在①，青山旧草堂。

数椽间架小，三径薜萝荒②。

夹岸千寻逼，奔流一水狂。

仙人开晓洞，鸣凤矗高冈③。

潭静龟鱼现，岩深虎豹藏。

卜邻如夙约④，结伴近禅房。

萍梗依关塞⑤，葵心向庙廊⑥。

才名怜太白⑦，开济忆南阳⑧。

岂独文章焰，还推忠爱长。

当时歌橡粟，此日荐羔羊。

板屋经风雨，茅檐压雪霜。

年年勤补葺⑨，来往莫椒浆⑩。

工部草堂在成邑东南飞龙峡口，凤凰台西。堂开东向，夹岸石辟壁千寻。对面有醉仙形悬壁间，衣冠须眉略可指似。二水合流出峡，水行石间，岌崒动荡①，势若飞龙。下为深潭，无可钓长鱼。昔公由秦入蜀，爱其地，结茅以居，与赞公往来。后人因以祀公，春秋例用特羊云。东武刘坿识，刘墫书。

【撰者】

刘坿，字敬庵，生卒年无考。

刘墉（1719—1804 年），刘坿的堂兄，雍正十三年（1732 年）举人。清刘光斗《诸城县续志》载："坿，字静庵，举人，为成县知县，有清名。岁饥，大府属发仓庾贷民，民不能偿，坿代偿之。以劳致疾，卒于馆舍，贫不能归榇，布政使赏助以归。"

【注释】

①大雅：称德高而有大才的人。《文选·班固〈西都赋〉》："大雅宏达，于兹为群。"李善注："大雅，谓有大雅之才者。《诗》有《大雅》，故以立称焉。"

②薜萝：薜荔和女萝。两者为野生植物，常攀缘于山野林木或屋壁之上。《楚辞·九歌·山鬼》："若有人兮山之阿，被薜荔兮带女萝。"王逸注："女萝，兔丝也。言山鬼仿佛若人，见于山之阿，被薜荔之衣，以兔丝为带也。"后借以指隐者或高士的衣服。《南齐书·高逸传·宗测》："量腹而进松术，度形而衣薜萝。"

③千寻：古以八尺为一寻。"千寻"形容极高或极长。晋左思《吴都赋》："擢本千寻，垂荫万亩。"翥：鸟向上飞。高冈：高的山脊。

④卜邻：选择邻居。《左传·昭公三年》："且谚曰：'非宅是卜，唯邻是卜。'二三子先卜邻矣。"杜预注："卜良邻。"夙：早，素有的，旧有的。

⑤萍梗：浮萍断梗。因漂泊流徙，故以喻人行止无定。唐许浑《晨自竹径至龙兴寺崇隐上人院》："客路随萍梗，乡园失薜萝。"

⑥葵心：葵花向日而倾，比喻向往思慕之心。唐元稹《有酒》诗之四："葵心倾兮何向，松影直而孰明。"庙廊：朝廷。指以君王为首的中央政府。明贾仲名《连环记》第一折："则为这汉家宇宙，好着俺两条眉锁庙廊愁。"

⑦才名：兼有才华与名望。《三国志》卷十："是时，文帝为五官将，而临菑侯植才名方盛，各有党与，有夺宗之议。"

⑧开济：开创并匡济。唐罗隐《上鄂州韦尚书》诗："都缘未负江山兴，开济生灵校一秋。"

⑨补茸：修补；修缮。唐薛用弱《集异记补编·高元裕》："自公题记后，廨署补茸亦屡矣，而毫翰焕然独存。"

⑩椒浆：以椒浸制的酒浆。古代多用以祭神。《楚辞·九歌·东皇太一》："蕙肴蒸兮兰藉，奠桂酒兮椒浆。"《汉书·礼乐志》："勺椒浆，灵已醉。"

⑪岌嶪：高峻貌。《文选·张衡〈西京赋〉》："疏龙首以抗殿，状巍峨以岌嶪。"张铣注："岌嶪，高壮貌。"唐杜甫《九成宫》诗："曾宫凭风迥，岌嶪土囊口。"

【释文】

《大雅今何在诗并跋诗碑》镶嵌在成县杜甫草堂后院北侧墙上，高136厘米，宽86厘米。行书阴刻14行，字径4厘米，左下有残缺。书法极具价值。此碑为一首五言诗，并有百余字的跋识，刘墫曾于乾隆三十三年（1768年）出任陕甘学政，诗碑镌刻年代当是此时。

清《诸城县续志》载刘坿任成县知县时清名有政声，以至于病殒任上，到了清贫不能归榇的程度，但其何时任成县知县，史料语焉不详。相比之下，刘墫因刘墉写给他的大量家书和《刘文清公遗集》中的数首诗，以及史料中刘墉称其为"五哥"或"五兄"等①而声名远播。现存诸城民国十三年刻《刘氏族谱》第二册、《晚晴簃诗汇》卷八九均有刘墉生平简介："刘墉，字象山，号松崦，一号慎斋。乾隆三年（1738年）副贡生，十八年（1753年）举人，二十五年（1760年）进士。翰林院庶吉士，改授吏部稽勋司主事兼文选司主事。五十四年（1789年）任广东副考官升授吏部文选司员外郎，礼部精膳司郎中，陕甘学政、江宁布政使，鸿胪寺正卿。诰授通奉大夫，享年八十五岁。"② 据此可断，他出任陕甘

---

① 张其凤：《刘墉丛考》，《山东社会科学》2003年第2期，第83—85页。

② 包云志：《刘墉、周永年、吴大澂、叶昌炽未刊信札四通考释》，《古籍整理研究学刊》2006年第3期，第66—69页。

学政，游历刘坶辖地，寻访成县杜公祠，从而二人很有可能于乾隆年间合刊此碑。

大雅今何在诗并跋诗碑拓片（局部）

孙和尚塔铭

清乾隆三十九年（1774 年）

【碑文】

大士道乾，河州籍也，生而英慧，迥不犹人。自孩提时，师之祖如林班助上人襁负到陇，锡居慈霖，已有□年。是时，师仅五六岁，言笑动作，颇有宿缘。及长，戒行弥严，力持佛教，绍祖先衣钵，家学渊源焉。嗣门镇静，庙貌焕然，一时之交游者，类皆文人学士辈。其徒坚舛，师之侄也，天陆温良，素守清规，真乃克绳祖武，箕裘绍述者矣。去岁孟春，余过访竹林，不几年师已五旬逾八，杯茶雅谈间，尝语余曰："我今年某日□家"。余初亦不解。至腊月朔三，师遍辞大众，沐浴披袈裟，跏趺而逝。噫！前之日，师说偈欲化矣！卜葬寺旁里许，树林密茂，天然莲丛。葬时，宾朋交集，挽章盈几，斯亦离别中聚会矣！

师之德感人如此，乡里哀慕，建塔以成不朽，请余为志。余与师生平忝在莫逆，其素行有以知之稔矣。爰志其事而为之铭曰：

> 陇山永峙，渭水常流；宝塔掩映，历传千秋。
> 春风夜雨，瑞霭霞浮[①]；神归化域，筏济村俦。
> 里人感德，建此一酹[②]，何处招魂，月下峰头。

又挽词云：

> 夕阳塔下，挽之欲留。青天日里，黄昏时候。
> 花残野岸，水咽荒沟。泪眼望断，思肠不疗。
> 满腔心事，寄与闲鸥。飞鸣上下，如助予愁。
> 乾隆三十九年岁次甲午暑月上浣谷旦

【撰者】

赵暕，其人不详。

【注释】

①瑞霭：吉祥之云气。亦以美称烟雾。唐杨巨源《春日奉献圣寿无疆词》之四："瑞霭方呈赏，暄风本配仁。"俦：同辈，伴侣。

②酹：把酒洒在地上表示祭奠或起誓。

【释文】

《孙和尚塔铭》存佚不详。在甘肃陇西城南郊巩哥河畔有杨姓聚居的村落，古来称湾儿坪，村西里许有天子庙，为一方信士礼敬之地。乾隆间有戒行谨严的和尚道乾圆寂于该寺，信徒埋葬骸骨造塔，文士赵暶撰文颂赞。孙和尚塔铭原本镶嵌在塔身，塔后来倾圮，故塔铭存佚不详。此文据《陇西艺文集》整理。

汪皋鹤诗画碑

清乾隆四十四年（1779 年）

【碑文】

名山产异物，伯禹传图经①。

青牛白鹿俱奇质，碧鸾丹凤非常翎②。

崆峒北极粤戴斗③，轩皇问道蕲长生④。

上有岩洞双鹤出，健翮黝漆车轮横⑤。

帝尧甲申系始见，迄今四千九十犹余龄。

我尝读书久浮慕⑥，管领名山真异数。

政闲五度踏云衢⑦，极目胎仙但延素。

己亥月仲春，抽暇邀良俦⑧。

携筇著两蜡，出谷除鸣驺⑨。

宿宿信信上方顶⑩，灵踪欲去还迟留。

时维五日停午，天清云静风和柔。

经邱寻壑正谭笑⑪，瞥见神物双双游。

缡褷者翅元墨氅⑫，嵯峨者顶丹砂球⑬。

飞仙阁回倚天汉⑭，盘空三匝声飂飕⑮。

忽然奋翼远飞去，浮云灭没神何悠。

无心物色意外遇，宾僚拊掌相腾咻[16]。

仙乎可望不可即，人间弋慕夫何求。

乾坤名迹难悉数，此处仙区尤邃古[17]。

凭虚常啸御风行[18]，恍若凡骨翩跹尘外舞[19]。

鹤为阳鸟，因金依火，故身白而顶朱，惟两翼与胫则黑，今此双鹤周体纯黝，膺翮翯素冠，顶正丹而双足与喙咸绛色，与常雀殊兼之，大于车轮，素修胫，飞时则两翅平掠无扇瓴鼓翼之概，尤为迥异，变既□止，自庆仙缘之遂，即撰记勒石，并赋长歌，且图形而为之序。乾隆四十有四年二月上浣。

【撰者】

汪皋鹤，字缄斋，河南洛阳人，曾任平凉知府。乾隆四十四年（1779 年）主持重修平凉柳湖书院，又募金重修皇城太和宫。

【注释】

①伯禹：夏禹。《尚书·舜典》："伯禹作司空。"孔颖达疏引贾逵曰："伯，爵也。禹代鲧为崇伯，入为天子司空，以其伯爵，故称伯禹。"

②丹凤：头和翅膀上的羽毛为红色的凤鸟。《禽经》"鸾"晋张华注："首翼赤曰丹凤。"翎：鸟翅和尾上的长而硬的羽毛。

③粤：古同"聿""越""曰"，文言助词，用于句首或句中。戴斗：北方。唐李德裕《与纥扢斯可汗书》："可汗生戴斗之乡，居寒露之野。"方长《关于〈戴斗诸蕃记〉》："又因北斗位于北方，因此'戴斗'又专指北方而言。"

④轩皇：即黄帝轩辕氏。传说中的古代帝王。传说姓公孙，居于轩辕之丘，故名曰轩辕。曾战胜炎帝于阪泉，战胜蚩尤于涿鹿，诸侯尊为天子。后人以之为中华民族的始祖。《楚辞章句》卷五："轩辕不可攀援兮，吾将从王乔而娱戏！"《史记·五帝本纪》："黄帝者，少典之子，姓公孙，名曰轩辕。"

⑤黝漆：黑色。

⑥浮慕：表面上仰慕。《史记·酷吏列传》："（张汤）及列九卿，收接天下名士大夫，己心内虽不合，然阳浮慕之。"

⑦云衢：云中的道路。《乐府诗集·相和歌辞·艳歌》："今日乐上

乐，相从步云衢。天公出美酒，河伯出鲤鱼。"

⑧抽暇：抽空。良俦：好友。晋赵至《与嵇茂齐书》："良俦交其左，声名驰其右。"

⑨鸣驺：古代随从显贵出行并传呼喝道的骑卒。南朝齐孔稚珪《北山移文》："及其鸣驺入谷，鹤书起陇，形驰魄散，志变神动。"

⑩宿宿：谓连住两夜。信信：连宿四夜。《诗·周颂·有客》："有客宿宿，有客信信。"毛传："一宿曰宿，再宿曰信。"孔颖达疏："《释训》云：有客宿宿，再宿也；有客信信，四宿也。"

⑪谭：同谈。说笑。宋洪迈《容斋随笔·唐诗戏语》："士人于棋酒间，好称引戏语，以助谭笑。"

⑫䍦褷：羽毛初生时濡湿黏合貌。䍦，通"离"。清曹寅《鸦鸣歌》："雨鸣饥鸣鸦有时，累汝䍦褷乳哺儿。"氅：古代指一种像鹤的水鸟的羽毛。

⑬嵯峨：屹立。唐姚合《送潘传秀才归宣州》诗："李白坟三尺，嵯峨万古名。"宋范成大《春日览镜有感》诗："习气不解老，壮心故嵯峨。"

⑭天汉：天河。《诗·小雅·大东》："维天有汉，监亦有光。"毛传："汉，天河也。"三国魏曹丕《杂体诗》："天汉迴西流，三五正纵横。"

⑮飂飕：风疾吹貌。唐李群玉《移松竹》诗："龙髯凤尾乱飂飕，带雾停风一亩秋。"

⑯宾僚：宾客幕僚。南朝宋刘义庆《世说新语·言语》："桓征西治江陵城甚丽，会宾僚出江津望之。"腾咻：欢腾雀语。

⑰邃古：远古。《后汉书·班固传下》："伊考自邃古，乃降戾爰兹，作者七十有四人。"

⑱凭虚：凌空。南朝梁袁昂《古今书评》："张伯英书如汉武帝爱道，凭虚欲仙。"

⑲恍若：好像，仿佛。唐韩愈《答李秀才书》："元宾之面容，恍若相接。"宋叶适《医工叹重赠柳山人》诗："一身尽异形质变，恍若土木徒人言。"翩跹：形容轻快地旋转舞动的样子。

【释文】

《汪皋鹤诗画碑》今存平凉崆峒山。为石灰岩质一方，高 68 厘米，宽 126 厘米，厚 12 厘米，乾隆四十四年（1779 年）勒石，并刊双鹤翱翔图，加甘肃平凉崆峒山宝印。今存皇城献殿，存铭文 376 字。有诗亦有画。

据载，汪皋鹤于乾隆四十四年（1779 年）主持重修平凉柳湖书院，并募金二千，分给典肆，以每年所收利息为在生员提供膳食津贴，清《柳湖书院志》所载较详。他还募金重修皇城太和宫，作《元鹤歌并序》，碑刻题记记述了崆峒山与玄鹤洞的内容，碑文记述了汪皋鹤见元鹤的经过，描写了元鹤的优美和神奇。

汪皋鹤诗画碑（原碑）

悟元子栖云歌诗碑

乾隆四十五年（公元 1780 年）

【碑文】

栖云歌

庚子中秋无事游，踏遍栖云五峰头。

恍惚神入昆仑顶，杳冥身到希夷楼①。

栖云山中有美景，多人见之不赏领。

只因云深路途难，所以当面都看冷。

美景美景大非常，超出万象角胜场。

松柏参天藏幽径，烟霞半岭锁仙庄。

南有来龙北有照，南北相应空中窍。

朱雀元武颠倒颠②，露出谷神一座庙。

东山环抱西峰迎，东龙西虎性合情。

隔碍潜通无生有，这个消息鬼神惊。

左一水兮右一水，一左一右分壬癸。

扬清激浊判阴阳，源头活处绽珠蕊。

这个蕊，这个珠，聚则一本散万殊。

养育群生多利益，昼夜流通不滞儒。

我爱此水清且涟，洗尘涤垢到深渊。

低头便见本来面，别有风光招鱼鸢③。

鱼鸢妙趣在何处，于世无与任来去。

鱼自潜跃鸢飞鸣，无字曲调叶青吕。

唱出一篇白雪歌，教人默会自磋磨④。

忽的空中雷声响，打破混沌拜弥陀⑤。

弥陀引我先天路，引我直入宝藏库。

珊瑚□磔玻璃瓶⑥，碧玉玛瑙都交付。

奇珍贵宝一齐收，不如意时不肯休。

将来均入三足鼎⑦，赤色门里谨添抽。

火候足有三百六，先要炼己持心熟。

首尾用武中间文，调和鼓琴又敲竹。

琴声竹韵彻太空，叫来婴姹助神功⑧。

盗取玉兔八两白，逆运金乌半斤红⑨。

急缓进退按时节，日乾夕惕常守拙⑩。

分去后天滓质物，煅出先天光皎洁⑪。

周围共合足三五，纵广一寸真君府。

无影无形不着空，得者能消历劫苦。

可叹来往人不知，不知栖云有仙芝。

忙忙一世空老耄⑫，临渴掘井却怨谁。

我到栖云我甚乐，避去名利重天爵⑬。

忙里修补有漏因，闲处施舍济人药。

有时自歌自己和，有时行住或坐卧。

万缘俱空得自如，任他日月眼前过。

此中滋味口难言，只许简约不许繁。

扫去一切有为法，开坤塞艮固本原⑭。

本原真诀价千金⑮，我今狂言结知音。

不知谁是知音者，看罢河洛问天心⑯。

【撰者】

刘一明（1734—1821 年），清代著名道士、内丹家。号悟元子，别号素朴散人。山西平阳府曲沃县（今山西闻喜县东北）人。全真道龙门派第十一代传人。他的"人元大丹论"主张"阴阳无形"、"先天真气"与"十二经脉之气"感应产生阴阳变化。强调"混俗和光"式的修丹之道。光绪年间《重修皋兰县志》："刘一明。生于富户，家有万金，弃之隶道士籍。"

刘一明为陇上著名的道医。乾嘉时期闻名陇上。医术著作有《眼科启蒙》、《经验奇方》、《经验杂方》等。中年后隐居榆中县栖云山，修道传教、著述立说。撰有《周易阐真》、《悟真阐幽》、《修真辨难》、《象言破疑》、《修真九要》等。

【注释】

①杳冥：犹渺茫。北魏郦道元《水经注·胶水》："北眺巨海，杳冥无际，天际两分，白黑方别，所谓溟海者也。"《陈书·高祖纪上》："惟昔上古，厥初生民……杳冥慌忽，故靡得而详焉。"

②朱雀：南方神名。唐李周翰注："朱鸟、朱雀，南方神也。"元武：即玄武。古代神话中的北方之神，其形或说为龟，或说为龟蛇合体。与青龙、白虎、朱雀合称四方四神。清冯桂芬《释鹑》："以鹑火为凤，方与苍龙、白虎、元武相称。"

③鱼鸢：鱼跃鸢飞；出自《诗·大雅·旱麓》："鸢飞戾天，鱼跃于渊。"毛传："言上下察也。"孔颖达疏："毛以为大王、王季德教明察，著于上下。其上则鸢鸟得飞至于天以游翔，其下则鱼皆跳跃於渊中而喜乐。"后以"鱼跃鸢飞"谓世间生物任性而动，自得其乐。

④磋磨：研讨；商议。清曹寅《和些山咏东轩竹见寄》之四："杜陵句法磋磨得，朝夕还同座右铭。"

⑤混沌：古代传说中央之帝混沌，又称浑沌，生无七窍，日凿一窍，七日凿成而死。比喻自然淳朴的状态。唐刘知几《史通·言语》："用使周秦言辞见于魏晋之代，楚汉应对，行乎宋齐之日，而伪修混沌，失彼天然。"弥陀：亦作"弥陁"。阿弥陀佛的简称。意译为无量寿佛，西方极乐世界的教化之主，与释迦、药师并称三尊。北齐卢思道《辽阳山寺愿文》："愿西遇弥陀，上征兜率。"

⑥□磲：残缺处补齐应为砗磲，指其介壳，古称七宝之一。唐苏鹗《苏氏演义》卷下："魏武帝以玛瑙石为马勒，砗磲为酒椀。"

⑦三足鼎：三足之鼎，古为国家之重器。汉刘向《说苑·君道》："于是使人持三足鼎，祝山川。"

⑧婴姹：道家炼丹，姹女婴儿。道教称水银为姹女。《参同契》卷下："河上姹女，灵而最神，得火则飞，不见埃尘。"蒋一彪集解引彭晓曰："河上姹女者，真汞也。见火则飞腾，如鬼隐龙潜，莫知所往。"唐刘禹锡《送卢处士》诗："药炉烧姹女，酒瓮贮贤人。"唐陆龟蒙《自遣》诗之二八："姹女精神似月孤，敢将容易入洪炉。"《西游记》第十九回："婴儿姹女配阴阳，铅汞相投分日月。"婴儿，是道教对铅的称呼。"姹女"一般都与"婴儿"合用。道家利用这些特殊的术语，把化学反应的变化写成一些高深莫名的文章。

⑨金乌：古代神话传说太阳中有三足乌，后来成为太阳的代称。唐李涉《寄河阳从事杨潜》诗："金乌欲上海如血，翠色一点蓬莱光。"

⑩守拙：安于愚拙，不学巧伪，不争名利。晋陶潜《归园田居》诗之一："开荒南野际，守拙归园田。"

⑪煆：火气盛。

⑫老耄：七八十岁的老人。亦指衰老。郑玄注引郑司农曰："幼弱老旄，若今律令，年未满八岁、八十以上，非手杀人，他皆不坐。"陆德明

释文："老耄,本又作旄,同。"

⑬天爵:天然的爵位。指高尚的道德修养。因德高则受人尊敬,胜于有爵位。《孟子·告子上》:"仁义忠信,乐善不倦,此天爵也;公卿大夫,此人爵也。"

⑭坤:八卦之一,指地。艮:八卦之一,代表山。

⑮真诀:指道士作法念咒时所捏的诀;妙法;秘诀。唐李白《送贺监归四明应制》诗:"真诀自从茅氏得,恩波宁阻洞庭归"。

⑯河洛:河图洛书的简称。三国魏曹丕《以孙登为东中郎封侯策》:"盖河洛写天意,符谶述圣心。"天心:犹天意。《汉书·杜周传》:"宜修孝文时政,示以俭约宽和,顺天心,说民意,年岁宜应。"

【释文】

《悟元子栖云歌诗碑》拓片现存于榆中县档案馆。碑文共 15 行,满行 39 字,余行 20 字,行书。拓片宽 0.59 米,高 1.06 米。乾隆庚子(1780 年)中秋,悟元子(即刘一明)月夜独步栖云山,以饱满的热情写下了赞美兴隆山西峰的《栖云歌》。全诗共八十四句,以通俗七言高歌栖云胜境。

金县八景诗

清乾隆五十四 (1789 年)

【碑文】

(一)寒山积雪

马寒直上插穹窿①,万叠清光混太空。

银海波澜涵夏日,玉龙鳞甲老秋风。

雨余只见双尖净,夕照回看匹练红②。

料得幽人高卧稳,此身疑在广寒宫③。

(二)隆山增秀

翘首烟鬟得钜观,榆城西望郁青峦。

野桥雨过花争发,古刹云深树欲寒。

时有高僧飞锡杖④,偶逢仙叟话金丹。

生灵长藉山灵护⑤,一滴甘泉万井欢。

（三）栖云仙阁

倚天高阁自何年，仿佛云间笑语传。

丹龟已随烟草没，朱书犹带石苔藓⑥。

曲溪流水逢渔夫，几树飞花识洞天。

我欲临风千仞上，一声鸾啸韵悠然。

（四）烽火夕照

白日西飞转树腰，余晕想见赤诚标。

悬云螺髻青岚晕⑦，入镜峨眉黛色摇。

啅雀枝头栖未稳，牧童牛背兴偏饶。

独怜塞上征程客，匹马斜阳路正遥。

（五）峡河绕流

山城地僻接仙源，高峡悬流绕郭奔。

沙鸟夕阳芳草岸，人家烟雨绿杨村。

偶疏碧涧穿花径，时引寒流到石门。

更爱暮春童冠在⑧，好将风俗寄潺流。

（六）凉耳听莺

载酒携柑问所之，柳荫深处听黄鹂。

何来秦女机声巧，不数羌儿笛韵悲。

睆睆似怜春去早，绵蛮疑唤客来迟⑨。

诸君莫厌闲调舌⑩，付与诗人鼓吹宜。

（七）庙坡晓钟

花宫飘渺蔼层城，风送金鲸嘹亮声。

何待鸣鸡催晓梦，漫劳警枕破残更。

萧萧秋雨寒空静，飒飒霜林远籁清，

平旦虚灵无宿障，此时提醒甚分明。

（八）峦山列戟

凌空排笠碧云间，壁垒森森见一斑。

林讶五丁开剑阁⑪，漫夸三箭定天山。

当年保障凭重险，此日威灵壮汉关，

万里回跨频入觐⑫，也应惊看汗流颜。

已酉暮春上浣游贤即景

【撰者】

凤翔，即曾凤翔，广东梅州人（梅县旧时称程乡县），清乾隆进士，曾任金县（今榆中县）知县。

【注释】

①穹窿：代指天。

②练红：练衣。用黄里红饰，古礼父母丧周年时所穿的衣服。见《礼记·檀弓上》。《后汉书》卷七十二：“臻及弟蒸乡侯俭并有笃行，母卒，皆吐血毁。皆至服练红，兄弟追念初丧父，幼小，哀礼有阙，因复重行丧制。臻性敦厚有恩，常分租秩赈给诸父。”此指练红色的云霞。

③广寒宫：传说唐玄宗于八月望日游月中，见一大宫府，榜曰：“广寒清虚之府”。见《五百家注柳先生集》中《龙城录·明皇梦游广寒宫》。后称月中仙宫为“广寒宫”。唐鲍溶《宿水亭》诗“夜深星月伴芙蓉，如在广寒宫里宿。”

④锡杖：佛家语。僧人所持的手杖。杖头有锡环，振时作锡锡声。也称“禅杖”、“声杖”、“鸣杖”。

⑤山灵：山神。《六臣注文选》卷一：“山灵护野，属御方神。”李善注：“山灵，山神也。”

⑥朱书：用朱墨书写的文字。《史记》卷四十三：“襄子齐三日，亲自剖竹，有朱书曰：‘赵毋恤，余霍泰山山阳侯天使也。’”

⑦螺髻：比喻耸起如髻的峰峦。宋辛弃疾《水龙吟·登建康赏心亭》词：“遥岑远目，献愁供恨，玉簪螺髻。”青岚：林间的雾气。

⑧童冠：指青少年。出自《论语·先进》：“莫春者，春服既成，冠者五、六人，童子六、七人，浴乎沂，风乎舞雩，咏而归。”

⑨绵蛮：《诗·小雅·绵蛮》：“绵蛮黄鸟，止于丘阿。”毛传：“绵蛮，小鸟貌。”朱熹集传：“绵蛮，鸟声。”王国维《观堂集林·尔雅草木虫鱼鸟兽名释例下》：“虫之小者曰蠛蒙，鸟之小者亦曰绵蛮，殆皆微字之音转。”历来诗文中多用小鸟、鸟声二说。指小鸟或鸟鸣声。

⑩调舌：耍嘴皮子。明邵璨《香囊记·媾媒》：“不要调舌，且说正经事。”飘渺：隐隐约约。

⑪五丁：神话传说中的五个力士。《艺文类聚》卷七引汉扬雄《蜀

王本纪》："天为蜀王生五丁力士，能移山，秦王（秦惠王）献美女与蜀王，蜀王遣五丁迎女。见一大蛇入山穴中，五丁并引蛇，山崩，秦五女皆上山化为石。"一说"秦惠王欲伐蜀而不知道，作五石牛，以金置尾下，言能屎金，蜀王负力。令五丁引之成道。"见北魏郦道元《水经注·沔水》。晋葛洪《抱朴子·论仙》："贲、育五丁之勇，而咸死者，人理之常。"

⑫入觐：诸侯于秋季入朝进见天子；地方官员入朝觐见帝王。《诗·大雅·韩奕》："韩侯入觐，以其介圭，入觐于王。"

【释文】

《金县八景诗碑》旧时存于金县北郭外"增秀书院"内，原碑已佚。

《金县志》载"榆中八景"，榆中八景指乾隆年间，时任金县知县的曾凤翔（广东进士）所作七律中提到的寒山积雪、隆山增秀、栖云仙阁、烽火夕照、峡河绕流、凉耳听莺、庙坡晓钟、峦山列戟。乾隆时期曾凤翔"己酉暮春上浣游贤即景"（1765年）赋《榆中八景》并镌刻成碑，至今已二百余年。

《兰州文史资料》中记载作者为程乡曾诗，系有误。应为程乡（旧时称程乡县，即梅县）曾凤翔诗。

张伯魁五言二首诗刻

清嘉庆十三年（1808年）

【碑文】

大清嘉庆十三年秋，知县张伯魁，海盐人，因修县志，访考遗迹。有碑于钟楼山，读其文，宋吴忠烈墓志碑也。临崖将坠，伯魁虑心默祷。亟令石工前移四十步，筑围墙、立墓门以识之。敬赋五言二首记于碑阴：

独立高原上，肖然见一碑①。
阴风号鬼卒②，暮雨隐神旗③。
迟我西来日，怜公北伐时④。

历朝颁爵赏⑤，枉自数功奇。

六百年前墓，艰难百战身。
兄弟溥久泽⑥，南北倚孤臣。
哀角秋声乱，奇兵地势屯。
宣扬渐德薄，五字欲通神⑦。

【撰者】

张伯魁，字春溪，浙江海盐人。清嘉庆七年知徽县。张伯魁网罗古迹，修举废坠，于嘉庆十四年（1809 年）修成《徽县志》八卷。嘉庆二十二年（1817 年）张伯魁调任平凉知府，与王肇卫、阎曾履对《崆峒山志稿》"删繁就简，重加纂修"，嘉庆二十四年五月刻板印行。今海内外流传的《崆峒山志》，多系同治十一年（1872 年）秋，皇城太和宫主持重新刻板印行本。张伯魁修《崆峒山志》分为两卷，约三万字，分图、辩、古迹、名胜、寺观、仙踪（附释）、隐逸、物产、诗、赋、记、论共工二目。张维评论此志："于李（应奇）志删去分野、建革、疆域、田赋等目，而于阎稿亦多删减，盖亦山水志之稍近严整者。然古迹所载，多属故事。而见于寺观之唐宋旧迹，转不载入，去取已嫌失据……名山金石，国故攸关，此志不列专目，未免轻其所重。"旧志录存伯魁诗文较多①。

【注释】

①岿然：高大独立貌。《庄子·天下》："人皆取实，己独取虚，无藏也故有余，岿然而有余。"

②阴风：隐含杀伐之气的风。唐杜甫《北征》诗："阴风西北来，惨澹随回鹘。"唐李商隐《韩碑》诗："腰悬相印作都统，阴风惨淡天王旗。"

③神旗：代表神灵的旗帜；帅旗。《晋书·石勒载记上》："自将军神旗所经，衣冠之士靡不变节，未有能以大义进退者。"

④怜公北伐：即吴玠抗金。南宋初年，女真连年南侵，中原百姓于战乱离苦的水深火热之中。

———————————

① 参见仇非《新修崆峒山志》，甘肃人民出版社 1996 年版。

⑤爵赏：爵禄和赏赐。三国魏阮籍《大人先生传》："进求利以丧身，营爵赏而家灭。"

⑥兄弟：南宋吴玠、吴璘、吴挺兄弟。溥：普遍。"溥天之下，莫非王土"。泽：恩惠。

⑦五字：指"吴王保蜀城"五字。南宋吴玠、吴璘、吴挺抗金曾驻节于此，故此城又名"吴王保蜀城"。

【释文】

《张伯魁五言二首诗刻》现存于"宋故开府吴公（吴玠）墓志铭碑"碑阴。"宋故开府吴公墓志铭碑"高2.96米，宽1.58米，厚0.31米。碑额左右两条蟠龙对应，额下正中分三行刻"宋故开府吴公墓志铭"九个篆书大字。正面刻有南宋绍兴五年进士、直学士院侍讲、大诗人王纶所撰碑文，胡世将书写，分布21行，每行80余字，共1 680余字。该碑现存于陇南徽县城关东面的吴山上。

吴山又名钟楼山，因吴玠墓碑在此而得名。钟楼山位于徽县城东北隅仙人关，在陇南徽县虞关乡，是南宋抗金将领吴玠阻击金兵的要隘。仙人关东西两山对峙，谷峡如瓮，是易守难攻的天然关隘。宋、金和尚原之战，金兵大败，兀术不甘心，于1133年进行反扑，吴玠在仙人关率兵一万击败了金兵十万，创造了抗金史上以少胜多的典型战例。至今徽县仙人关还有六米长、二米高的石城垒和安公生祠祀断碑残存。当地人称为"吴王城"。

吴玠（1093—1139年）字晋卿，德顺军陇干（今甘肃静宁）人，后迁居水洛城（今甘肃庄浪）。有志节，善骑射，是南宋初年抗金的主要将领之一。吴玠十六岁应征入德顺军，屡建军功，建炎四年（1130年）擢升为秦凤路总管，兼知凤翔府。南宋初年，女真连年南侵，中原百姓饱受战乱离苦。吴玠奋起抗金，并屡战屡捷。曾在和尚原（今宝鸡县南30公里处）、饶凤关（今陕西石泉县与西乡县交界处）、仙人关（今徽县虞关）三大战役中，消灭金兵数十万，创造了"纵深配备、以步胜骑、以少胜多"的战例，成功地粉碎了女真妄图南下蜀川、云贵而一举灭亡南宋的构想，挫败了金兵攻占西北川陕一线的锋芒，形成宋、金对峙的局面。

在抗金斗争中，吴玠与岳飞齐名。吴玠在陇南与汉中期间，组织驻守士兵大规模屯田，"岁收五十万斛"，创造了古代军队屯田的典型；又在徽县印制发行了我国最早的银本位纸币——银会子；疏浚航道，防治嘉陵江水患，在地方治理和建设中作出了显著的成绩。其因战功赫赫，曾被加封为两镇节度使，四川宣抚使以及少傅、少保等勋爵，绍兴九年（1139年）六月吴玠病逝于仙人关军营中，宋高宗罢朝三日，举国哀悼。后追封为涪王，谥号"武安"。

附：《宋故开府吴公墓志铭》

宋王纶撰文　胡世将题书

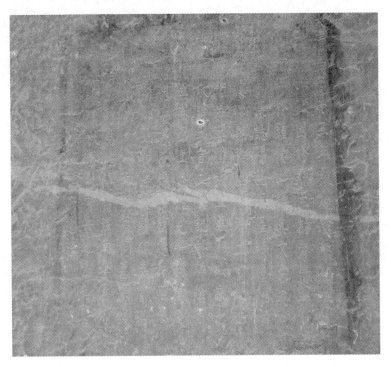

张伯魁五言二首（局部）

绍兴九年春三月，开府仪同三司吴公，以寝疾奏乞谢事，天子恻然优之，命四川安抚制置使成都守臣世将，访善医治疾，又驰国医视。公以六月己巳薨于军，享年四十有七。七月遗表闻，上震悼，辍朝三日。赠公少师，凡恤典悉加厚。其弟璘与诸孤，奉丧归葬于德顺军水洛城北原先茔之次。十一月，上念公之己葬，诏有司赐钱三十万，擢璘继神龙卫四厢都指挥使，以慰恤其家。恩义备极。

盖自天下用兵，乘舆省康吴。会公以偏师起西鄙，奋孤忠，抑大难，保川陕共百十六州，以重上流之势，屏翰王室，屹如长城。方敌国深浸，叛臣僭窃，道路阻绝，公未尝得一见天子。独其精忠上达，圣主明见万里之外，谓公可属大事，当方面。凡军事不从中御，而赏罚付之不疑，以卒成却敌故围之功者，惟天子之明，而公之忠也。即葬，诸孤以行状请铭，谨序而铭之。

惟吴氏出泰伯之后，以国为姓，自季札避位，其子孙家鲁卫之间。厥后散处四方，谱牒遗佚，遂不可尽考。而起守西河，芮国长沙，汉封广平，皆本德义，尚忠勇，为世良将。而公天挺英奇，崛起数千载之后，赫然功名，与之相望。迹其流风余烈，盖有自焉。

公之曾祖讳谦，赠太子太保，妣李氏，永宁郡夫人；祖讳遂，赠太子太保，妣齐氏，普宁郡夫人；考讳宸，赠少保，妣刘氏，嘉国夫人。自少保而上，世居德顺之陇干，以公贵追荣三世。公讳玠，字晋卿，少沉毅，有志节，善骑射，知兵法，读书能通大义。未冠，以良家子隶泾源军。政和中，夏人犯边，力战有功，补进义副尉，稍擢队将。从讨浙西贼方腊，破其众，擒酋长一人。及击破河北群盗，累功擢忠训郎，权泾源第十一将。夏人攻怀德军，公以百余骑突击追北，斩首级百四十有六，转秉义郎，擢本路第十二副将，自是威名益震。

建炎二年，金人内侵已三载矣。春渡河，出大散关，略秦、雍，所过城邑辄下。三月，还自巩州至凤翔，陇右都护张严邀战失利，敌势愈张，谋趋泾州。大将曲端据守麻务镇，命公为前锋。公进据青溪岭，逆击大破之，敌始有惮公意。转武义郎，权泾源路兵马都监，兼知德顺军。冬，以本道军复华州。师入，命将士无杀略，居民安堵，转武功大夫、忠州刺史。三年冬，蜀贼史斌寇兴、凤，据长安，谋为不轨，公击斩之，转右武大夫。四年春，擢泾原路马步军副总管。金人谋取环、庆，大将娄室以众数万至麻亭。公接战于彭原店，士殊死斗，杀伤过半，敌惧引去。而曲端劾公违节度，坐降武显大夫，罢总管，论者不平。未几，复故官职，改秦凤路马步军副总管、凤翔府，兼权永兴路经略安抚司。公事进复长安，转右武大夫、忠州防御使，兼宣抚处置司。将合五路兵与金人决战，公谓："宜各守要害，以待其敝。"秋九月，师次富平。都统制会诸将议战，公又曰："兵以利动，今地势不利，何以战？宜据高阜，先为不可胜者。"众曰："我师数倍，又前临大泽，非敌骑所宜。"不听，既而敌骤至，囊土逾淖，以薄吾营，军遂大恐。溃，而五路悉陷，巴蜀大震。公独整旅，保散关之东和尚原，积粟练兵，列栅其上。或谓："公宜屯汉中，以安巴蜀。"公曰："敌不破我，必不敢进。坚壁重兵以临之，彼惧吾蹑其后，保蜀之道也。"

明年，改元绍兴。春三月，敌酋没立果率锐兵犯我，期必取而后进，公击败之。拜忠州防御使兼帅泾源。夏五月，没立果会别将乌鲁折合众敌万，使大将由阶、成出散关先至，公与之战三日，大败而去。没立方攻箭舌关，公复遣麾下击退，卒不得与二将合。转明州观察使。丁嘉国忧，起复，寻兼陕西诸路都统制。自破契丹以来，敌常胜；每与公战，辄败，不胜其愤。冬十月，其四太子者会诸道兵十余万，造浮梁，跨渭水，自宝鸡连营三十里，又垒石为城，夹涧水与官军相拒。公指授诸将，选劲弓弩，号"驻队"，番休迭射，矢发如雨。敌稍却，则以奇兵旁击。如是者三日，度其困且走，则为伏于神垒，以待其归。伏发，敌众大乱，俘其将羊哥、孛堇及酋领三百余人，甲士八百六十人，尸填坑谷者二十余里，获铠仗数万计。拜镇西节度使。二年，兼宣抚陕西处置使司、都统制，节制兴、文、龙州。

敌久窥蜀，必欲以奇取之。三年春，缴其兵，又尽发五路叛卒，声言东去，反自商于出汉阴，捣梁、洋。金州失守，公亟率麾下倍道疾驰，且调兵利、阆。既至，适与敌遇，使人以黄柑遗其帅撒离喝，敌惊曰："吴公来何速耶？"遂大战绕凤关，凡六日，敌皆败，杀伤不可胜计。撒离喝怒斩其千户孛堇数人，以死犯关，出公后，公遂结阵趋西县。或曰："蜀危矣。"公曰："敌去国远斗，而死伤大半，吾方全师以制其枢，蜀何忧耶？"月余，敌果退。加检校少保，充利州路阶、成、凤州节度制置使。四年春二月，敌复大入，犯仙人关。公预为垒关曰"胜金坪"，严兵以待。敌据阜战，且攻垒，公命将士更射，又出锐兵击其左右。战五日，皆捷，敌复遁去。上闻之嘉叹，赐以亲札曰："朕恨不抚卿背也。"是役也，敌决意入蜀，自其元帅以下，皆尽室以来；又以刘豫心腹为四川招抚使。即不得志，度公终不可倖胜，则还据凤翔。授甲士田，为久留计，自是不复轻动矣。夏四月，徙镇宁国，除川陕宣抚副使。秋七月，录仙人关功，进检校少师，奉宁、保静军节度使。五年春，攻下秦州。六年，兼营田大使，徙镇保平、静远军。

公与敌对垒且十载，常患远饷劳民，屡汰冗员，节浮费，岁益屯田至十万斛。又调戍兵，命梁、洋守将治褒城废堰，广溉民田，复业者数万家。朝廷嘉之，每降玺书褒谕。七年冬，敌废刘豫，且益兵，众以为疑；公策其将去。九年春，和议成，上以其功高，复赐亲札，进开府仪同三司，迁四川宣抚使。遣内侍赍诰赐，公以病甚，扶掖听命。自以赏过其劳，固辞，优诏不许。时，失地既复，方依绥附，而疾不可为矣。天□□□□□□终使保蜀，付之安全，若有所待，以是蜀人尤悲尔思之。公娶张氏，故侍中耆之后，封永宁郡夫人。子男五人：拱，右武郎；扶；撝皆承奉郎；扩、摠尚幼。女四人。

公能乐善，每观史，前事可师者必书而识之左右；用兵本孙吴，而能知其变，务远大不求近效，故能保其必胜。御下严而有恩，视卒之休戚如己，而同其甘苦，故人乐为之用。既贵，而自奉之约不逾平时，至推以予不少吝，故家无赀，而至无宅居。呜呼：虽古名将何加焉。

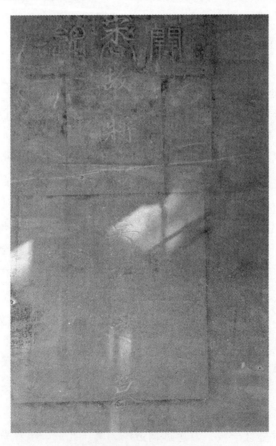

宋故将军吴玠之墓（原碑）

悟元子书怀碑

清嘉庆年间（1796—1820 年）

【碑文】

> 仰慕仙风觅洞天，栖云行苦炼真铅①，
>
> 尘劳不动庭前柏，道法常擎脑后拳②，
>
> 二水清波堪洗垢，五图妙理可消衍③，
>
> 色空无疑随心乐④，运转魁罡皆种莲⑤。

【撰者】

悟元子，即刘一明，生平介绍同前。

【注释】

①真铅：丹药。

②道法：道教的法术。

③五图：指《五岳真形图》。《文选·鲍照〈升天行〉》："五图发金记，九籥隐丹经。"李善注引《抱朴子》："余闻郑君言：'道书之重，莫尚於《三皇文》、《五岳真形图》也。'"

④色空：详见前文介绍。

⑤魁罡：指斗魁与天罡二星。阴阳家谓每年十月，北斗魁星之气在戌，是为魁冈，不利修造。马总《意林》卷五引三国吴杨泉《物理论》："岂有太一之君，坐于庶人之座，魁罡之神，存乎匹妇之室。"

【释文】

《悟元子书怀碑》此碑立于清嘉庆年间，系悟元子书，碑原在甘肃兰州兴隆山塔院，后移至朝元观，今已不存①。

---

① 《兰州文史资料选辑》第 21 辑，《兰州古今碑刻》，第 485 页。

吴松崖《再题兴云山》诗

清嘉庆庚午（1810 年）

【碑文】

> 出岫云依化石松①，兴隆名字苦凡庸②。
> 不如直题兴云好，一滴滂沱待老龙③。
> 　　　　　　牧洮使赵宜暄书
> 　　　　嘉庆庚午四月皋兰王锦如上石

【撰者】

吴松崖（1721—1797 年），狄道（今临洮）人，名吴镇，字信辰，一字士安，号松崖，别号松花道人。乾隆庚午年举人。官至湖南兴国知州、沅州府知府。能文善书，以诗名显，与潼关杨子安、三原刘九畹、秦安胡静庵称为"关西四豪"。清代陇上著名诗人，他写的牡丹诗名句"牡丹随处有，绝胜是河州""美人国色在西方"至今口传。袁枚致《吴松崖书》言："尊札及全集见示，如饥十日而得太牢，穷昼夜啜之而不能即休焉"。评其诗："新妙奇警，夺人目光。"清人黄培芳著《香石诗话》云："吴镇押秋字句'疏桐连夜雨，寒雁几声秋。芦花湘浦雪，风叶洞庭秋。看山双桨暮，听雨一篷秋。'一时称为三秋居士。"吴镇晚年主讲兰山书院，著有《松花庵全集》、《松花庵诗话》、《松花庵逸草》、《四书六韵诗》、《兰山诗草》、《松崖文稿》、《松崖诗话》、《松崖对联》、《制艺试贴》、《稗珠》、《古唐诗选》等。《中国美术家人名辞典·补遗》称其"善书法，多作行草，挺劲流畅，格调奇逸"。

【注释】

①出岫：出山，从山中出来。晋陶潜《归去来兮辞》："云无心以出岫，鸟倦飞而知还。"

②凡庸：平凡；平庸。《史记》卷五十七："太史公曰：'绛侯周勃始为布衣时，鄙朴人也，才能不过凡庸。'"

③滂沱：水流广远貌。三国魏阮籍《元父赋》："方池边属兮，容水

滂沱。"

【释文】

《吴松崖〈再题兴云山〉》诗碑现存于兰州榆中兴隆山峡口吕福贵家中，拓片现存榆中县档案馆。清嘉庆庚午年（1810年）赵宜暄书碑。拓片宽35厘米，高26厘米，行书。碑原嵌兴隆山朝元观壁上，石四块，此诗与前三首"吴松崖咏栖云山兴云山诗三首"均为赵宜暄书吴松崖诗。

赵宜暄，江西南丰人，清道光十一年（1831年）任兰州府署。

栖云山十二诀

清嘉庆庚午（公元1810年）

【碑文】

冲虚堂
缥缈诸峰上[①]，神仙此结庐[②]。
飞升如得路，举体自冲虚[③]。
谭道石
两石如两峰，道人坐谭道[④]。
石岂不能言，点头苦不早。
栖仙岩
神仙何处栖，只在丹崖畔。
岩畔学长生，年深石亦烂。
白云窠
一片白云景，中有仙人眠。
我来眠不得，白云生野烟。
二仙洞
高人弃轩冕[⑤]，学道此山中。
矫矫云中鹤[⑥]，飘飘松下凡。
碧浓洞
碧涧绕苍烟，清泉出石户。
清泉不在山，岁旱偕为雨。

……（其余六首佚失）

【撰者】

严烺匡，滇南（云南省）人。

【注释】

①缥缈：亦作"缥眇"。形容高远隐约的样子。《文选·木华〈海赋〉》："群仙缥眇，餐玉清涯。"李善注："缥眇，远视之貌。"

②结庐：构筑房舍。晋陶潜《饮酒》诗之五："结庐在人境，而无车马喧。"

③冲虚：常指成仙。三国魏阮籍《咏怀》之四一："列仙停修龄，养志在冲虚。飘飘云日间，邈与世路殊。"

④谭道：谭，同"谈"；谈道。

⑤轩冕：借指官位爵禄。《庄子·缮性》："古之所谓得志者，非轩冕之谓也，谓其无以益其乐而已矣。"

⑥矫矫：飞动貌。唐李益《置酒行》："西山鸾鹤群，矫矫烟雾翻。"

【释文】

《栖云山十二咏》现存于甘肃兰州榆中兴隆山国家级森林自然保护管理局。1992 年春在二仙洞出土。存诗六首，残碑长 44 厘米，宽 64 厘米，厚 6 厘米，隶书。据《重修榆中县志》载，此碑原嵌在兴隆山朝元观壁上。道光《金县志·艺文志·碑记》载，《栖云山十二咏》碑在栖云山洗心亭，栖云山有冲虚台、谭道石、栖仙岩、白云窠、二仙洞、碧波涧、风月岭、洗心亭、拜斗亭、脱洒台、自在窝、藏书室等景观。今只有自在窝、谭道石、二仙洞等部分遗迹尚在。《栖云山十二咏》均为五言诗，每首 20 字。清嘉庆庚午年（1810 年），滇南严烺匡作。

栖云山位于兰州市榆中县城西南五公里处，距兰州市六十公里。古因"常有白云浩渺无际"而取名"栖云山"。早在西汉时已成为道人凿洞修行之地，清康熙年间取复兴之意，改名"兴隆山"。兴隆山亭台楼阁及庙宇达数十处之多，是佛、道教圣地所在。兴隆山也是距兰州市最近的国家级森林公园。主峰由东西二峰组成，东峰"兴隆"，西峰"栖云"，二峰间为兴隆峡、云龙卧桥横空飞架。现栖云峰有混元阁、朝云观、雷祖殿等殿阁；兴隆峰有二仙台、太白泉、大佛殿、喜松亭、滴泪亭等景点。

盘龙洞石刻楹联

清嘉庆十五年（1810 年）

【刻文】

灵比朝邦

温泉嫌波冷，飞云惜风凉。

【撰者】

王鸣珂，时为西和县令。

【释文】

《盘龙洞石刻楹联》现存于陇南西和县岷郡山南十里乡盘龙洞洞口，为清代嘉庆十五年（1810 年）邑令王鸣珂题刻。左右联分别为"温泉嫌波冷，飞云惜风凉"，横批为"灵比朝邦"。

岷郡山原名独头岭。金灭北宋，关陇六路尽陷于金，岷州（今岷县）州治南移白石镇（今西和北川），而后又移州署于岷郡山。后宋金议和，因"岷"字犯金太祖完颜旻之讳，故将岷州改为和州，又因"和州"与江南"和州"（今安徽和县）同名重复，为便于区别，加"西"字称为"西和州"。

岷郡山南十里乡有盘龙洞，在龙洞山巅，怪石林立，百姿千状。洞内布满钟乳石，其中一长石形似巨龙，故名"盘龙洞"。洞深处有池，深不可测，常有云雾绕腾。洞前有明代建筑的亭阁遗存，洞口有摩崖石刻四方。

吴松崖咏栖云山兴云山诗三首

清嘉庆庚午（1810 年）

【碑文】

栖云山①

　　异境传龛谷②，今来果不群。
　　客疑灵隐寺③，仙带藐姑云④。
　　山雨当楼出，松风隔涧闻。
　　黄庭堪送老⑤，烟雾会平分。

　　兴云山⑥
　　孤云栖不定，回首即兴云。
　　触石还相似，为霖浔未曾⑦。
　　东西山尽好，秦李教谁承⑧！
　　但学无心出，仙梯自可登。

　　再题栖云山
　　劳劳何处息尘氛⑨，老遇名山意便欣。
　　太华空同难再到⑩，且来把酒对栖云。

【撰者】

吴松崖，生平介绍同前。

【注释】

①栖云山：指兴隆山之西山。

②龛：供奉佛像或神位的石室或小阁。

③灵隐寺：原注："诗人陶午庄谓此山似灵隐。"

④藐：古同"邈"，远。原注："有羽士自山右居此。"

⑤黄庭：指《黄庭经》。道教的经典著作。唐李白《送贺宾客归越》："山阴道士如相见，应写《黄庭》换白鹅。"堪送老：度过余生。

⑥兴云山：即兴隆山。

⑦霖：久下不停的雨。浔：水边深处。

⑧秦李：相传秦李二仙修炼于此山。

⑨尘氛：尘俗的气氛。唐牟融《题孙君山亭》："长年乐道远尘氛，静筑藏修学隐论。"

⑩太华空同：即太华山、崆峒山。

【释文】

《吴松崖咏栖云山兴云山诗三首》现存于兰州榆中县兴隆山峡口吕福贵家。碑镌于嘉庆庚午（1810年）。榆中县档案馆有拓片。碑文共14行，行3—12字，行书。碑宽44厘米，高32厘米，厚7厘米。

麦积崖图铭诗

清道光元年（1821年）

【碑文】

"图"见下图。

麦积崖图铭诗碑（局部）

"铭"题《麦积崖佛龛铭》，落款为"庚信子山撰"，即为庚信所撰《秦州天水郡麦积崖佛龛铭并序》。（内容从略。详见前冯惟讷重刻庚信《秦州天水郡麦积崖佛龛铭碑》）

刻七言律诗五首：

游麦积崖作

大荔淡士

直上峰峦朵朵齐，一峰天外引丹梯^①。
香林栉比筇浮幻^②，贞石镌经浩劫迷^③。
松岭鸟飞通下界，草川龙饫稳长隄^④。
来探水玉铜梁路，身在关山西又西^⑤。

【注释】

①丹梯：红色的台阶。

②栉比：像梳篦齿那样密密地排列。语出《诗·周颂·良耜》："其崇如墉，其比如栉。"筇：古书说的一种竹子，可以做手杖。浮幻：虚浮空幻。唐玄奘《大唐西域记·驮那羯》："人命危脆，世间浮幻，宜修胜善愿。"

③贞石：坚石。碑石的美称。浩劫：大灾难。

④饫：饱食。

⑤关山：古称陇山，又曰陇坻、陇坂。陇山有道，称陇坻大坂道，俗云陇山道。

和淡刺史麦积崖原韵

吴江　潘焀

飞盖真堪谢屐齐^①，危崖依约拾如梯^②。
半痕□□□月□，一抹□拖积翠迷。
构尽幽昙遗石壁，□□□□□金隄^③。
何缘绝顶慈云驻^④，携句惊人压陇西^⑤。

【注释】

①飞盖：驰车；驱车。三国魏曹植《公宴》诗："清夜游西园，飞盖相追随。"亦借指车。晋陆机《挽歌诗》："素骖伫轜轩，玄驷骛飞盖。"谢屐：谢公屐。一种前后齿可装卸的木屐。原为南朝宋诗人谢灵运游山时所穿而得名。出自《宋书·谢灵运传》："寻山陟岭，必造幽峻，岩嶂十重，莫不备尽。登蹑常着木履，上山则去其前齿，下山去其后齿。"

②危崖：高峻的悬崖。

③隄：同"堤"。

④慈云：佛教语，比喻慈悲心怀如云之广，被世界、众生所仰望。

⑤陇西：古郡名，即"陇右"，甘肃省的别称。泛指陇山以西地区。古代以西为右，故名。约今甘肃六盘山以西，黄河以东一带。

和前作

刘腾蛟

飞阁凌霄迥万齐①，勾连石蹬出□梯②。

半拖烟雨缘崖匝，一弄峰峦到眼迷。

竹马依稀迎下界，玉虹约路接长隄。

铭词不数子山妙③，绝调阳春陇坂西④。

【注释】

①凌霄：凌云。迥：远，高。迥异（相差很远）。

②石蹬：石级；石台阶。

③不数：数不清；无数。子山：庾信，字子山。

④阳春：温暖的春天；三月为阳春，十月也称小阳春。陇坂：即陇山。

和前作

陈殿纶

环峙居然万□齐①，高擎□镇耸丹梯②。

崖悬阁道虹霓现，人历洞天□□迷。

净土山连松作盖③，仙岩月偃玉为隄④。

等闲不到谢公屐⑤，待修县云荫陇西。

【注释】

①环峙：围绕耸立。

②高擎：高高举起。

③净土：佛教认为佛、菩萨等居住的世界，没有尘世的污染，所以叫净土。大乘佛教认为净土是指清净功德所在的庄严处所，是诸佛菩萨为度化一切众生，发广大本愿力所成就者。因为有十方三世一切诸佛菩萨，因此也就有十方无量的净土。

④月偃：偃，倒下；月偃，月亮慢慢下去。

⑤等闲：随便，寻常，平常。谢公屐：即"木屐"。

　　　　和前作

　　　　　　牟照□

凌绝丹崖罕与齐①，峰回蹬转等危梯。

侵衣不碍烟霞坠，扪碣无妨风雨迷。

野碓声喧红叶径②，石梁影泻白沙隄。

山霭莫谓徒行少③，南国甘棠今在西④。

大清道光元年仲夏之吉　　大荔布衣　　李□□书

【注释】

①凌：升，高出。杜甫《望岳》："会当凌绝顶，一览众山小。"丹崖：红色、绮丽的岩壁，指麦积山崖壁。

②碓：去除稻壳用脚踏驱动的锤子，落下时砸在石臼中，可去掉稻谷的皮。

③山霭：山上的云气。

④甘棠：木名。即棠梨。

【撰者】

淡刺史，时为刺史，陕西大荔人，其余无考。

潘炤，清代戏曲家，号鸾坡，别署鸾坡主人，吴江（今属江苏）人。少负才名，著有《鸾坡居士红楼梦词》、《小百尺楼小品》等。今存传奇《乌阑誓》。杂剧《梦花影》、《阳关折柳》已佚。

刘腾蛟、陈殿纶、牟照□等，生平记载不详。

【释文】

《麦积崖图铭诗碑》现存于天水市麦积山石窟寺内大殿前廊，为清道光元年（1821 年）立石。碑呈竖长方形，高 1.93 米，宽 0.78 米，厚 0.21 米。其刻纹较浅，且风化磨损严重，字迹多已漫漶。四周线刻双边栏及卷草、莲花及流云纹饰。圆额，竖排篆体碑题两行，字大 7 厘米左右。碑身自上至下分为相等的三栏，各栏有刻线边框，分别镌刻图、铭、诗。

"图"用阴线雕刻麦积山石窟立面示意图。图在麦积崖佛龛铭碑的上方，高0.45米，宽0.65米。表层损伤较重，刻线多已模糊。但山形的整体轮廓依然较清晰。其山顶的舍利砖塔、上七佛阁、牛儿堂、千佛廊等东崖的主要洞窟依稀可见，并刻有林木、沟渠和道路等。这是麦积山所见唯一刻图诗碑。

"铭"题麦积崖佛龛铭，落款为"庾信子山撰"，为庾信撰《秦州天水郡麦积崖佛龛铭并序》。该"铭"其内容与《庾子山集》中铭序基本一致。楷书21行，满行20字。（内容从略。详见前冯惟讷重刻庾信碑）

"诗"刻七言律诗五首，即淡刺史与吴江潘焀、刘腾蛟、陈殿纶、牟照□等人《题咏麦积山》的唱和之作。楷书21行，满行20字，有些字已辨认不清。

麦积崖佛图铭诗碑（拓片）

邹应龙诗画碑

清道光癸未（1823 年）

【碑文】

考《水经》

星宿何年开混沌[①]，

波澜万里赴沧溟[②]。

插空石壁为长岸，

绝塞金城走建瓴[③]。

如带功随天地老，

茫茫浩气永无停[④]。

后学蔡际隆录。

嘉靖三年应龙写。后裔邹国斌偕侄文畛、法盛，孙裕祖、学聪、学明重刊。道光岁次癸未桂月中浣吉旦。

【撰者】

邹应龙字云卿，号兰谷，明代兰县（今兰州人），生于皋兰世家[①]。明嘉靖丙辰科进士。官至御史。弹劾权相严嵩之子严世蕃贪贿非法诸款，严世蕃被诛，严嵩被革职。邹应龙遂以直谏闻名当世，殁葬关中。《明史》卷二百十有传。

【注释】

①混沌：浑然一体，不可分割。传说天地开辟前元气未分、模糊一团的状态。

②沧溟：苍天，高远幽深的天空；大海。元郑光祖《周公摄政》第一折："天地为盟，上有沧溟。"

③金城：指坚固的城；又古郡。在今甘肃兰州之西北。后指兰州。建瓴：出自《史记·高祖本纪第八》："譬犹居高屋之上建瓴水也。"建瓴，

---

① 罗康泰：《甘肃人物辞典》，甘肃民族出版社 2006 年版，第 365 页。

即"建瓴水"之省，谓倾倒瓶中之水，形容居高临下、难以阻挡的形势。

④浩气：正大刚直之气。唐牟融《谢惠剑》诗："浩气中心发，雄风两腋生。"

【释文】

《邹应龙诗画碑》拓片现存于临夏州档案馆。原碑已佚。

拓片的前面为题诗，中间画"喜鹊闹梅"图。后面是题款。其上还有一段张思温关于此碑的跋语"此刻原在兰州黄河北岸金城关之西金山寺壁上。本世纪五十年代，天水冯国瑞字仲翔见之，以告兰州王煊字著明，曾拓以寄先质生公一本，冯、王二先生并有题咏。'文革'中失之。临夏州档案馆所藏，不知即是此幅否耶？邹应龙，字兰谷，兰州人。明嘉靖朝官御史时，奏劾权相严嵩之子世蕃贪贿非法诸款，世蕃终被诛死，嵩亦革职。应龙遂以直谏闻名当世，明史有传。殁葬关中。今兰州金山寺及金城关均已拆除无存，此刻石亦不知下落。蔡际隆所录之诗，当亦是邹之所作。乡贤遗墨，仅此而已，宜珍存之。1988年4月26日河州张思温阅后附识。"

兰州民间传说，杨继盛被害后，首级挂于兰州东城门，其双目圆睁，不闭。面对杨继盛首级，邹应龙双膝跪地，发誓不除严贼，誓不作休。邹应龙言毕，杨继盛才闭双眼。在此之后邹应龙等人等待时机，以图再次弹劾严嵩父子。当得知朝臣中不断有人向世宗皇帝密陈严氏父子罪行，此时严嵩日渐失宠，世宗皇帝对"嵩以臣而窃君之权，世蕃复以子而盗父之柄"的行迹，深为不满，且恰值严世蕃在母丧期间，放纵淫乱，大逆不道，邹应龙抓住时机。在大学士徐阶的支持下，冒死上书，首劾其子严世蕃。邹应龙弹劾严世蕃的奏牍，句句切中要害，字字深刻，且事事如实，指名道姓，此弹劾严世蕃的奏折在明代及后世都有很强的影响力。当时非常著名。（见后附）

之后，明世宗当即下诏，"遂勒嵩致仕，下世蕃等诏狱"。邹应龙不畏强暴，冒死上书，最终扳倒严嵩。邹应龙在一次征剿叛乱时，被部下所累，之后遭弹劾罢官，最后卒于长安。明神宗万历十六年（1588年），陕西巡抚王璇上奏"应龙殁后，遗田不及数亩，遗址不过数楹，恤典未被，朝野所恨"，神宗下诏"命复应龙官，赐祭葬"。兰州人为纪念他在兰州建有纪念邹应龙祠堂，且在原东稍门外有留有"邹兰谷御史故居"。

附：邹应龙弹劾严世蕃的奏折

　　工部侍郎严世蕃，凭藉父权，专利无厌，私擅爵赏，广致赂遗。使选法败坏，市道公行。群小竞趋，要价转钜。刑部主事项治元以万三千金转吏部，举人潘鸿业以二千二百金得知州。夫司属郡吏赂以千万，则大而公卿方岳，又安知纪极？

　　平时交通赃贿，为之居间者不下百十余人。而其子锦衣严鹄、中书严鸿、家人严年、幕客中书罗龙文为甚。年尤桀黠，士大夫无耻者至呼为鹤山先生。遇嵩生日，年辄献万金为寿。

　　臧获富侈若是，主人当何如？

　　嵩父子故籍袁州，乃广置良田美宅于南京、扬州，无虑数十所，以豪仆严冬主之。抑勒侵夺，民怨入骨。外地牟利若是，乡里又何如？

　　尤可异者，世蕃丧母，陛下以嵩年高，特留侍养，令鹄扶榇南还。世蕃乃聚狎客，拥艳姬，恒舞酣歌，人纪灭绝。至鹄之无知，则以祖母丧为奇货，所至驿骚，要索百故，诸司承奉，郡邑为空。

　　今天下水旱频仍，南北多警。而世蕃父子方日事掊克，内外百司莫不竭民脂膏，塞彼溪壑。民安得不贫？国安得不病？天人灾变安得不迭至也？臣请斩世蕃首悬之于市，以为人臣凶横不忠之戒。苟臣一言失实，甘伏显戮。嵩溺爱恶子，召赂市权，亦宜亟放归田，用清政本。

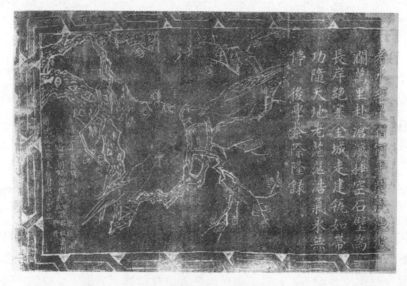

邹应龙诗画碑（拓片）

黄文炳道光五年题诗碑

清道光五年（1825 年）

【碑文】

道光五年乙酉春

三春花柳乱啼莺①，古木丛祠傍曲城②。

一代风骚归大雅③，千古臣节仰名卿④。

苔碑藓碛寒烟护⑤，远浦遥岑暮霭横⑥。

唐室祇今无寸土⑦，草堂终古属先生⑧

直隶阶州事啸村黄文炳敬题

【撰者】

黄文炳，字啸村，桐城东乡（今属枞阳）人。嘉庆二十四年贡生，道光四年知阶州。历任宁州、安西州知州，安阳知府。有《疑语集新编》、《啸村诗集》等存世。

【注释】

①三春：指春季的第三个月，暮春。唐岑参《临洮龙兴寺玄上人院同咏青木香丛》："六月花新吐，三春叶已长。"

②丛祠：建在丛林中的神庙。《史记》卷四十八："又闲令吴广之次所旁丛祠中，夜篝火，狐鸣呼曰：'大楚兴，陈胜王'。"

③雅：称德高而有才能的人。《六臣注文选》卷一："大雅宏达，于兹为群。"李善注："大雅，谓有大雅之才者。《诗》有《大雅》，故以立称焉。"

④臣节：人臣的节操。《孔子家语·致思》："长事齐君，君骄奢失士，臣节不遂，是二失也。"名卿：有声望的公卿。《管子·幼官》："三年名卿请事，二年大夫通吉凶。"

⑤碛：浅水中的沙石。寒烟：寒冷的烟雾。南朝宋颜延之《应诏观北湖田收》诗："阳陆团精气，阴谷曳寒烟。"

⑥遥岑：远处陡峭的小山崖。唐韩愈孟郊《城南联句》："遥岑出寸碧，远目增双明。"见《御定全唐诗》卷七百九十一。暮霭：傍晚的

云雾。

⑦唐室：唐王室。祗今：祗今，现在。唐孟棨《本事诗·情感第一》："（崔护）因题诗于左扉曰：'去年今日此门中，人面桃花相映红。人面只今何处去，桃花依旧笑春风。'"

⑧终古：久远。《楚辞·离骚》："怀朕情而不发兮，余焉能忍而与此终古。"朱熹集注："终古者，古之所终，谓来日之无穷也。"

【释文】

《黄文炳道光五年题诗碑》现存于陇南市成县杜公祠内碑廊，碑高50厘米，宽64厘米，10行，字径4厘米左右，楷书。为道光五年（1825年）阶州知州黄文炳所题，诗碑现存完好。

黄文炳评杜诗，注重"才"、"德"两方面。杜甫在同谷深陷人生最劣困厄，位卑不忘忧国，在德行上令"千古臣节"仰慕。杜甫"同谷诗"的自然景象多奇伟幽奥，充满神秘力量，让跋涉其间的诗人感受到强烈的苦楚。《同谷七歌》、《凤凰台》把家国身世之思和山水描写贯通起来，这是从"大小谢"到王孟等山水诗人很少涉足的领域，扩大了中国古典诗歌对山水自然的表现范围，真正使杜甫"同谷诗"达到"一代风骚归大雅"的高度。

《阶州直隶州续志》载："黄文炳，字啸村，江南桐城人。道光四年知阶州。培植文风，询民疾苦，麦秀双歧。民颂曰'媲美渔阳'。公余与都人士赋诗，有'细雨桃花红女洞，春风杨柳白龙江'之句。亦可见为政风流之一端矣。"

黄文炳道光五年诗碑（拓片）

辛卯秋日寄迹金天观偶题

清道光十一年（1831年）

【碑文】

平生每喜寻山麓，随处穿林访岩谷。

兰泉郊外有玄都①，傍水依山殊不俗。

右挹龙尾左桦林，袖川屈曲流清音。

寻芳信步来深院，中有道士抚瑶琴②。

野草琪花相映出，白云冉冉生几席。

周遭老树如龙蟠③，传是唐宋当年植。

凌空高阁接烟鬟④，白塔金城指顾问⑤。

得此妙境真佳绝，何须域外探名山。

我本学仙不学佛，自惭未得长生术⑥。

闲来旁兴且啣杯⑦，不知身外竟何物。

辛卯秋日寄迹金天观偶题，并赠重光铁炼师一笑。

　　　　吴兴艺林孙□

【撰者】

孙□，浙江吴兴人。生平不详。

【注释】

①玄都：玄都观，泛指道观。北周、隋、唐均有该道观名，原名通道观，隋开皇二年改名为玄都观。在陕西省长安县南崇业坊。见宋宋敏求《长安志》，后废。

②瑶琴：用玉装饰的琴。南朝鲍照《拟古》诗之七："明镜尘匣中，瑶琴生网罗。"

③周遭：周围；四周。蟠：屈曲，环绕，盘伏。

④烟鬟：喻云雾缭绕的峰峦。宋范成大《题城山挂月堂壁》诗："百迭烟鬟得眼明，坐来心迹喜双清。"

⑤白塔金城：地名，古郡。在今甘肃兰州白塔山。

⑥长生术：是以修练"精气神"来提高生命质量、祛病强身、延年

益寿的方法。

⑦唧杯：衔杯，谓饮酒。清曹寅《送亮生南还兼寄些山先生》诗："风廊微照两唧杯，能待城闉簇骑回。"

【释文】

《辛卯秋日寄迹金天观偶题》与唐琏诗《金天观铭》为先后之作。碑在金天观玉皇阁西厢房北壁。碑文共14行，行9、10字，行书。碑宽75厘米，高46厘米。此诗末题"辛卯秋日寄迹金天观偶题，并赠重光铁炼师一笑，吴兴艺林孙□"，辛卯是清道光十一年，碑当立于道光十一年。

金天观铭

清道光十三年（1833年）

【碑文】

> 雷坛古庙①，观号金天②。地得西兑，东震接连③。
> 北绕黄河，南峙兰巅。松青柏翠，古槐若癫。
> 崇台殿宇，神圣列仙。雨泽应时，丰稔长年④。
> 往来羽士⑤，中有隐贤。谈玄论道⑥，启后开先。

【撰者】

唐琏（1755—1836年），字汝器，号介亭，别号栖云山人，又称松石老人，皋兰县（今兰州市）人。爱好音乐，长于弹琴，擅长篆刻，书画造诣很高。今甘肃地方博物馆及民间收藏爱好者，对其书画每有收藏。他一生坎坷，因为家庭贫苦，少年时就辍学，不幸于二十岁丧偶，终生不复娶妻。二十四岁起拜栖云山道长刘一明为师学道，成为道家的俗门弟子，并向刘一明学习书画、医学，开始了对诗、书、画的刻苦钻研和创作。有《书画琐言》、《石竹斋印谱》等存世。

【注释】

①雷坛：旧时道家祭祀雷神的祭坛。明沈德符《野获编·内监·内臣护行》："嘉靖十九年，秉一真人、少保、礼部尚书陶典真奏：'为恳乞天恩，奉安雷坛，以光圣典事，先是差官于臣原籍湖广黄州府黄冈县团风

镇，增修雷坛，今已落成。'"

②金天：指金天观，在兰州市七里河西津东路，肃庄王建于明建文元年（1400年），占地五十四亩。在此之前，唐为云峰寺，宋为九阳观。因地处城池正西，在五行中西方属金，故名金天观。

③西兑、东震：八卦之南离北坎，东震西兑，巽东南，艮东北，坤西南，乾西北。先天八卦方位表示为：乾南坤北、离东坎西，震东北，兑东南，巽西南，艮西北。乾代表天，坤代表地，坎代表水，离代表火，震代表雷，艮代表山，巽代表风，兑代表沼泽。

④丰稔：富足。《晋书》卷一百二十："蜀有仓储，人复丰稔，宜令就食，朝廷从之。"

⑤羽士：指道士。

⑥玄：深奥不容易理解的道理。

【释文】

《金天观铭》现存于兰州市金天观玉皇阁东厢房北壁。共10行，满行7字，余行1字，楷书。碑高32厘米，宽60厘米。道光十三年（1833年）六月唐琏作。

游贵清山放歌行

清道光丙午年（1846年）

【碑文】

乱山如抱复如环，不到山中不见山。
到山始见山奇秀，三峰斗插万峰间①。
望中疑是神仙窟，蓬莱方丈在人间。
又恐西方金精之凝结②，
亘亘绵绵直与华岳连③。
中间一峰隔林壑，初惊绝巘杳难攀④。
山门便作天门入，碧瓦朱甍佛界边。⑤
西峰巉巉犹危峭⑥，云霞作态烟作友谊鬟⑦。
悬崖断涧可肩不可到，驾空飞桥玉虹弯。

人与猿猱争线路⑧，一梯步上青云巅。

仙人古洞遗残碣，铁牛老子去不还⑨。

更东地峰特奇险，苍龙夭娇卧碧岩。

古松阴森鳞甲动，怪石盘陀指爪斑。

我来正值千山雨，雨后青山忽破颜。

松声涛声风声泉声听莫辨，

山鸟山花怪怪奇奇不一般。

千态万状难摹写，丹青画手陋荆关。

造物有意钟神秀，如此名山付等闲？

当时秦人若识此，何必武陵始足仙⑩！

不然倘遇商山老⑪，一曲紫芝万古传。

乾坤闷此青山色，山灵岂乐避静贤。

我今登山一长啸，不信海内只有三十六洞天！

贵清山在漳岷之界，群山环抱，万松掩映，实陇中一名山也。惜乎边徼僻壤，文人韵士罕有至者，以故湮没弗彰。岂山灵之生非其地耶？抑故乐于避地不求人知耶？所谓遁世无闷者欤？吁！世之贤人君子匿迹销声，沉沦于草莽间者，亦如是夫。因作长句，既歌且谣，不知山灵以我为知言否？道光丙午孟秋之吉，钦加知府衔河南祥河同知王宪初稿并书。

【撰者】

王宪（1799—1864 年），字子度，号青崖，甘肃漳县盐井乡盐井村人。王宪自幼家贫好学，深受当时邑令苏履吉的器重。道光五年（1825 年）考取拔贡。在河南先后任过知县、知府、按察使、布政使等职。王宪一生为官清正廉明，体察民情，深受人民爱戴。他多才多艺，传世诗文《游贵清山放歌行》《贵清山十景》《送子栋二弟旋里并勖》《题韩凤山乡先生德政图》等。

【注释】

①三峰：指贵清山东峰、中峰、西方景峰。

②金精：西方之气。《后汉书》卷六十下："凡金气为变，发在秋节……金精之变，责归上司。"李善注："西方为金，毛有白者，故曰金精。"

③亘亘：空间和时间上延续不断。华岳：指陕西华山。

④绝巘：巘，即山峰，山顶。绝巘，指极高的山峰。晋张协《七命》："于是登绝巘，遡长风。"

⑤甍：指屋脊。朱甍，朱红色的屋脊。

⑥巉巉：形容山势峭拔险峻。唐张祜《游天台山》诗："巉巉割秋碧，娲女徒巧补。"

⑦鬟：古代妇女梳的环形发髻，比喻烟霞像云鬟一样。

⑧猱：古书记载的一种猴。

⑨铁牛老子：即铁牛禅师。相传为筹建贵清山寺庙的第一位高僧。禅师俗姓杨，法名园勤（1465—1572年）出生于漳县四族乡马莲滩杨家寺。他生而好禅，七岁出家于马莲滩圆通寺，十三岁锡杖云游京师。回籍以后，遍访当地风景胜地，他首先到兰州肃王府募化开山之资。当时正值隆冬季节，禅师在王府门口合掌端立七天七夜。肃王知道后惊呼："真铁牛也！"遂给以厚施。从此便称其为"铁牛禅师"。嘉靖四十五年（1566年），宝刹动工兴建，历经五年，于隆庆三年（1570年）建成规模可观的中峰寺院、西峰雪壑禅院等殿宇数十间，同时在朝团山修建了禅殿寺，人们称之为"别院"。架设了横跨中、西两峰的"断涧仙桥"。当年七月初一日禅师坐化，享年107岁。

⑩武陵：山名，在湖南省西北部及湖北、贵州两界边境。

⑪商山老：商山，在陕西商县东南。秦末汉初，东园公等四老人隐居于此，号"商山四皓"。

【释文】

《游贵清山放歌行诗碑》现存于甘肃定西漳县贵清山的独峰"西方景"，诗碑高50厘米，宽80厘米，厚8厘米，保存完好。

贵清山位于距漳县县城七十二公里处的草滩乡叭嘛村。贵清山风景区包括"禅林桂月""断涧仙桥""洗眼清池""转树险道""西方胜景""三峰环翠""石栈穿云""灵岩古洞""方壑松涛""佛界钟声"等景点。沿途还有滴水崖、佛字崖、活虎寺等名胜。

道光二十六年（1846年）春夏之交，河南巡抚王宪不远数千里，为其父逝世三周年回乡省亲。在地方官吏王应师、钱玉宾等人的陪同下，游览了贵清山。王宪根据这次游览观感，写了《游贵清山放歌行》并镌刻立碑，还将当时的即兴吟咏整理成了《贵清山十景诗》。

游贵清山放歌行诗碑（拓片）

游贵清山放歌行诗碑（局部）

古槐诗刻

清道光二十九年（1849 年）

【碑文】

癖中古槐二株，诗以咏之

两槐平分院几弓，可怜憔悴与人同。

纵教阅尽风霜苦，老气依然亚碧空。

流光千载去匆匆，曾见韩公与范公[①]。

留在中庭作监史[②]，看人孰右古时风。

道光二十九年庆阳知府广州步际桐题并书

【撰者】

步际桐，广州人，清道光年间任庆阳知府。

【注释】

①韩公与范公：指范仲淹与韩琦。宋王朝与西夏开始交兵，范仲淹与韩琦等分管陕甘军政大事。宋庆历中，韩琦拜陕西安抚使，范仲淹迁环庆路经略安抚沿边招讨使兼知庆州。时二公在任期间，名重一时，朝廷倚以为重。边境有民谣曰："军中有一韩，西贼闻之心胆寒；军中有一范，西贼闻之惊破胆。"天下称为韩范。庆阳旧有韩范祠，现祠已毁，但存有《范韩二公祠堂记》碑。

②监史：谓汉廷尉的属官监与掾史。

【释文】

《古槐诗刻》原在庆阳旧府署二门壁，小方石，行书，字径七分，现已佚失，为道光二十九年庆阳知府广州步际桐题并书。

明远楼七言律诗帖①

清咸丰二年（1852 年）

【碑文】

穹楼一面对南山，两翼风檐屋万间。
天镜攀将丹桂满②，宫袍笼得紫云还③。
能从二客心同壮，直上三层力未孱④。
千里目穷仙掌外⑤，东来何限好烟寰。

【撰者】

张祥河（1785—1862 年），原名公璠，娄县（今上海松江）人。号元卿、诗龛、鹤在、法华山人，谥"温和"。嘉庆二十五年（1820 年）进士，官至工部尚书。善书画，写意花草宗徐渭、陈道复，山水宗文徵明。晚年又涉石涛一派。张祥河所作画，清劲潇洒，尤工画梅；山水画气韵、笔力都有独到之处。书法临摹其从祖张照，圆润浑厚，自成一家。著有《小重山房初稿》（24 卷）、《诗龛诗录》、《诗龛诗外录》、《小重山房诗续录》（12 卷）、《诗龛词录》（2 卷）等。编纂有《四铜鼓斋论画集》及《会典简明录》等。辑有《秦汉玉印十方》等。

【注释】

①明远楼：兰州五泉山浚源寺后有一座三层楼阁，叫"万源阁"，全为木质结构，悬山顶的殿脊中央琉璃花宝顶高高耸立，远望犹如宝塔，雄踞于全寺的中轴线上，与金刚殿、大雄宝殿自然和谐地组成一个建筑群体。

②天镜：指月亮、月影。丹桂：传说月中有桂树，因以"丹桂"为月亮的代称。

③宫袍：古代官员的礼服。紫云：紫色云，古以为祥瑞之兆。

④孱：软弱，弱小。

⑤仙掌：华山仙人掌峰的省称。这是指群山之意。

【释文】

《明远楼七言律诗帖》现存于兰州市博物馆。石宽 32.5 厘米，高 31.5 厘米，厚 6.5 厘米，行书。帖之末书"壬子秦中秋试，余三度监莅。中秋登明远楼，偕提调陈、监试文两观察同作。时轩明经索书即以奉正"。作者张祥河于壬子（清咸丰二年）秋来兰州任监考官时，曾给皋兰书画家时轩（朱克敏）书赠所作明远楼律诗一首。后朱克敏将此诗与《林则徐函时轩》文一并摹刻上石保存。

松崖八箴诗

清咸丰三年（1853 年）

【碑文】

《孝箴》万物化育，阴阳造形。乌哺羔乳①，具有性灵。
维昔先圣，行在孝经。后之学者，奈何不听。
《弟箴》维昆与季，同气连枝②。岂无他人，菲我埙篪③。
所求乎弟，至圣难之。妇言勿用，庶免瞁离④。
《忠箴》谐声会意，中心为忠。事君以此，金石流通。
我曹群处，自谋各工。当如宗圣，首省吾躬。
《信箴》人言为信，犬言为猎⑤。尼山之门⑥，讵有仪秦⑦。
天日指誓，忽若飚尘。车无輗軏⑧，徒劳逡巡⑨。
《礼箴》礼范群动，如金在镕。藏身之固，此为城墉⑩。
子曰四勿⑪，复圣所宗。当思相鼠，莫信犹龙。
《义箴》义名正路，君子所由。集为浩气⑫，天地充周⑬。
喻利者愚，怵害者柔⑭。胡舍熊掌，而涎泥鳅。
《廉箴》五兵之刃⑮，其锐为廉。惟赞棱角，乃无憎嫌⑯。
原生辞粟，仲子哇甘。古之矜也，亦可药贪。
《耻箴》耻之于人，亦大矣夫！失则跖子⑰，得则舜徒。
墦间酒肉⑱，涕泣涟如。勿以醉饱，骄尔妻孥⑲。
此前辈吴松崖先生旧作《半个川》，圣庙两庑箴也。其言质不近迂，奇不入涩，且取材多《五经》，尤为亲切。因令赵生璘书之于壁，为诸生箴，亦时以自箴云。

　　咸丰三年岁次癸丑清和月上浣

　　教谕姚梦麟、训导石毓瑚刊石

【撰者】

吴松崖（1721—1797 年），名吴镇，字信辰，一字士安，别号松花道人，狄道（今临洮）人。乾隆庚午年举人，官至湖南兴国知州、沅州府知府。能文善书，以诗名显，与潼关杨子安、三原刘九畹、秦安胡静庵合称"关西四豪"。

【注释】

①乌哺羔乳：乌哺，旧称乌鸦能反哺其母，故以喻人子奉养其亲。晋束皙《补亡诗·南陔》："嗷嗷林乌，受哺于子。"羔乳，羊羔跪乳喻以感激母亲哺乳之恩。《公羊传·庄公二十四年》"腶脩云乎"。汉何休注："凡贽，天子用鬯，诸侯用玉，卿用羔……羔取其执之不鸣，杀之不号，乳必跪而受之，类死义知礼者也。"后以"跪乳"喻指孝义。汉班固《白虎通义》："羔者，取跪乳逊顺也。"

②同气连枝：喻指同胞兄弟姐妹。宋王禹偁《拟追封建成元吉巢王息王制》："尺布斗粟，古者所以兴讥；同气连枝，人情之所不忍。"

③埙篪：亦作埙箎。借指兄弟，比喻兄弟亲密和睦。埙、篪皆古代乐器，二者合奏时声音相应和。

④睽离：分离；离散。南朝宋刘义庆《世说新语·文学》："自顷世故睽离，心事沦蕴。明公启晨光于积晦，澄百流以一源。"

⑤狺：狗叫的声音，借指攻击性的言论。

⑥尼山：尼丘，指孔子。《梁书·处士传·阮孝绪》："迹既可抑，数子所以有余，本方见晦，尼丘是故不足。"

⑦讵：岂，怎。

⑧輗：古代大车车辕前端与车衡相衔接的部分；軏：古代车上置于辕前端与车横木衔接处的销钉。

⑨逡巡：徘徊不进；滞留。汉王逸《九思》："逡巡兮圃薮，率彼兮畛陌。"《后汉书·隗嚣传》："舅犯谢罪文公，亦逡巡于河上。"李贤注："逡巡，不进也。"

⑩城墉：城墙。南朝宋谢灵运《撰征赋》："师旅痛于久勤，城墉阙于素备。"宋曾巩《明州修城祭土神文》："州有帝命，缮治城墉。"

⑪四勿：孔子主张克己复礼，应当"非礼勿视，非礼勿听，非礼勿言，非礼勿动"。出自《论语·颜渊》。

⑫浩气：浩然之气；正气。

⑬充周：充满；充足。明王守仁《传习录》卷中："盖其元气充周，血脉条畅，是以痒疴呼吸感触神应，有不言而喻之妙。"

⑭怵：恐惧。

⑮五兵：谓矛、戟、弓、剑、戈。

⑯憎嫌：厌恶；埋怨。唐韩愈《县斋有怀》诗："夷言听未惯，越俗循犹乍。指摘两憎嫌，睢盱互猜讶。"

⑰跖：脚掌。此有顽皮之意。

⑱墦：坟墓。

⑲妻孥：妻子和儿女。

【释文】

《松崖八箴诗碑》立于咸丰三年（1853 年），碑文共 32 行，行 2 到 17 字，楷书，为皋兰县教谕姚梦麟、训导石毓瑚两人刊刻。陇上著名诗人吴镇《八箴》诗为师生共同学习的箴言，原碑镶嵌在皋兰县文庙墙壁间，清同治变乱后，皋兰县文庙多被民居所侵占，将上碑用泥巴及白灰涂于墙内，外人多不知晓，2000 年冬为拓宽张掖路，剥落墙壁上的泥土后碑被人发现。

正气歌碑

清同治五年（1866 年）

【碑文】

天地有正气①，杂然赋流形②。下则为河岳，上则为日星③。
于人曰浩然④，沛乎塞苍冥⑤。皇路当清夷，含和吐明庭⑥。
时穷节乃见，一一垂丹青⑦。在齐太史简⑧，在晋董狐笔⑨。
在秦张良椎⑩，在汉苏武节⑪。为严将军头⑫，为嵇侍中血⑬。

为张睢阳齿⑭，为颜常山舌⑮。或为辽东帽⑯，清操厉冰雪。
或为出师表⑰，鬼神泣壮烈⑱。或为渡江楫⑲，慷慨吞胡羯⑳。
或为击贼笏㉑，逆竖头破裂㉒。是气所磅礴㉓，凛烈万古存。
当其贯日月，生死安足论。地维赖以立㉔，天柱赖以尊㉕。
三纲实系命㉖，道义为之根㉗。嗟予遘阳九㉘，隶也实不力。
楚囚缨其冠，传车送穷北。鼎镬甘如饴㉙，求之不可得。
阴房阗鬼火，春院闭天黑㉚。牛骥同一皂㉛，鸡栖凤凰食㉜。
一朝蒙雾露㉝，分作沟中瘠㉞。如此再寒暑，百沴自辟易。
哀哉沮洳场㉟，为我安乐国。岂有他缪巧㊱，阴阳不能贼。
顾此耿耿在，仰视浮云白㊲。悠悠我心悲，苍天曷有极㊳。
哲人日已远，典刑在夙昔㊴。风檐展书读，古道照颜色㊵。

【撰者】

文天祥（1236—1283 年），字履善，又字宋瑞，自号文山、浮休道
人。江西吉州庐陵（今属江西吉安）人。南宋政治家、文学家、爱国诗
人。宝祐四年（1256 年）状元，官至右丞相兼枢密使。坚持抗元，祥兴
元年（1278 年）兵败被张弘范俘虏，在狱中坚持斗争三年多。受俘期间，
元世祖以高官厚禄劝降，文天祥宁死不屈。至元十九年（1282 年）十二
月初九在柴市从容就义。撰有《过零丁洋》、《正气歌》，有《文山诗集》
存世。

【注释】

①正气：充塞在天地之间的至大、至刚之气。体现于人则为浩然的气
概、刚正的气节。《楚辞章句》："内惟省以端操兮，求正气之所由。"

②杂然：多种多样。赋：给予。流形：谓万物受自然的滋育而运动变
化的形体。

③下则、上则两句：常指气为构成万物的物质，气之轻清，上浮者为
天，气之重浊，下凝者为地。河岳：黄河和五岳的并称。孔颖达疏："言
高岳岱宗者，以巡守之礼必始于东方，故以岱宗言之，其实理兼四岳。"
后泛指山川。南朝齐谢朓《为宣成公拜章》："惟天为大，日星度其象；
谓地盖厚，河岳宣其气。"

④浩然：正大豪迈貌，浩然之气，即正大刚直之气。元张可久《金

字经》曲："浩然英雄气，塞乎天地间。"

⑤沛乎：充满的样子。塞苍冥：充塞于天地之间。苍冥：苍天。北周庾信《贺平邺都表》："然后命东后，诏苍冥。"

⑥皇路：国运。清夷：太平。含和：涵蕴着祥和的气象。吐：表露。明庭：指政事修明。唐杜牧《雪中书怀》诗："明庭开广敞，才俊受羁维。"

⑦时穷：危急关头。节乃见（见读现）：显现出忠节。丹青：指史籍。古代丹册纪勋，青史纪事。汉王充《论衡》："俗语不实，成为丹青；丹青之文，贤圣惑焉。"

⑧太史简：《左传·襄公二十五年》载："齐崔杼弑其君庄公。太史书曰：'崔杼弑其君。'崔子杀之。其弟嗣书，而死者二人。其弟又书，乃舍之。南史氏闻太史尽死，执简以往，闻既书矣，乃还。"后因以"太史简"为史官临难不苟，敢于秉笔直书的典实。

⑨董狐笔：指春秋时晋国史官董狐在史策上直书晋卿赵盾弑其君的事。后用以称直笔记事、无所忌讳的笔法为"董狐笔"。《左传·宣公二年》："乙丑，赵盾杀灵公於桃园。宣子未出山而复。太史书曰：'赵盾弑其君'，以示於朝。宣子曰：'不然。'对曰：'子为正卿，亡不越竟，反不讨贼，非子而谁？'……孔子曰：'董狐，古之良史也，书法不隐。'"唐杜甫《写怀》诗之二："祸首燧人氏，厉阶董狐笔。"清钱谦益《恭闻泰昌皇帝升遐涂次感泣赋挽词》之三："盈朝董狐笔，执简欲何施？"亦省作"董笔"。

⑩张良椎：指张良狙击秦始皇的铁锥。张良，汉高祖谋士，因功封留侯。秦始皇灭六国后，张良要替韩国复仇。当始皇东游时，张良募得力士，用120千斤重的铁锥，在博浪沙（今河南省原阳县南）的地方，伏击秦始皇，误中副车。事见《史记·留侯世家》。

⑪苏武节：指苏武出使匈奴时所持的符节。汉武帝天汉元年，苏武以中郎将使持节出使匈奴，单于留不遣，欲其降，武坚贞不屈，持汉节牧羊于北海畔十九年，始元六年得归，须发尽白。后以"苏武节"用作忠臣的典故。

⑫严将军头：严颜，三国时人。典故出自《三国志·蜀志·张飞传》："（张飞）至江州，破璋将巴郡太守严颜，生获颜。飞呵颜曰：'大

军至，何以不降而敢拒战？'颜答曰：'卿等无状，侵夺我州，我州但有断头将军，无有降将军也。'"后以"严将军头"作为坚强不屈、大义凛然精神的典型。

⑬嵇侍中血：典故出自《晋书·忠义传·嵇绍》："绍以天子蒙尘，承诏驰诣行在所。值王师败绩于荡阴，百官及侍卫莫不散溃，唯绍俨然端冕，以身捍卫，兵交御辇，飞箭雨集。绍遂被害于帝侧，血溅御服，天子深哀叹之。及事定，左右欲浣衣，帝曰：'此嵇侍中血，勿去。'"绍为嵇康之子，官至侍中。后因以"嵇侍中血"指忠臣之血，亦作"嵇绍血"。唐杜甫《伤春》诗之四："敢料安危体，犹多老大臣？岂无嵇绍血，霑洒属车尘？"

⑭张：张巡，唐朝人。睢阳齿：安禄山造反时，张巡和许远合兵守睢阳城（今河南省商丘县南），拒守安禄山部将尹子奇的进攻。城破被俘，尹子奇问张巡："闻公督战大呼，辄眦（眼眶）裂，血面，嚼齿皆碎，何至是？"张巡答："吾欲气吞逆贼顾力屈耳！"尹大怒，用刀刺进他的口中，英勇不屈而牺牲。

⑮颜：颜杲卿，唐朝人。常山舌：安禄山造反时，颜杲卿守常山（唐时郡名，河北省正定县一带，今属石家庄市），城陷被擒，被送至洛阳见安禄山，杲卿瞪着禄山，张口大骂。禄山钩断杲卿舌头，犹含糊而骂，至死方止。

⑯辽东帽：三国魏管宁学行皆高，避乱辽东"常著皂帽，布襦袴"，拒绝征聘，甘守清贫。典出《三国志·魏志·管宁传》。后以"辽东帽"指清高的节操。

⑰出师表：三国蜀国诸葛亮作，有前、后二表，均为作者出师伐魏前上呈蜀后主刘禅的奏表。前表陈说作者伐魏的意图，并向刘禅荐举贤臣，规劝他"亲贤臣，远小人"。后表一般认为是后人伪托之作，但"鞠躬尽瘁，死而后已"的名句出于此。

⑱鬼神泣：形容极为感动。诸葛亮《出师表》情真词切，激励人心。"臣鞠躬尽力，死而后已，至于成败利钝，非臣所能逆睹也"一句，对蜀主刘禅一片丹心，千古传颂。

⑲渡江楫：典故出自《晋书·祖逖传》："帝乃以逖为奋威将军、豫州刺史，给千人廪，布三千匹，不给铠仗，使自招募。仍将本流徙部曲百

余家渡江，中流击楫而誓曰：'祖逖不能清中原而复济者，有如大江。'辞色壮烈，众皆慨叹。"

⑳吞：气势压倒。胡羯：古代北方少数民族。旧史书称晋时匈奴、羯、鲜卑、氐、羌等五族为五胡。

㉑击贼笏：唐德宗时，京城兵乱，德宗逃离。朱泚欲称帝，召段秀实等商议。秀实以笏（官吏上朝时所持的手板）击打朱泚，大骂曰："狂贼！应碟万段，我岂从汝反耶？"因而被害。见《新唐书》卷一百五十三。后以"击贼笏"为称颂忠贞或正气凛然的典实。

㉒逆竖：叛乱的奸贼，指朱泚。

㉓是气句：意谓充满正气的人。

㉔地维：古人误以为地形是方的，有四边，边角叫地维。

㉕天柱：《神异经》："昆仑之山有铜柱焉，其高入天，所谓'天柱'也。"连上句意谓：天地靠正气支撑着。

㉖三纲：古时以君臣、父子、夫妇三种关系为三纲。

㉗道义：真理和道德。意谓，正气是伦理道德的根本。

㉘遭阳九：遇到灾荒年景和厄运。三国魏曹植《王仲宣诔》："会遭阳九，炎光中矇。世祖拨乱，爰建时雍。"《旧唐书·代宗纪》："而犹有李灵耀作梗，田承嗣负恩，命将出军，劳师弊赋者，盖阳九之未泰，岂君道之过欤！"

㉙鼎镬：古代的酷刑，用鼎镬烹人。《前汉书》卷四十三："郦生自匿监门，待主然后出，犹不免鼎镬。"饴：即糖浆。

㉚阴房：牢狱。阒：寂无人声。鬼火：鳞火。意谓监狱里闪着阴暗的鬼火。闶：关闭。春院句意谓：春光明媚，院门却关得紧紧。

㉛牛：喻平凡的人。骥：好马，喻杰出的人。皂：喂马或喂牛的饲槽。喻关在一起。

㉜鸡栖：鸡舍。食：供养。

㉝濛：遇到。雾露：喻气候不和。

㉞分：料想。沟中瘠：穷困而流落荒野之人，也指死于沟壑之人。

㉟沮洳：潮湿，低湿之地。《诗·魏风·汾沮洳》："彼汾沮洳，言采其莫。"孔颖达疏："沮洳，润泽之处。"

㊱缪巧：诈术与巧计。

㉟耿耿：光明。在：有版本写作"存"。顾此两句意谓：心地光明像白云一样纯洁。

㊳悠悠：忧郁的样子。

㊴曷：何。极：尽头。《诗经·鸨羽》："悠悠苍天，曷其有极！"意谓：日子还要过多久！

㊵哲人：指齐太史等十二人。日已远：时代久远。夙昔：泛指朝夕，昔时，往日。汉桓宽《盐铁论·箴石》："故言可述，行可则。此有司夙昔所愿睹也。"

㊶古道：古代学术，政治，道德，方法的通称。此处指优良道德。颜色：面容，《论语·泰伯》："正颜色，斯近信矣。"引申为行为、操守。

【释文】

《正气歌碑》立于同治五年（1866 年）。为左宗棠小篆书文天祥《正气歌》，原在甘肃兰州白塔山。后移置兰州金天现院内，诗碑已有不少字剥蚀，今仅存 136 字。碑宽 0.63 米，高 1.24 米。此碑为左宗棠于同治六年（1867 年）时任陕甘总督时在兰州所立。

左宗棠（1812—1885 年）字季高，晚清名臣、军事家、政治家。洋务派运动倡导人。于同治十一年（1872 年）为陕甘总督进驻兰州，光绪六年（1880

左宗棠小篆书文天祥正气歌诗碑（拓片）

年）奉诏回京，左宗棠镇守西北前后有十二年有余，他镇压了西北回族起义，同时发展文化、兴办工业、发展农业，为甘肃的经济发展做出了积极的贡献。

碧血碑

清同治六年（1867 年）

【碑文】

明崇祯末，流寇陷京师。其党西走陇石破兰垣，肃藩遇害，三妃同时殉节。迄今拂云楼下碑阴渍血犹新。

殉夫兼殉国[①]，生气懔然存[②]。

一代红颜节[③]，千秋碧血痕[④]。

乾坤留短碣，风雨泣贞魂[⑤]。

凭吊增悲感[⑥]，楼头白色昏。

同治丁卯　伊吾使者景廉题

【撰者】

景廉（1823—1885），字秋平，颜札氏，隶满洲黄旗，咸丰二年进士。由编修五迁至内阁学士。咸丰九年授伊犁参赞大臣。十年，景廉前往审讯前塔尔巴哈台参赞大臣英秀滥保异姓，台吉冒袭哈萨克汉案。十一年，景廉前往审讯阿克苏办事大臣绵性改征回赋、私设盐课案，叶尔羌参赞大臣英蕴苛敛擅杀案。同治元年（1862 年）四月，调叶尔羌参赞大臣。咸同间，历任伊犁、叶尔羌参赞大臣，哈密、安西、敦煌帮办大臣。同治十三年授钦差大臣、督办新疆军务。光绪时授工部尚书，调户部，再迁兵部尚书。

【注释】

①殉：为达到某种使命而牺牲生命。

②懔然：威严的样子。南朝宋刘义庆《世说新语·轻诋》："桓公懔然作色……四坐既骇，袁亦失色。"

③红颜：指女子。明王世贞《客谈庚戌事》诗："红颜宛转马蹄间，

玉筯双垂别汉关。"

④碧血：《庄子·外物》："苌弘死于蜀，藏其血，三年而化为碧。"后因以"碧血"称忠臣烈士所流的血，指为国牺牲的精神。

⑤贞魂：忠烈之魂。南朝沈约《奉和竟陵王过刘先生墓下作》："表间钦逸轨，轼墓礼贞魂。"

⑥凭吊：亦作"凭吊"。对着遗迹等悼念古人或感慨往事。清佟国器《酷相思·石头城怀古》词："百尺高台临鹤渚，凭吊悲今古。"

【释文】

《碧血碑》现存甘肃省博物馆。碑刻于同治六年（1867 年）。碑文共 14 行，满行 6 字。楷书。碑高 2.4 米，宽 0.61 米。

崇祯十六年（1643 年），李自成率领农民军攻破兰州，肃王朱识鋐的妃子颜氏、赵氏、顾氏以首触先王诗碑而死，世称《碧血碑》。同治元年四月，景廉到达兰州，五年八月由于"时甘凉道阻，六年冬募勇得千余人"景廉于 1867 年在兰州招募勇兵，登临兰州北城拂云楼，以"伊吾使者"的笔名留下墨迹。伊吾是哈密的汉唐古地名，"伊吾使者"当是取意于被朝廷任命的哈密帮办大臣。

和景廉登拂云楼韵诗

清同治丁卯（1867 年）

【碑文】

如胶气味久相投，览胜同登百尺楼。
入画山川供眼底，淡怀富贵等云浮。
新诗且喜添生趣，浊酒偏能洗别愁。
凭眺移时开悟境①，去来不碍道头头。
宦游十载历星霜②，谁是登场想下场！
沃野于今多战垒③，良谋自古重边防。
黄河九曲通佳气④，白塔千寻镇朔方⑤。
休息吾民何日事，奠安无策几彷徨⑥。

【撰者】

崇保（1815—1905 年），字俊峰，号学莲，满洲镶黄旗人，萨克达氏①。同治二年（1863 年）进士，同治三年（1864 年）署甘肃按察使，同治八年（1869 年）任甘肃布政使司。

【注释】

①凭眺：据高远望。唐张九龄《登乐游原春望书怀》诗："凭眺兹为美，离居方独愁。"

②宦游：旧谓外出求官或做官。唐韩愈《此日足可惜赠张籍》："我友二三子，宦游在西京。"宋曾慥《高斋漫录》："王相珪当国，有故人至政事堂，公问劳甚厚，其人宦游不遂，有憔悴可怜之色。"星霜：星晨霜露，谓艰难辛苦。

③战垒：战争中用以防守的堡垒。清查慎行《渡漳河》诗："天垂旷野名都壮，路入中原战垒多。"

④佳气：美好的云气，古代以为是吉祥、兴隆的象征，泛指美好的风光。明高启《登金陵雨花台望大江》诗："秦皇空此瘞黄金，佳气葱葱至今王。"

⑤朔方：北方。《蔡沈集传》："朔方，北荒之地。"《楚辞·刘向〈九叹·远游〉》："遡高风以低徊兮，览周流于朔方。"王逸注："周徧流行于北方也。"

⑥奠安：安定。元郑光祖《伊尹耕莘》第三折："望贤士运神机，施妙策，指顾三军，保乾坤奠安，解生民涂炭。"

【释文】

《和景廉登拂云楼韵诗碑》现存于甘肃省博物馆。行书，14 行，满行 8 字。拓片高 45 厘米，宽 80 厘米。碑前部有小字一行"同治丁卯（1867 年）夏日和景秋坪（即景廉）星使拂云楼韵"。此诗为任甘肃布政使司崇保所题。

明建文元年（1399 年），肃庄王朱瑛创建了肃王府，历代亦有修葺。清乾隆二十八年（1763 年）陕甘总督驻节肃王府，自南朝北有辕门、大门、仪门、大堂、二堂、三堂、内宅、后楼，组成大小十来个院落；后楼

---

① 　罗康泰：《甘肃人物辞典》，甘肃民族出版社 2006 年版，第 21 页。

北部为后花园，最北为北城墙，登楼可观黄河景观，因总督驻节，故称节园。嘉庆道光间，那彦成三任陕甘总督，多次修葺，俗称东花园。民国时为甘肃督军署、甘肃省政府后花园，民国十五年（1926 年），国民军一度改节园为中山东园，定期供市民游览。兰州解放后为中共甘肃省委驻地。1957 年，中共甘肃省委迁往水车园，中共兰州市委移入，此处正为北城墙和拂云楼旧址。节园北城墙上有拂云楼，"登斯楼，如履黄河水面乘天风，伸手可扣云彩，故名拂云楼"。

登拂云楼诗刻

清同治六年（1867 年）

【碑文】

草罢军书笔暂投，夕阳影里独登楼。

万家烟火凭阑见，四面云山入座浮。

羌笛吹残边塞曲[①]，大河淘尽古今愁。

不堪回首寻前梦，惆怅临风搔白头。

遥天如盖草如霜，极目平沙古战场[②]。

秦地山川余戍垒[③]，汉家笳鼓重秋防[④]。

龙城此日思飞将[⑤]，狼燧何年靖朔方[⑥]。

两载戎行惭借箸[⑦]，筹边无计倍傍徨[⑧]。

同治丁卯五月拂云楼戏赋七律一首　□林秋坪景廉

【撰者】

景廉，生平介绍同前。

【注释】

①羌笛：古代的管乐器。长二尺四寸，三孔或四孔。因出于羌中，故称羌笛。唐王之涣《凉州词》之一："羌笛何须怨杨柳，春风不度玉门关。"

②平沙：指广阔的沙原。唐张仲素《塞下曲》："朔雪飘飘开雁门，平沙历乱转蓬根。"

③戍垒：戍堡，边防驻军的营垒、城堡。清周亮工《初闻徙信寄白门罗星子等》诗："一带黄云迷戍堡，半生明月梦秦淮。"

④笳鼓：笳声与鼓声。借指军乐。《南史》卷五十五："时韵已尽，唯余竞病二字。景宗便操笔，斯须而成，其辞曰：'去时儿女悲，归来笳鼓竞。借问行路人，何如霍去病？'帝叹不已。"

⑤飞将："飞将军李广"的省称，泛称敏捷善战的将领。唐李涉《寄河阳从事杨潜》诗："吾友从军在河上，腰佩吴钩佐飞将。"

⑥狼燧：古代边防报警时烧狼粪而起的烽火。清孔尚任《桃花扇》："五侯阃外空狼燧，二水洲边自雀舫。"靖朔方：平定北方。

⑦借箸：箸，筷子。"借箸"指为人谋划。唐杜牧《河湟》诗："元载相公曾借箸，宪宗皇帝亦留神。"

⑧筹边：筹划边境的事务。宋刘过《八声甘州·送湖北招抚吴猎》词："共记玉堂对策，欲先明大义，次第筹边。"

【释文】

碑存于甘肃省博物馆。行草，共 13 行，行 5 至 9 字。碑高 44 厘米，宽 81 厘米。

首阳山伯夷叔齐墓碑石联

清光绪初（1875 年）后

【碑文】

百世之师
有商逸民，伯夷叔齐之墓。

高山仰止
满山白薇，味压珍馐鱼肉。
两堆黄土，光高日月星辰。

【释文】

《首阳山伯夷叔齐墓碑石联》现存于陇西首阳山。碑石为青石质地，上圆下方，高约 2 米；对联也为石质，长条形。据渭源县文化局出版的徐化民《莲峰山风土录》载，碑为陕甘总督左宗棠题撰，对联出自陇西书法家王霖。碑立于光绪初年。首阳山主峰巍峨高峻，状如慈母盘腿而坐，其下山湾即夷齐墓冢。墓地周围松柏苍翠，十分幽静。墓前有碑堂一座，正中镶砌碑石一通；碑堂左右侧帮镶嵌对联一副，横额嵌于上方，至今保存完好。

嵩武军修天山北路铭

清光绪二年（1876 年）

【碑阳】

　　天山三十又二般[①]，伐石母木树扶阑[②]。
　　谁其化险贻之安，嵩武上将唯桓桓[③]。
　　利有攸往万□欢，阁靖铭石字龙蟠[④]。
　　戒毋折损毋钻剜[⑤]，光绪二年六月刊。

【碑阴】

　　光绪二年岁在丙子，曜统嵩武军，屯伊吾，卢与古月支壤相错，中界天山。山之北石径险仄，自巅至麓凡三十有二层，车驼陟降稍涉大意，靡不颠踣。时湘阴相国恪靖伯左公督师新疆，驻节酒泉。寓书于曜，属派兵卒修整，以利行旅。四十日工竣，左公乃撰铭词勒石以垂不朽，并识缘起于碑末。钱塘张曜书。

【撰者】

　　左宗棠，生平介绍同前。

　　张曜（1832—1891 年），字亮臣、朗斋，顺天府大兴（今北京市）人，祖籍浙江上虞。早年从军，因退捻军有功，授固始知县。咸丰十一年（1861 年）授河南布政使，光绪十一年由广东陆路提督调任广西巡抚，光绪十二年调任山东巡抚，光绪十七年卒。

【注释】

　　①天山：唐时称伊州、西州以北一带山脉为天山。也称白山、折罗漫

山。伊州即今新疆哈密县；西州是今吐鲁番盆地一带。

②阑：同栏。

③嵩武：嵩武军是清军将领张曜的部署。1866 年河南巡抚李鹤年为镇压捻军，在当地增募两支军队，其中一支军队由总兵张曜统带，称嵩武军。桓桓：威武的样子。

④龙蟠：龙盘，如龙之盘卧状。形容雄壮绵延的样子，形容书法飞动而苍劲有力。

⑤戒毋折损毋钻剜：钻剜，打孔挖削。勿损害刮挖，意在保护此碑，不要恶意损坏。

【释文】

《嵩武军修天山北路铭》现存于兰州市博物馆，碑文共八行，行七字，共 56 字，碑宽 80 厘米，高 130 厘米，厚 20 厘米，陕西富平石质，镌刻七言诗一首，碑阳为篆书。碑阴为小楷，交代了嵩武军修建天山北路的缘起。碑原在兰州城关区武都路交警中队院内（清末以前为兰州一古寺庙遗址），1988 年运回兰州市博物馆保存。

18 世纪中叶，乌孜别克族的明格部建立了一个封建汗国，名为浩罕国，1865 年浩罕国派军入侵新疆。统帅阿古柏先后率军占领喀什噶尔、叶尔羌、和田、阿克苏、库车等地。于 1867 年成立“哲德沙尔”，意为“七城之国”。此时俄国又出兵侵占伊犁，在此情况下，1875 年，清政府命左宗棠为钦差大臣督办新疆军务，1876 年，左宗棠分三路进兵新疆。经过一年的激战，在新疆各族人民的支持下，于 1877 年击败了阿古柏，除俄国占领的伊犁外，新疆回到祖国怀抱。此碑正是左宗棠督军进驻新疆时，为纪念张曜嵩武军筑路竣工时所写。全诗赞扬了军中将士的威武士气，表达了将士们收复失地、不畏艰险的决心和信念。

张曜于 1861 年任河南布政使，1868 年率嵩武军转战直隶、山东，与西捻军作战。后随左宗棠在陕甘镇压回族起义。1876 年又随左出征新疆，平定阿古柏入侵。上述铭石是张曜率嵩武军在伊吾卢（今哈密）修平路径后，左宗棠撰铭勒石，张曜书丹。

临洮杨继盛墨迹碑

清光绪年间

【碑文】

赏心况有樽前客，
忍负春风寂寞还。

【释文】

临洮博物馆存《临洮杨继盛墨迹碑》为石碑对联，碑刻为清光绪狄道知州喻光容刻明代杨继盛诗句"赏心况有樽前客，忍负春风寂寞还"。

喻光容，字仙桥，号沩山，湖南宁乡县人。善诗书，曾任狄道州知州、平凉知府、宁灵厅同知，光绪七年任洮州同知。有《师石轩初稿》二卷存世，为清光绪五年（1879年）宁灵厅署刻本。

杨继盛（1516—1555年）字仲芳，号椒山，保定容城（属河北）人。嘉靖二十六年（1547年）进士。历南京兵部右侍郎，累擢刑部员外郎，因弹劾严嵩被杀，谥忠愍。著有《杨忠愍集》。此文是明代嘉靖年间，杨继盛任南京兵部右侍郎被贬为临洮典史后所写。明嘉靖三十年（1551年）杨继盛在任期间，为发展临洮的教育，捐建岳麓山超然台。在书院讲学时，他写有对联"铁肩提道义，辣手著文章"至今脍炙人口。《临洮县志》对杨继盛在狄道的功绩，不乏大力褒赞。清士人王星樵的诗句"都道狄道人文辣，可是先生著手功。"恰当地评价了杨继盛对临洮文化教育勃兴、人文蔚起的贡献。杨继盛遇害后，人们在岳麓山凤台超然书院旁边修建了"椒山祠"，在石桥街修建了"杨忠愍公祠"，他曾经住过的小街，也被命名为椒山街。

清孙星衍《平津馆鉴藏书画记》评曰："忠愍（杨继盛）书唐人绝句五十四首，七古一首……用章草兼飞白笔法作字，备飞动之致。"吴隐云："椒山公书法，有忠义之气贯乎其间。左光斗题语，惟公当之无愧，爰录于右，足称双绝。"清周成元《郁楼书话》曰："椒山书法淳古。"如现存其墨迹"爱读秦碑兼汉篆，好寻奇字到云亭"。此联椒山题跋自云是临中郎书法赠友人的，而句中"中郎"即指东汉著名书法家、文学家蔡邕，他曾官至左中郎将。杨继盛书法善篆隶，尤以隶书著称，结构严整，点画俯仰，变化自如，有《蔡中郎集》。由此可见，在当时杨继盛笔墨不凡，而书此联正好表达其被贬时的复杂心情，很有可能引用了文徵明诗句。

杨继盛墨迹

首阳怀古诗碑

清光绪三年（1877 年）

【碑文】

首阳怀古并序

光绪建元之岁，余统宗岳军，四月既望，观兵于巩昌属邑。陇西有山曰首阳，当渭川之中，列群峰之首，阳光先照，故名焉。相传即夷齐饿死之处，古冢巍然犹存，向建祠宇祀二子，毁于回乱。巴陵冯子高峰瞻仰故墟，怀思清德，捐赀重葺之。诒余请湘阴相国左公篆额撰碣，垂诸不朽。余登山谒墓，周览祠宇，嘉冯君之闻风兴起也，爰赋七古一章以志之。

捧檄①迢遥②戍陇疆，翩翩戎驷共腾骧③。

冼马④正喜临渭水，下马正宜拜首阳⑤。

首阳孤冢巍然在，二子千秋骨所藏⑥。

义全君父衷难白，求仁得仁名益彰。

采蕨采薇甘饿死⑦，劲节高风不可量。

登彼山兮人不见，苍苔漠漠白云凉。

烽火祠堂余瓦砾，林烟深处迹微茫。

好古冯生新创造，重复庙貌见馨香。

丹室华堂胜曩昔⑧，螭碑龟碣森在旁。

相国文章垂不朽，山川依旧起辉光。

嗟余凭吊来何晚，夕阳欲暮山色苍。

黄农虞夏既无有⑨，清德还同曲阜长⑩。

余尝览古，见北邙、雷首及孤山皆有夷齐墓之言，心窃疑焉。考北邙晋九原地，孤山即孤竹地，而雷首乃首阳山。揆诸当日时势，夷齐叩马之余，采薇西山，饿死于首阳之下，必藏魄于兹山无疑。吾因有感焉。

阿衡、伊尹以任开于前，微、箕、比干以仁挽于后，而夷齐浩气塞宇宙，大义凛河山，品清而忠者奋发乎百世之上，俾顽而懦者兴起乎百世之下焉，此何以故？大抵丈夫贵自立，初无今昔之殊也。今范绍儒将军节统宗岳军，道经斯土，即因向往而发为诗歌。余读其词，感慨淋漓于言表，殆古所云名儒而为名将者欤！因劝其镌诸珉石，以志不忘。爰跋数语，俾后有考古君子得览镜恋云。漳州谭麟敬跋并书。

【撰者】

范秉诚，湖南桂阳人，时为左宗棠部提督军门，宗岳军统领。

【注释】

①捧檄：即为母出仕的典故。见《后汉书》卷六十九："庐江毛义少节家贫，以孝行称，南阳人张奉慕其名往见之，坐定而府檄适至。以义守令，义奉檄而入，喜动颜色。奉者志尚士也，心贱之。自恨来固辞而去。及义母死，去官行服，数辟公府为县令。进退必以礼，后举贤良，公车征遂不至。张奉叹曰：'贤者固不可测，往日之喜乃为亲屈也。斯盖所谓家贫亲老不择官而仕者也。'"唐骆宾王《渡瓜步江》："捧檄辞幽径，鸣桹下贵洲。"

②迢遥：指遥远的样子。南朝宋颜延之《秋胡诗》："迢遥行人远，婉转年运徂。"

③驷：古代同驾一辆车的四匹马；或套着四匹马的车。腾骧：飞腾；奔腾。《六臣注文选》："负笋业而余怒，乃奋翅而腾骧。"薛综注："腾，超也；骧，驰也。"

④冼马：官名，本作"先马"。"冼马"即在马前驱驰，为太子的侍从官。

⑤首阳：山名。一称雷首山，相传为伯夷、叔齐采薇隐居处。《诗·唐风·采苓》："采苓采苓，首阳之巅。"

⑥孤冢：指伯夷、叔齐的墓冢，位于渭源县城东南27公里的莲峰镇首阳村。两个墓相依偎，大小相同，高约2米，周围全是苍松翠柏。周围山势巍峨高峻，蜿蜒东去，主峰像一位盘腿端坐的慈母，伯夷、叔齐的墓冢在山湾的正中，两个墓堆就像两座小山头，掩映在苍松翠柏之下，幽静肃穆。

⑦蕨与薇：均为山菜，每联用之以指代野蔬。《诗·小雅·四月》："山有蕨薇，隰有杞桋。"

⑧曩昔：往日，从前。晋向秀《思旧赋》："追思曩昔游宴之好，感音而叹，故作赋云。"

⑨黄农虞夏：黄帝、神农、虞舜、夏禹的合称。明夏完淳《大哀赋》："黄、农、虞、夏，邈哉尚友之乡；南北东西，渺矣容身之所。"余疚侬《题童子听琴图》诗："流水高山曲，黄、农、虞、夏心。"

⑩曲阜：在山东省中部偏南。周武王封弟周公旦于曲阜，为鲁国都。以城中有阜，委曲长七八里，故名。汉置鲁县，隋改今名。为孔子故里。有鲁国故城、孔庙、孔府、孔林等古迹。

【释文】

《首阳怀古诗碑》原存于渭源县莲峰镇首阳山，光绪三年宗岳军统领范秉诚撰文并书立，现被相关部门收藏。诗碑石质为墨玉石，质地细润温润，碑高50厘米，宽130厘米，篆刻，诗碑为长方体横卧碑。

首阳山现存伯夷、叔齐墓，内立石碑，有左宗棠篆书"百世之师"四字和"商逸民伯夷叔齐之墓"碑文。清圣祠正殿虎檐下有左宗棠撰写的《首阳山宜祀清圣辨》碑，已丢失。现存有左宗棠的部下提督军门范秉诚写的七言古风《首阳怀古并序诗》碑，立于清光绪三年（1877 年），碑石砌嵌在清圣祠左壁间，诗文内容赞颂了伯夷叔齐的高风亮节。

　　首阳山位于渭源县城东南 34 公里处，因九峰环峙、状如莲花又名"莲峰山"。因马鹿成群出没于山林间，故俗称"马鹿山"。在莲峰山五台的密林中，矗立着一通高大的石碑，即明朝万历四十七年（公元 1609 年）陇西进士杨恩撰立的《首阳山辨》。杨恩《首阳山辨》指出："陇西首阳山其名最古。自孔子称伯夷、叔齐饿于首阳之下，其名虽与五岳争高。"此文中杨恩认为陇西首阳山为最早"首阳山"之称，并列举了五条证据。

首阳怀古诗碑（拓片）

洮州四时词刻石

清光绪七年（1881 年）

【碑文】

春风寒恋砚水冻，毳幕日高抱清梦[1]。
草木涵元不吐芽，修士阶头拥书颂[2]。
辘轳转井汲水泉[3]，哑咽乌鸦绕屋烟。
岸柳含晴将绽绿，雪花犹自舞觞前。
夏日柔和生气发，纷纷耒耜随罗袜[4]。
杏脸桃腮满暗门，麦啄舒青晃石发[5]。
羊裘初卸犍犏肥[6]，的砾萤光点露衣[7]。
百谷扬花新酿熟，小歌盈道上田归。
秋气轻浮万峰绿，立履车驴镰索促。
原上黄云绕架飞，隙虫牛铎音相续[8]。
轧轧砲声城鼓嘈，清绝鹤唳霜天遥[9]。
辛苦渐休官税毕，余赢有贷制新袍。
冬天四望弥漫白，携榼堨来慰别隔[10]。
酡颜红透兽碳温[11]，万斛洮珠澌石脉[12]。
缫车线柱绩春寒[13]，双髻儿童门踘丸[14]。
击鼓送牛祈岁稔[15]，簪花齐出迓农官[16]。

【撰者】

俞光容，生平介绍同前。

【注释】

①毳幕：亦作“毳幙”。游牧民族居住的毡帐。《六臣注文选》卷四十一：“韦鞲毳幙，以御风雨。”李善注：“毳幙，毡帐也。”

②修士：指有道德修养的人或操行高洁的人。

③汲：从井里打水。

④耒耜：古代的一种翻土农具，形如木叉，上有曲柄，下面是犁头，用以松土，可看作犁的前身。罗袜：丝罗制的袜。汉张衡《南都赋》：“修袖缭绕而满庭，罗袜蹑蹀而容与。”

⑤石发：生于水边石上的苔藻。《初学记》卷二七引晋周处《风土记》：“石发，水苔也，青绿色，皆生于石也。”

⑥羊裘：羊皮做的衣服。汉严光少有高名，与刘秀同游学，后刘秀即帝位，光变名隐身，披羊裘钓泽中。见《后汉书》卷一百十三。后以

"羊裘"代指隐者或隐居生活。犏：犏牛，公黄牛和母牦牛交配所生的第一代牛，比牦牛驯顺，比黄牛力气大。

⑦的砾：同"的皪"，光亮、鲜明貌。唐李邕《崧台石室记》："有巨石皆似蹲兽之类，叠花仰空，的砾琼脂，色如截肪。"

⑧铎音：牛铃。亦指牛铃声。《晋书》卷三十九："初，勖于路逢赵贾人牛铎，识其声。及掌乐，音韵未调，乃曰：'得赵之牛铎则谐矣。'遂下郡国，悉送牛铎，果得谐者。"

⑨清绝：形容美妙至极。唐李山甫《山中览刘书记新诗》："记室新诗相寄我，蔼然清绝更无过。"见《御定全唐诗》卷六百四十三。

⑩榼：古代盛酒的器具，泛指盒子一类的器物。朅：离去；"富贵弗就，贫贱弗朅。"

⑪酡颜：饮酒脸红的样子。亦泛指脸红，也称"酡红"。

⑫万斛：极言容量之多。古代以十斗为一斛。

⑬缫车：缫丝所用的器具。《天工开物》详细记载了缫丝的过程："凡茧滚沸时，以竹签拨动水面，丝绪自见。提绪入手，引入竹针眼，先绕星丁头（以竹棍做成，如香筒样）然后由送丝竿勾挂，以登大关车。断绝之时，寻绪丢上，不必绕接。其丝排匀不堆积者，全在送丝竿与磨木之上。"

⑭踘：古同"鞠"，古代游戏用的一种皮球。

⑮岁稔：年成丰熟。唐白居易《泛渭赋》序："上乐时和岁稔，万物得其宜。"《旧五代史》："盖逢岁稔，共乐时康。"

⑯迓：迎接。农官：由政府设置的专职官员来督课农桑。先秦时，后稷为农官，属官有农师、农正等。战国时秦、赵两国的内史和韩国的少府，分别负责田地租税征收，以供官吏俸禄及政府日常开支；山川、关市之税，以给天子、宗室享用。秦代的农官，名为治粟内史。汉初因袭。景帝时更名大农令，武帝时为大司农，东汉沿用。

【释文】

《洮州四时词刻石》原存于甘南藏族自治州临潭县，现已不存，碑文出自张彦笃、包永昌等纂修，清光绪三十三年刊本《洮州厅志》。据同书卷十四《金石》："《四时词刻石》，在厅署右龙神祠右壁间，同知喻光容书丹。"又据同书卷十《职官·名宦》："喻光容，字仙桥，号沩山，湖南宁乡县人，性通脱旷达，自光绪七年任洮州同知。初谒文庙，见瓦砾满目，叹曰：《后汉书》有云：'学舍颓敝，鞠为园蔬。牧儿荛竖，至于薪刈其下。'今之谓乎？"遂捐廉俸，并城隍庙修葺之，教人重义节。尝篆《正气歌》于石，立诸明伦堂，每劝诸生诵习。晚年精于岐黄，好施药饵，躬自针灸，与黎庶抱疴者煦煦言笑如家人父子。尤善吟诗，善书，逼近郑板桥。片纸只字，争宝藏之。"

《四时词》抓住各季节的自然景物和人的情绪来描写春夏秋冬四季的词。诗句"百谷扬花新酿熟，小歌盈道上田归。"描写了当地农民口唱山歌（花儿）回家的情景，其中的"盈道"说明"花儿"在当时流行的盛况。

古槐诗刻二

清光绪九年（1883 年）

【碑文】

　　二堂院有古槐二株，千年上物也，屡经兵焚，枝叶犹盛，前人题咏多矣，予来守期郡，触目兴怀，因成鄙句以志感云。

　　堂前两槐树，老杆不知年。
　　阅历人今古①，荣枯世交迁。
　　风霜真骨立，剪伐自神全。
　　遥看凌霄柏，相参共一天②。

【撰者】

高士龙，襄阳人，时为庆阳知府。

【注释】

①阅历：犹履历，经历。指过去所亲身见过、听过或做过的事情；由经历得来的知识或经验。

②相参：相互参证。《墨子》卷十五："遣他候，奉资之如前候，反，相参审信，厚赐之。"

【释文】

《古槐诗刻》原存于庆阳旧府署二门壁，今已佚失。诗为庆阳知府襄阳高士龙于清光绪九年（1883 年）所题，行书。

卓尼何老军门重修河桥铭摩崖碑

清光绪丁酉（1897 年）

【碑文】

　　何老军门重修河桥铭①
　　鸟道崎岖②，糈挽甚苦③，
　　易为康庄④，坦平千古。

　　　　　　　　　　　　　　狄道西南乡众绅耆等
　　　　　　　　　　　　　　光绪丁酉年仲秋月立

【撰者】

何建威，（？—1897 年），字振斋，曾任河州总镇，肃州挂印总镇，曾投左宗棠麾下，击败阿古柏，为祖国疆土完整做出贡献。

【注释】

①何老军门：即何建威。

②鸟道：指陡峭狭窄的山间小路。

③糈：指饷粮，即军粮。挽：挽运，即运输。

④康庄：指四通八达的大道。

【释文】

《卓尼何老军门重修河桥铭摩崖碑》在甘南藏族自治州东南部卓尼县，为摩崖刻石。位于"利有攸往"碑的左侧，高 48 厘米，宽 80 厘米。碑文自右至左竖书，字径约六厘米见方。

何老军门重修河桥铭拓片

呈颂吾师希龄老人延命之术七言二偈语碑

清光绪丁酉（1897 年）

【碑文】

拄杖深藏已有年，终朝植接火中莲①。
童儿采药勤溶溉，老子烧丹守井田②。
静里拈针龙虎现，闲来执盉龟蛇旋。
师怜挈俺随鸾尾③，启瞆振聋悟太玄④。

结屋崆峒已有年⑤，黄云簇处断牵缠⑥。
闲来就把龙头缚，静里还将虎尾穿。
忘辱忘荣拴造化，即空即色了尘缘。
先生谅入希夷境⑦，挈我仙山乐太玄。

光绪丁酉中元日植生逸民题于崆峒大顶静轩下

【撰者】

植生逸民，生平不详。

【注释】

①火中莲：佛教语。语出《开元释教录·维摩诘经》："火中生莲华，是可谓稀有。在欲而行禅，稀有亦如是。"后因以"火生莲"比喻虽身处烦恼中而能解脱，达到清凉境界。唐白居易《新昌新居书事四十韵》："浮荣水划字，真谛火生莲。"亦作"火中莲"。唐罗虬《比红儿》诗之三五："常笑世人语虚诞，今朝自见火中莲。"

②井田：泛指田地。北齐颜之推《颜氏家训·归心》："岂令罄井田而起塔庙，穷编户以为僧尼也？"

③絜：带，领。鸾尾：鸾鸟之尾。借指锦鞋。唐温庭筠《锦鞋赋》："碧缯绷约，鸾尾凤头。鞋称'雅舞'，履号'远游'。"

④瞆：瞎子；眼昏花。太玄：深奥玄妙的道理。三国魏嵇康《赠兄秀才入军》之十五："俯仰自得，游心太玄。"

⑤结屋：构筑屋舍。

⑥黄云：祥瑞之气。《前汉书》卷二十五："天子使验问巫得鼎无奸诈，乃以礼祠，迎鼎至甘泉，从上行，荐之。至中山，晏温，有黄云焉。"

⑦希夷：《老子道德经·道经》："视之不见名曰夷，听之不闻名曰希。"河上公注："无色曰夷，无声曰希。"后因以"希夷"指虚寂玄妙。

【释文】

《呈颂吾师希龄老人延命之术七言二偈语碑》现存于平凉崆峒山。偈语是佛经中的唱词"偈陀"的省称。广为传颂的偈语有唐代高僧惠能大师的《无相偈》："菩提本无树，明镜亦非台。本来无一物，何处惹尘埃。"

现立于天水伏羲庙的偈语碑刻辞："伏羲八卦最精灵，六十甲子推正星。暗处亏心天地见，举头三尺有神明。"诗碑位于镶石碑廊，台北伏羲庙主持薛清泉撰并书。

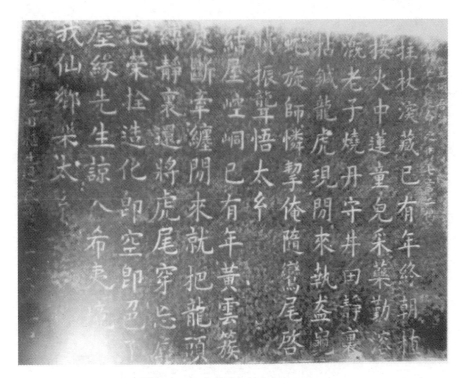

呈颂吾师希龄老人延命之术七言二偈语碑（拓片）

谒太昊官诗碑①

清（年代不详）

【碑文】

□辟洪荒际②，心参筵化源③。
□墙蟠地服④，遗像迫天□⑤。
古柏藏风雨，残碑历□□。
何□龙马云，此日□□□。

【撰者】

吴鸿，清代山东莱芜人，其他不详。

【注释】

①太昊宫：道观，在甘肃省天水市西关，俗称伏羲庙或人宗庙。

②洪荒：混沌蒙昧的状态。借指太古时代。

③筵：古时铺在地上供人坐的竹席。古人席地而坐，设席每每不止一层。紧靠地面的一层称筵，筵上面的称席，筵亦指席。

④蟠：屈曲，环绕，盘伏，蟠蜿。

⑤迨：等到，达到。

【释文】

《谒太昊宫诗碑》现存于天水市伏羲庙东碑廊，破残严重，刻有五言律诗一首。落款"莱芜吴鸿"，末署题刻时间。吴鸿疑为清代人，事迹记载不详。

谒太昊宫诗碑（原碑）

谒太昊宫诗碑（局部）

武都来凤楼诗碑

闻秋闱报捷志喜

叶守

重阳节过喜颜开，三十年中捷报来。

预卜边陬传盛事①，敢云狂简我亲裁②？

曾将桃李殷勤植③，才得堂阶索笑回④。

文运蒸蒸从此上⑤，凤楼声价漫疑猜。

中秋集来凤楼怀闱中诸生
陈焕奎
何当高处复登楼，谁道他乡结胜游？
十八年来如昨日，五千里外又中秋。
荻花枫叶参差出，麦陇棠阴次第收。
指顾得闻龙虎榜⑥，好传佳话遍退陬⑦。

来凤楼次韵怀闱中诸友
刘允升
读罢题名录，凭临最上头。
江天一色老，城郭万家秋。
此夜关山月，遥应忆旧游。
叶公留胜迹⑧，望捷每登楼。

九日再登来凤楼慨闱中诸兄弟失意
刘允升
今古一朝暮，人生自去留。
复携篱畔菊，重上叶公楼。
命竟文章妒，名非侥幸求。
贤书不可荐，辜负此间游。

【撰者】
叶守、陈焕奎、刘允升。
【注释】
①预卜：预先、预计、预测。宋朱熹《寿穴》诗："百年不可期，一壑当预卜。"边陬：边地。《新唐书》卷一百二十六："终之胡雏乱华，身播边陬，非曰天运，亦人事有致而然。"
②狂简：志向高远而处事疏阔。《论语·公冶长》："吾党之小子狂简，斐然成章，不知所以裁之。"朱熹集注："狂简，志大而略于事也。"

③桃李：《韩诗外传》卷七："夫春树桃李，夏得阴其下，秋得食其实。"后遂以"桃李"比喻栽培的后辈和所教的门生。唐刘禹锡《宣上人远寄和礼部王侍郎放榜后诗因而继和》："一日声名遍天下，满城桃李属春官。"

④堂阶：厅堂前的台阶。《宋书·乐志四》："茨草秽堂阶，扫截不得生。"

⑤文运：文学的气运，又指科举应试的运气。元袁桷《送马伯庸御史奉使河西》诗之三："情宁阐文运，览彼古帝都。"

⑥龙虎榜：唐贞元八年欧阳詹与韩愈、李绛等二十三人于陆贽榜联第，詹等皆俊杰，时称"龙虎榜"，见《新唐书》卷二百三。后来以会试中选为登龙虎榜。宋王禹偁《赠状元先辈孙仅》诗："粉壁乍悬龙虎榜，锦标终属鹡鸰原。"

⑦遐陬：边远一隅。《宋书·谢灵运传》："内匡寰表，外清遐陬。"宋陆游《会庆节贺表》："臣迹滞遐陬，心驰魏阙。"

⑧叶公：阶州知州叶恩沛。

【释文】

《武都来凤楼诗碑》位于武都城内州衙（今陇南市委旧家属院）后北城墙上，楼为砖木结构，高二层，雕梁画栋，楼顶镶嵌有镏金铜座一具。晴日楼顶金光闪烁，站在楼顶凭栏眺望，可俯览白龙江全景。

来凤楼由阶州知州叶恩沛于清光绪十二年（1886年）创建，为古阶州八景之一。传说光绪十二年（1886年）阶州学子邢澍会试得中，八十多年中阶州未出过进士，知州叶恩沛为培植地方文风、广出人才、镇压风水创建此楼。叶有一女，被选为皇妃，他将建楼此事陈述同治皇帝，同治皇帝降旨扩建，故名"来凤楼"。民国三十二年（1943年），县长吴淞涛曾修葺来凤楼，改其名为"明教楼"。之后风雨剥蚀，日渐倾圮。来凤楼在"文革"期间被拆毁。

来凤楼墙壁间原装有石碑三通，二竖一横。横碑为叶守所作《闻秋闱报捷志喜》七律一首，是邑人李西园先生所书行草；武陵人陈焕奎来阶州做官，题诗《中秋集来凤楼怀闱中诸生》；以上二诗《阶州直隶州续志》中有录文。另有举人刘允升《来凤楼五律二首》，其一为《来凤楼次韵怀闱中诸友》，其二为《九日再登来凤楼慨闱中诸兄弟失意》。

王化兰祁山武侯祠诗碑

清光绪二十四年（1898 年）夏

【碑文】

兰仓晓发①

检点琴书剩此身，兰仓晓发正逢春。

柳因露重先含别，鸟趁风翔欲送人。

几处桑田惊旧梦，等闲心事付征尘。

徘徊我愧无遗爱，但祝皇天雨泽匀②。

祁山晚眺

行行且住思无边，况值祁山日暮天，

驻马独来寻往迹，挥戈俦共话当年③。

三分未定祠空祀，万灶无踪草自烟，

从古伤心惟国耻，鞠躬谁更似侯贤④。

余解组兰仓，适值岁试，曾于终场，拟是二题，命诸士同赋，有王生文山制长句，颇近风人之旨，因用其韵，各赋一章。顷文山见过，遂录示之，以博一粲。工拙非所计也，湘乡王兆鼎书于天水旅邸。邑侯筠邻王老夫子，上书尤善诗，邑之人得其书者或多，而诗则鲜有见之者。化南素不解吟，以夫子命勉应七律二首，冀有以教之也。日者化南至州进谒，果出前诗见示，即乞书之长幅，归而摹诸石。时光绪戊戌夏日也。

门生王化南谨识

【注释】

①兰仓：北魏太平真君三年始置兰苍县，为汉阳郡治。西魏改郡为长道，改县称汉阳。隋开皇十八年废长道郡，改汉阳曰长道县。故城在今礼县城关镇附近。

②皇天：对天及天神的尊称。

③俦：同辈，伴侣。

④侯贤：诸葛亮。

【释文】

《王化南祁山武侯祠诗碑》高 158 厘米，宽 63 厘米，厚 23 厘米。从右至左为十行，行 17 字，瘦金体。立于甘肃陇南市礼县祁山武侯祠山门右侧。

王化南祁山武侯祠诗碑（拓片）

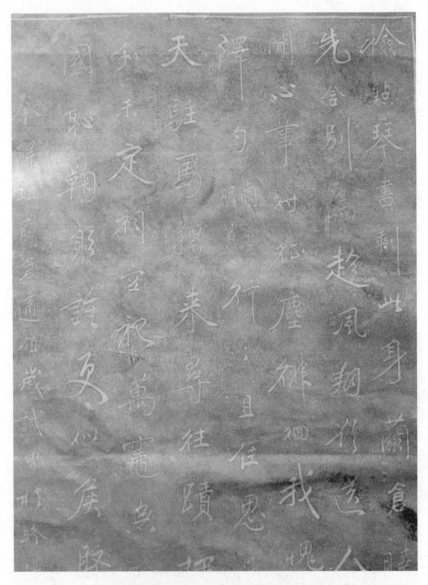

王化南祁山武侯祠诗碑（拓片局部）

王曜南书院题壁二首

清光绪后

【题壁】

阿阳书院题壁

路转门前水两池，西亭倒影镜中窥。

雨催花气香浮案①，风送榆钱乱入帷②。

厌听群鸠鸣古树，适来孤鹤占高枝。

春光满院趋庭好，学礼余闲更学诗。

柳湖书院题壁

亭台罗列暖泉清，山望崆峒远我情。

湖水暗流芳草动，柳林深锁画桥横。

多般白鸟风前语，两部青蛙雨后鸣。

另有一番真乐在，登堂好听读书声。

【撰者】

王曜南（生卒年不详），字有轩，号午天。甘肃静宁人，从小博览群书，光绪二十一年中进士。参与"公车上书"运动，后在四川任职。1920年春返回故里，被选为咨议局议员、甘肃省第一届议会议员。王曜南喜欢诗文，人称其诗"学古有获，平淡增趣"。著有《学古轩诗草》，现藏于甘肃省图书馆。

【注释】

①浮案：香气漂浮于案几和书桌。

②榆钱：榆荚。因其形似小铜钱，又称榆钱。唐施肩吾《戏咏榆荚》："风吹榆钱落如雨，绕林绕屋来不住。"

【释文】

阿阳书院：明宪宗成华十一年（1475年）知州祝祥在静宁州城隍庙西创建陇千书院，不久即废。清康熙五十五年（1716年），静宁知州黄廷钰复建陇千书院于州署东侧，即今静宁县委。院门向南，有"正谊堂"、"托素轩"、"洗心亭"等建筑。乾隆十一年（1746年），知州王焕捐资置学田，重修陇千书院。嘉庆元年（1796年）知州王赐均改陇千书院为"亦乐园书院"。他亲自教授，一时间士子云集，文风大变。至同治十一年（1872年）知州余泽春补修后，更名为阿阳书院。光绪三十一年改为静宁州高等小学堂。

柳湖书院：清乾隆二十九年知县王沄（1765 年）在平凉县城北柳湖开池建亭，月集诸生授课于饮水亭。乾隆三十四年（1770 年）平凉知府顾晴沙增建观海堂、深柳读书堂、响鹤山房、养正轩、上下学舍、时雨亭、青藜阁等，录取平凉府士子，始名百泉书院，改名高山学院，后定名柳湖书院。乾隆四十四年（1780 年）知府汪皋鹤重修书院，并募银千两以作瘰善资金。后经彭知府扩修，乾隆四十六年（1782 年）因沈知县挪用生息银，致使书院经费困难而停办六年。乾隆五十三年（1789 年）平凉知府秦蓉庄、知县龚海峰又增建柳湖书院，校门由北移向东，建石桥、牌坊、藏书楼、厅堂、学舍等，至此书院规模宏伟、科第连绵。嘉庆二年知府闫柱峰再次修葺，同治二年（1874 年）柳湖书院毁于兵燹。同治十二年（1904 年）左宗棠驻守平凉，命道员魏光寿修复柳湖书院。光绪三十一年改柳湖书院为陇东中学堂。

从两首诗的意境中可以感受到当年书院的环境和教书育人的盛景，更能感受到诗人当时闲逸的心情和对书院的喜爱。惜现两书院的校舍已荡然无存，但是从书院的创建、重修、扩补到内部管理、授课以及对士子的培养，书院的成功经验和教训也给后人留下了一份珍贵的遗产。

联瑜刻石

清朝晚期
【碑文】

两间正气
碧松影里天常静，红藕池边水亦香。

【撰者】
喻光容，介绍同前。
【释文】
刻石已不存。诗刻录自《洮州厅志》卷二十四《金石》。《洮州厅志》载："联瑜刻石，在厅署右龙神祠左壁间，同知喻光容墨迹。"

叶正蓁《登崆峒》诗碑

清（具体年代不详）

【碑文】

其一

拜道名山首自皇，从无复上白云乡。

摩崖片日光难下，挂壁疏藤老未荒。

玄鹤不供人近玩，青松宁解世苍茫①。

桥南剑□曾留迹，浪俯飞升寥廓翔②。

其二

纵有髯板莫逮臣③，只须肯作此山人。

为开蕊笈聊观化④，不羡桃源始避秦⑤。

未许渔樵来问世⑥，全凭草木以知春。

何时乞与金莲戴⑦，手种泾河一水滨⑧。

古谯叶正蓁题

【撰者】

叶正蓁，生平不详。

【注释】

①苍茫：广阔无边的样子。晋潘岳《哀永逝文》："视天日兮苍茫，面邑里兮萧散。"

②寥廓：辽阔的天空。《汉书》卷五十七《司马相如传下》："观者未睹指，听者未闻音，犹焦朋已翔乎寥廓，而罗者犹视乎薮泽，悲夫！"颜师古注："寥廓，天上宽广之处。"

③髯：两腮的胡子，泛指胡子。

④蕊笈：道书。笈：指书箱。观化：观察变化、造化，引申为死亡的婉辞。《庄子·至乐》："且吾与子观化而化及我，我又何恶焉！"

⑤桃源："桃花源"的省称。明张煌言《赠卢牧舟大司马》诗："并州正有来苏望，忍说桃源可避秦。"

⑥渔樵：指隐居者。南朝梁刘孝威《奉和六月壬午应令》："神心重丘壑，散步怀渔樵。"

⑦金莲：金饰莲花形灯炬。《新唐书》卷一百六十六《令狐绹传》："（绹）夜对禁中，烛尽，帝以乘舆、金莲华炬送还，院吏望见，以为天子来。"后用以形容天子对臣子的特殊礼遇。亦作"金莲花炬"。

⑧水滨：水边。《左传·僖公四年》："昭王之不复，君其问诸水滨。"

【释文】

叶正蓁《登崆峒诗碑》现存平凉崆峒山。此碑无年月题款，疑为清人所刻。

题金天观道院

清（具体年代不详）

【碑文】

> 子夕焚香前，柴扉尽掩关①。
> 钟声不易散，竟夜在松间②。

【撰者】

何征，清人，生平不详。

【注释】

①柴扉：木门，用树枝编成的门。

②竟夜：整夜；通宵。《南史·沈怀文传》卷三十四："孝武尝有事圆丘，未至期而雨晦，竟夜明旦、风霁云色甚美，帝升坛，悦怀文。"唐杜甫《昔游》诗："林昏罢幽磬，竟夜伏石阁。王乔下天坛，微月映皓鹤。"

【释文】

题金天观道院诗碑镶嵌在兰州金天观院内大殿西厢房北墙。诗碑为六行，行1到4字，碑宽0.7米，高0.38米，草书。

舟曲赵牧诗碑

清（具体事迹不详）

【碑文】

> 线道蜿蜒曲如钩，
> 裹毡邓艾上江油①。
> 峭峰四面摩青汉②，
> 长阜一□□□□。
> □□羌番□绝域，
> 弹丸雉堞围□瓯③。
> 奎光灿烂山城晓④，
> 头角峥嵘增壮猷⑤。
> 鞞山赵牧

【撰者】

赵牧，生平年代不详。

【注释】

①邓艾：三国时期魏国的大将。字士载，义阳棘阳（今河南新野东北）人，他曾建议司马懿屯田两淮，广开漕渠。后任镇西将军，与蜀将姜维相拒秦陇。公元263年魏军攻打蜀国，邓艾率领奇兵从阴平小道攻打蜀国，致使蜀国灭亡，他后来被诬告谋反被杀。

②青汉：天河，高空。

③雉堞：堞，女墙。城上短墙，泛指城墙。《六臣注文选》卷十一："是以板筑雉堞之殷，井干烽橹之勤。"李善注："郑玄《周礼》注曰：'雉，长三丈，高一丈。'"

④奎光：奎宿的光。旧说奎宿耀光为文运昌盛、开科取士的吉兆。我国古代传说中"魁星"立于鳌头之上，一只手捧斗，一只手执笔，一只脚向后翘起如大弯钩，如果被他的朱笔点中，就能妙笔生花，连中三元。"魁星"是主宰文运兴衰的神，被人们尊称为"文曲星"。古代士子中状元时称"大魁天下士"或"一举夺魁"，都是因为"魁星"主掌考运的

缘故。我国古代的书院学府中的楼阁、亭塔一类建筑常以"奎光"取名。如清康熙年间兴建于琼台书院的奎光阁，清光绪年间兴建于桂林府学、今桂林中学院内的奎光楼等。

⑤峥嵘：高峻、突出，不平凡，不寻常。壮猷：宏大的谋略。出自《诗经集传》卷五："方叔元老，克壮其犹。"朱熹注："犹，谋也；言方叔虽老，而谋则壮也。"

【释文】

《舟曲赵牧诗碑》今存于甘南藏族自治州舟曲县文化馆院中。碑为石灰岩质，高170厘米，宽75厘米，厚10厘米。碑额分为二行，自上而下竖刻有四个篆书大字，仅右侧"西固"二字可辨认，左侧字迹模糊不可识。碑文自右至左竖刻，共六行，行书，字径10厘米左右。磨损严重，许多字迹笔画都难以分辨。

据《三国志·魏志》卷二十八载："冬十月，艾自阴平道行无人之地七百余里，凿山通道，造作桥阁。山高谷深，至为艰险，又粮运将匮，频于危殆。艾以毡自裹，推转而下。将士皆攀木缘崖，鱼贯而进，先登至江油，蜀守将马邈降蜀。"与该诗碑中"线道蜿蜒曲如钩，裹毡邓艾上江油"可互证。

望柱铭刻

清代

【刻文】

　　□□□□□□，
　　郁郁佳城水环。

【释文】

该望柱现存于陇西师范学校花园，砂岩质地，通体完好，高1.2米左右，四棱体，正面左右角削为斜角，无柱头。铭刻六言对联的下联，隶书，推断为清代石刻。但仅存一柱。

望柱，也称栏杆柱，是栏板之间的短柱，常有石栏杆相衬托。古代祭祀的牌、碣、表、华表等也叫望柱。望柱分柱身和柱头两部分，柱身各面常有海棠花或龙纹装饰，柱头的装饰，花样繁多，常见的有龙纹、凤纹、云纹、狮子、莲花、葫芦等。清代之前的望柱一般都比较简单，如明孝陵的望柱只是一根顶部有环饰的石柱。清代石雕工艺进步，使得望柱的雕刻也越发精美。

曲氏石望柱

清代

【刻文】

渭水抱佳城，
陇山还寿藏。

【释文】

《曲氏石望柱》现存于陇西西城巷曲家大院，青麻石质，四棱体，共一对。柱顶浅刻莲花瓣。通高 1.5 米，柱头高一尺多。正面刻有五言对联，书体为隶书，品相完好。据说此望柱为曲闻韶家族遗物，经推断为清代石刻。

马氏望柱

民国年间

【刻文】

天光隐隐下临，
地德蒸蒸上载。

【释文】

《马氏望柱》现存于陇西东郊张家塄村，被砌作正房台阶，横卧于廊腰两端。共一对，花岗岩质，高约 1.5 米。柱身为四棱体，棱角被削成斜角；柱头略呈球形，表面雕饰花纹。两件望柱正面的铭刻文字，构成一副对联，上下联各有六字，楷书，字口深峻，笔画周全。从文意看疑为道家用语，此为陇西所见三对有铭刻的望柱之一。

据《陇西金石录》记载，该望柱原在陇西县城东街村和平社马家院落。马氏原籍武山，民国时，马氏族人曾任职县长，后定居陇西。新中国成立后，院子被没收充公，70 年代左右，政府将马家院财产分配给张家塄生产队。

九

民 国

鹅池诗刻

民国元年（1912 年）
【碑文】

古寺半岩悬，楼台跨涧边。
水潆白练曲[①]，山抱翠屏园。
老树迎风显，飞花带雨旋。
时携一壶酒，独醉落红前[②]。
柳绿偏依水，桃红不满山。
莫嫌春色老，且喜俗缘删[③]。
鸟语花香外，诗瓢酒碗间。
谁知边郡守，能共老僧闲。

【撰者】
觉罗善昌，满族人。1908 年任平凉知府。现存诗《往台北有感》五首、《无题》等，在崆峒山也有两处名为觉罗善昌的题刻。

【注释】
①白练：喻指像白绢一样的东西。唐庄南杰《雁门太守行》："胯下嘶风白练狞，腰间切玉青蛇活。"此处形容水如白绢一样盘曲萦绕。

②落红：落花。唐戴叔伦《相思曲》："落红乱逐东流水，一点芳心为君死。"

③俗缘：佛教以因缘解释人事，称尘世之事为俗缘。唐许浑《记梦》："尘心未尽俗缘在，十里下山空月明。"

【释文】

《鹅池诗刻》现存于甘肃庆阳鹅池亭前，为长方形石，字径一寸二分，隶书，题记为民国元年邑人杨立程书、善昌题。杨立程，字雪堂，庆城县庆城镇人，光绪戊申岁贡。著有《慵轩诗集》。其中有一首诗《过李空同碑》："残碑剥落署空同，仰见先贤古老风。绝代文章高七子，清流气概傲三公。疏陈阉宦擅权侯，棰击寿宁官道中。千里致书多弟子，才名远播大江东。"诗中有作者自注云："碑在庆阳十里铺坪，文曰李空同故里。由此诗注考证出庆阳十里铺为李梦阳故里，旧时有碑。

鹅池洞在庆城县城东南，洞下有一泓泉水与柔远河相通，洞内水能汲饮。昔日鹅池洞水波涟漪，四季不涸，洞外春和景明，杨柳成荫，为庆阳八景之一的"鹅池春水"所在地。

据《庆阳县志》记载：县治东南有鹅池，旁通东河。为唐末安化郡从事李克新所疏浚。宋庆历中，经略安抚使施昌言重修、明指挥使孟侃复浚。清宣统二年知府善昌重修。相传为周祖不窋养鹅处，实为筑城引水以防备灾年和兵荒。

鹅池洞存摩崖石刻七方，分别为宋仁宗庆历七年（1047 年）经略安抚使施昌言《再浚鹅池洞泉》石刻、宋神宗熙宁元年（1068 年）庆州知事王举元《鹅池记事》石刻、明武宗正德八年（1513 年）同知府事崔口等《同观鹅池记》石刻、明武宗正德九年（1514 年）兵备副使张澜《重浚鹅池》石刻、明世宗嘉靖五年（1526 年）江都进士萧海《鹅池铭并序》石刻、明世宗嘉靖十一年（1532 年）同知府事白镒《鹅池记事》石刻和嘉靖王荩《观鹅池诗》石刻。

鹅池谦集诗刻

民国四年（1915 年）

【碑文】

不见池上鹅，但见洞天敞。
鹅飞有时至，仙佛嗟何往①。
王乔双凫来②，秋月万山朗。

停琴□秋月，气挹西山爽。

节度老书生③，联语荷欣赏。

中盘遗尺素④，王事若鞅掌⑤。

桑梓触念深⑥，浩歌流逸响。

使我风尘吏，愈生霞外想。

日暮白云封，身世空悲仰。

行哉湘水阔，归志林泉养⑦。

　　建侯道尹铉于光绪甲辰出宰皋邑，得仰慕其文章气节，震耀一时，以出仕江左，心仪政声，不获识荆为恨。未数年，公解祖归，杜门不出，铉亦因公困踬，不与缙绅先生游。岁大饥，公总筹赈事，乃捐踵顶为桑梓助，始悉公之道之德，所由来也远矣。民国纪元，铉复由金调皋，当时鼎革，政治纷督，处士横议，公箝口结舌，不谈时事。躬耕北山，暇以诗酒自误，不履城市；乙卯，甘将军巡按使张公勋帛闻行谊，顾庐往聘，为使署顾问得就之，秋中奉委按陇，以轻刑惜民为宗旨。适铉戴罪环庆，公抗言伟论，有古祁奚直道风。犹记高平游崆峒寄诗有云："炉锤同一冶，根荄难诘究"。数语，其期次慷慨，固自有在。然知己之感，触念而来。今鹅池谦集上石诗成，爰得其所知一二于平昔者，谨附于后，俾后之人，读是诗，捋公遗事。毋徒以章句之末为颂，不知其人不可也。

　　民国乙卯楚沩赵希潜小陶书跋于北地郡三黜斋。

鹅池始何年，景物极清敞。

人云吾亦云，题此代吾往。

王乔首高唱，赵虾句疏朗。

索和幽千里，开读气先爽。

无事不成空，适意皆堪赏。

卧游亦解颐，梦游更抚掌⑧。

笼容书生寄，铃戛济南响。

斯地有未曾，奇幻结遐想。

颇闻保危城，万户生高仰⑨。

日暮白云封，中心胡养养⑩。

楚沩钟彤云筑甫

【撰者】

赵铉，字希潜，民国时任庆阳知事。

钟彤云，湖南人，其余记载不详。

【注释】

①仙佛：指道教与佛教。

②王乔：传说中的仙人。传说中的仙人，汉叶县令王乔。汉应劭《风俗通义》卷二："俗说孝明帝时，尚书郎河东王乔迁为叶令。乔有神术，每月朔望，帝诣台朝。帝怪其数而无车骑，密令太史候望，言其临至时，常有双凫从南飞来。因伏伺见凫，举罗，但得一双凫耳。使尚方识视，则四年中所赐尚书官属履也。"

③节度：犹节制，约束。《前汉书·循吏传·龚遂》："功曹以王生素嗜酒，亡节度，不可使。"

④中盘：盘中。尺素：指书信；书写用一尺长左右的白色生绢，借指小的画幅，短的书信。《周书·王褒传》："犹冀苍雁赪鲤，时传尺素；清风朗月，俱寄相思。"

⑤王事：王命差遣的公事。《诗·小雅·北山》："四牡彭彭，王事傍傍。"鞅掌：指职事纷扰烦忙。《诗·小雅·北山》："或栖迟偃仰，或王事鞅掌。"

⑥桑梓：古代常在家屋旁栽种桑树和梓树。又说家乡的桑树和梓树是父母种的，要对它表示敬意。后人用"桑梓"比喻故乡。

⑦林泉：指隐居之地。唐骆宾王《上兖州张司马启》："虽则放旷林泉，颇得闲居之趣。"

⑧解颐：指开怀欢笑，出自《前汉书·匡衡传》："无说《诗》，匡鼎来；匡语《诗》，解人颐。"抚掌：拍手。多表示高兴、得意。

⑨颇闻保危城，万户生高仰：指当时土匪攻克环县，后又包围庆阳，此时赖景韩力守城池，才免受此祸。

⑩养养：忧愁不安的样子。养，通"恙"。《诗·邶风·二子乘舟》："愿言思子，中心养养。"

【释文】

《鹅池谦集诗刻》原存于鹅池亭壁，共五石，每块高 33 厘米，宽 50 厘米，为行、隶正书。留有民国四年（1915 年）庆阳县知事宁乡赵铉，皋兰王树中，积石邓隆，湖南钟彤云等人的题咏。后被人损坏不见。

谒崆峒广成墓诗碑

民国十三年（1924 年）

【碑文】

谒崆峒广成墓

镇原慕寿祺

天地如不辟①，万世无文明。

神仙如不死，亦令世人惊。

渺矣广成子②，厥号曰大贞③。

高卧崆峒上，丹成归太清④。

道德无凋谢，生死奚重轻。

碑因岁久龟埋土，洞接天空鹤有声。

始知圣人贵安命，不以怪诞欺愚氓⑤。

世人所重在名利，皇皇凤夜苦经营⑥。

有时终南作捷径，天真丧尽务虚荣⑦。

七尺形骸终有尽，名利枉与南柯争⑧。

名成利就学神仙，未必神仙真长生。

秦皇汉武不解事，精神费尽索渺冥⑨。

请看自古求仙者，灵药何曾炼得成。

我欲闻天语⑩，缓步登皇城。

地接羊不烂，台想龟常灵。

五台攀跻兴未穷，峰向雷声高处行。

丹崖铁柱天门启，凭高一啸万山鸣。

岂知崆峒亦枯槁⑪，岂知桑海多变更⑫。

吁嗟仙人骨已朽，墓前古柏空峥嵘⑬。

轩后屈亲尊下问⑭，宫留千秋万岁名。

广成非有长生诀，但于大道得其精。

所以百神兼七圣⑮，往来此山驻云軿⑯。

长安白克彬勒石，大陵王乃固校字。

绍堂慕子，陇上诗人。世承家学，著述等身。崆峒旧游，广成松楸。声音展礼。白云上道，长啸高吟，御风而发。妙笔一枝，天花坠落。诗境何似，白也无敌。东阳松崖，追踪长揖。悠悠皇古，攘攘尘寰。九霄清籁，仙骨不凡。娄石书丹，镌石珉之。增光名山，驰誉大宅。伊也不才，濡毫凤好。缀言附声，爰留鸿爪。

民国十三年夏历甲子大陵王学伊谨跋。

【撰者】

慕寿祺（1874—1946 年）字少堂，甘肃省镇原县人。清光绪二十九年（1903 年）举人。民国初被选为甘肃省议会议长、补参议院议员、任参政院参政。曾任甘肃省民政署秘书长、省政府顾问等。著作有《甘宁青史略》《重修镇原县志》《周易简义》《十三经要略》等。

【注释】

①辟：开辟。

②广成子：传说中的仙人。晋葛洪《神仙传》卷一："广成子者，古之仙人也。居崆峒之山石室之中。黄帝闻而造焉。曰：'敢问至道之要？'广成子曰：'尔治天下，云不待簇而飞，草木不待黄而落，奚足以语至道哉。'黄帝退而闲居三月，复往见之。广成子方北首而卧，黄帝膝行而前再拜，请问治身之道。广成子蹶然而起曰：'至哉！子之问也，至道之精，窈窈冥冥；至道之极，昏昏默默，无视无听，抱神以静，形将自正，必静必清，无老无形，无摇而精，乃可长生。慎内闭外，多知为败。我守其一，以处其和，故千二百岁而形未尝衰。'"

③厥：代词，其。

④太清：天道，自然；三清之一。道教谓元始天尊所化法身，道德天尊所居之地，其境在玉清、上清之上，唯成仙方能进入此地，故泛指仙境。晋葛洪《抱朴子》卷二："止升四十里，名为太清，太清之中，其气甚刚，能胜人也。"

⑤愚氓：愚民；愚昧之人。清恽敬《文昌宫碑阴录》："本朝承平既久，上下以休养为福，愚氓积煽，遂盗兵戈。"

⑥皇皇：惶恐的样子，彷徨不安。皇，通"惶"。《礼记注疏》卷六："既葬，皇皇如有望而弗至。"《孟子·滕文公下》："孔子三月无君，则皇皇如也。"

⑦天真：比喻事物的本来面目。《庄子·杂篇》第三十一："礼者，世俗之所为也；真者，所以受于天也，自然不可易也。故圣人法天贵真，不拘于俗。"后以"天真"指不受礼俗拘束的品性。

⑧南柯：唐李公佐撰《南柯太守传》，讲述了淳于棼于梦于大槐树下做梦，梦见到槐安国娶了公主，被封为南柯太守，荣华富贵、显赫一时，后因率师出征战败，遭到槐安国王的疑忌被遣送而归。醒来后在大槐树下发现一处蚁穴，就是梦中的槐安国。南柯郡是大槐树南面树枝下的另一处蚁穴。后来用这个故事借指梦境，或比喻空幻。宋范成大有《题城山晚对轩壁》诗："一枕清风梦绿萝，人间随处是南柯。"

⑨渺冥：虚无缥缈，形容无凭据不可信。刘师培《文说》第二："推之班固《两京赋》、左思《三都赋》，言虽成理，事或渺冥。"

⑩天语：指天子的诏谕。唐李白《明堂赋》："听天语之察察，拟帝居之将将。"此处指上天的诏谕。

⑪枯槁：亦作"枯槀、枯干"。

⑫桑海："桑田沧海"的略语。晋葛洪《神仙传》卷三："麻姑自说接待以来，已见东海三为桑田，向到蓬莱，水又浅于往昔，会时略半也，岂将复还为陵陆乎？"后以"桑田沧海"喻世事的巨大变迁。元王进之《春日田园杂兴》诗："桑田沧海几兴亡，岁岁东风自扇扬。"

⑬峥嵘：卓越，不平凡。唐张说《唐故夏州都督太原王公神道碑》："卓荦文艺，峥嵘武节。"

⑭轩后：即黄帝轩辕氏。唐魏征《奉和正日临朝应诏》："百灵侍轩后，万国会涂山。"

⑮七圣：指传说中的黄帝、方明、昌寓、张若、谐朋、昆阍、滑稽七人。《庄子·杂篇》第二十四："黄帝将见大隗乎具茨之山，方明为御，昌寓骖乘，张若、谐朋前马，昆阍、滑稽后车，至于襄城之野，七圣皆迷，无所问涂。"北周庾信《至老子庙应诏》诗："路有三千别，途经七

圣迷。"

⑯云軿：指神仙所乘的车。南朝梁沈约诗《赤松涧》："神丹在兹化，云軿于此陟。"

谒崆峒广成墓碑（拓片）

【释文】

《谒崆峒广成墓诗碑》今存于平凉崆峒山，镶嵌于上天梯路的右崖壁间，为石灰岩质，高 85 厘米，宽 110 厘米。为民国十三年慕寿祺在甘肃任职期间游览崆峒山的题诗。平凉道员王学义作跋语泐石。

陶叔重独秀石题刻

民国二十九年（1940 年）

【碑文】

> 酽酽独秀石①，巉巉入云端②。
> 风雨来天外，与君共岁寒③。

【撰者】

陶钟，字叔重。青年时期因才学过人，擅长书画，受到冯玉祥的赏识，被任命为高参幕僚。中原大战之后，陶叔重携眷属返回故里，在祖宅上筑起一楼，名曰"五柳堂"，过起了隐居的生活。解放初期，他为漳县第一任文化馆馆长、甘肃省参议委员。1957 年春入狱，不久辞世。

【注释】

①酽酽：很浓；程度深。

②巉巉：形容山势险峻峭拔。这里指陡峭的山。

③岁寒：一年中的严寒时节；比喻事情的终极，或喻老年。胡三省注："岁寒，以喻世事终极处。"《文选·潘岳〈金谷集作诗〉》："春荣谁不慕，岁寒良独希。"李善注："春荣喻少，岁寒喻老也。"

【释文】

《陶叔重独秀石题刻》为民国二十九年陶叔重墨书题写五言绝句一首，是独秀石上保留比较完整的摩崖石刻之一。

在定西市漳县城西南 45 里处，有一个非常险要的关口，叫"鲈鱼关"。《重修漳县志》载："鲈鱼关，在城西南四十五里，俗名石关儿，即石门关。东维秦陇，西障番族，为陇南锁钥。"石门关是汉代西部著名的关隘之一，也是东通秦陇、西达洮岷的咽喉地带。自汉代开始，历代都有

朝廷军队把守，是兵家必争之地，因此留下了大量抒发征人情怀和描绘边
塞风光的摩崖石刻。

　　独秀石屹立在鲈鱼关的附近，它挺拔峻逸，兀立于漳河岸边，高出地
面约 12 米，形状略呈棱锥体，石灰岩质。在相距不远的甘川公路边与独
秀石相携而过的有凤凰崖，也是漳县风景秀丽、文人驻足最多的地方之
一，此处遗存下来大量摩崖题记。漳县境内的石门关、独秀石和凤凰崖三
处摩崖石刻组成了石门关摩崖石刻群。

独秀石题刻（摩崖）

王海帆翠屏石铭

民国三十一年（1942 年）

【刻文】

绿云一片割白天，

似雨非雨烟非烟，

锡名翠屏几案间。

壬午孟冬双鲤堂王海帆病中题

【撰者】

王永清（1888—1943 年），字海帆，号半船，陇西县种家巷人。自幼聪颖，勤奋好学，十二岁作《三国论》数千言，乡贤誉其为"有史馆才"。诗作有《枕上有念亡女淑》《重九登潜山祐德观览潜夫先生读书台故址》《感事》等。著作有《双鲤堂文稿》《双鲤堂联语抄》《梧桐百尺楼诗集》十二卷和《陇西县志稿》四卷。另编成地方文献《戊辰消夏录》《双鲤堂文集》及《兰山见闻录》，具有重要的史料价值。

【释文】

《王海帆翠屏石铭》现存于陇西县城王海帆后裔王柏年家中。翠屏石为著名诗人王海帆钟爱之物，翠石高 50 厘米，宽 33 厘米。石上刻有王海帆自撰铭辞一首。落款为"壬午孟冬双鲤堂王海帆病中题"，"壬午"为民国三十一年，即公元 1942 年，此文即据《双鲤堂文集》整理。路志霄、王干一著《陇右近代诗钞》称"海帆所为诗豪迈俊爽，在陇上诗界中未可多得。皋兰王建侯谓其诗如美人剑客，信不诬也。"对王海帆的诗歌做出了极高的评价。

清明谒杜工部祠诗碑

民国三十一年（1942 年）

【碑文】

其一

青青古柏覆荒祠，异代相悲动客思。

乱发白头公去久，衰时赤手我来迟①。

平生知己推严武②，结得幽邻有赞师。

橡栗苦愁千载下③，只今怕读七歌诗④。

其二

忧国怀君遗句在，先生心事满江湖。

当年穷谷身何苦，一代词宗德不孤⑤。

已著文章惊妙造，偶逢山水足清娱⑥。

草堂终古游人到⑦，广厦千间问有无⑧。

清明谒杜工部祠，祁阳陶自强

【撰者】

陶自强，湖南祁阳人，于民国二十九年（1940 年—　　），曾担任成县县长一职。在成县西狭、甸山等多处名胜古迹留有亲笔题刻。新中国成立后曾任祁阳县中学校长。

【注释】

①赤手：空手，徒手。宋苏轼《送范纯粹守庆州》诗："当年老使君，赤手降于菟。"

②严武（公元 726—765 年）《旧唐书》卷一百十七有传："严武，中书侍郎挺之子也。神气镥爽，敏于闻见。幼有成人之风，读书不究精义，涉猎而已。弱冠以门荫策名。陇右节度使哥舒翰奏充判官，迁侍御史。至德初，肃宗兴师靖难，大收才杰。武杖节赴行。宰相房琯以武名臣之子，素重之，及是首荐才略可称，累迁给事中。既收长安，以武为京兆少尹兼御史中丞，时年三十二。"严武虽为一介武夫，但能诗善文，与杜甫最为

友善。严武镇守剑南时，杜甫因躲避战乱前往依从；居成都期间，严武数度规劝杜甫出仕，杜甫因感其诚，入严武幕府任检校工部员外郎，故有"杜工部"之称。

③橡栗：栎树的果实。含淀粉，可食，味苦。也叫橡实、橡子、橡果。《庄子注·盗跖》："昼拾橡栗，暮栖木上，故命之曰有巢氏之民。"

④只今：如今；现在。唐李白《苏台览古》诗："只今惟有西江月，曾照吴王宫里人。"七歌诗：即杜甫《同谷七歌》。

⑤词宗：词章为众所宗仰的人；词坛泰斗。《艺文类聚》卷五二："殆至于网罗图籍，脂粉艺文，学侣揖其精微，词宗称其妙绝。"

⑥清娱：清雅欢娱。唐宋之问《洞庭湖》诗："永言洗氛浊，卒岁为清娱。"

⑦终古：往昔，自古以来；经常。《周礼注疏》卷三十九曰："轮已崇，则人不能登也。轮已庳，则于马终古登阤也。"郑玄注："齐人之言终古，犹言常也。"

⑧广厦：高大的房屋。

【释文】

《清明谒杜工部祠诗碑》现存于甘肃陇南市成县杜公祠内碑廊。碑高1.77米，宽0.9米，7行，字径约9厘米，行书。刊刻有评杜诗作两首，为时任成县县长陶自强作于民国三十一年。

《清明谒杜工部祠诗碑》第一首主要追怀思远，表达对杜甫困顿同谷的不忍及同情，第二首赞扬杜甫忧国怀君、心系国家时运，虽身处穷谷而心怀天下的高尚情愫。

1942年陶自强对杜公祠进行了再次修葺。翌年他所写的《成县杂忆》中翔实地记述了修葺的经过："清明日，余偕诸同事登堂展谒，祠宇年久失修，濒于倾圮。自清光绪时县令楚南李焌曾为修葺。数十年来无人过问，乃与县人士发起修复，咄嗟间得数千元，墙瓦启牖，焕然一新，又于祠外辟精室数楹，以备游客之居，虽不能与浣花之媲美，亦不失为历史上一名胜。"

清明谒杜工部祠诗碑（拓片）

清明谒杜工部祠诗碑（局部）

礼部光禄寺主事祁荫杰墓志

民国三十五年（1945 年）

【碑文】

绝徼阴风起①，幽陵白日寒。

死应化碧血②，生恐负黄冠③。

天意容支杵，臣心到盖棺。

酹醽同一醉④，未敢薄椒兰⑤。

【撰者】

祁荫杰（1881—1946 年），字少昂，又号漓云，清巩昌府（今陇西县）人。为清光绪甲辰科进士，官至礼部主事。1904 年参加历史上最后一次科考，祁荫杰等八人高中。祁荫杰以诗歌闻世，王烜谓其诗"深幽妙曼，貌瑰丽而情孤芳"。路志霄、王干一著《陇右近代诗钞》中评价祁荫杰诗："少昂诗哀感顽艳，集少陵、义山、长吉诸家之长，晚近陇上诗实无出其右者"。诗作有《感事五首》、《佣者叹》、《野行》、《烈士吟》、《癸丑九月灞陵道上醉饮寄京华亲友》等，后人据生前诗稿手迹整理出《漓云诗存》在台湾出版。

【注释】

①徼：边界。

②碧血：借指为国牺牲的精神。

③黄冠：古代指箬帽之类。蜡祭时戴之。《礼记·郊特牲》："黄衣黄冠而祭，息田夫也。野夫黄冠；黄冠，草服也。"郑玄注："言祭以息民，服像其时物之色，季秋而草木黄落。"

④酹醽：祭祀时把薄酒洒在地上。

⑤椒兰：均为芳香之物，所以并称。这里借指楚大夫子椒和楚怀王少弟司马子兰，见《楚辞·离骚》："览椒兰其若兹兮，又况揭车与江蓠。"

【释文】

《礼部光禄寺主事祁荫杰墓志》为"以诗代志"的典型墓志形式，在陇右发现的墓志中仅此一通。据光绪年修《陇西县志》记载，祁荫杰墓在陇西城东二十里铺；另据知情人介绍祁荫杰墓在文峰镇火车站前十字路口，毁于 20 世纪 50 年代城镇修建时。两种说法不确。

清朝灭亡后，祁荫杰携家从北京回到陇西，以诗文自娱，隐居不出，至 1946 年去世。在近三十年的隐居生涯中，他创作了大量的诗文。著名学者罗锦堂先生整理并出版了祁荫杰的诗稿，并评价其诗"直可以与唐人争席，不仅是陇上一地著名的诗人，即便放在全国诗人中也是闪亮的明星"。

贵清山刻石楹联

【刻文】

题贵清山雷霹石

列缺霹雳，邱峦崩摧。

洞天石扉，訇然中开①。

民国三十六年四月

（唐李白诗）邑人陶叔重题

题贵清山雷霹石（摩崖）

贵清峡口楹联

贵清峡口

飞瀑自天来，引诸君入胜。

雄风拔地起，为长峡传情。

神笔峰

贵清景色难描，神仙也插笔无言而去。
龙水烟云堪恋，我辈当挥毫畅咏以归。

西方胜境

峡气入胸怀，浩浩乎顶天立地。
松声萦耳际，清清矣绝俗忘尘。

贵清山门

马乐庸

在岸不须回头，正好收无边景色。
临崖应自稳足，慎莫忘万丈危情。

贵清山

汪概桧

贵清山水壮奇观，遥望一方奇气。
仙境地天交运泰，蔚为万代人文②。

云崖飞瀑

李希平

岩秀千峰碧，涧深一瀑悬。

贵清山三联

尹贤

古寺奇峰称秀，人间天上贵清。
百啭珍禽添谷韵③，千寻瀑布洗尘心。
观翠屏，叠嶂层峦，天高云淡。
听林海，松风涛韵，人定心清。

【撰者】

陶叔重，生平介绍见前。

马乐庸，漳县籍诗人。

汪概桧、李希平、尹贤，为漳县籍人士。

【注释】

①訇然：象声词，形容大声，或惊叫声。

②蔚：本义指草木茂盛，文采华美。引申为盛大的样子。

③百啭：指鸟鸣声婉转多姿。南朝梁刘孝绰《咏百舌》："孤鸣若无时，百啭似群吟。"

【释文】

《贵清山刻石楹联》位于定西漳县贵清山，其中《题贵清山雷霹石》为陶叔重选取了李白《梦游天姥吟留别》中的诗句而镌刻。《贵清峡口楹联七首》位于贵清山峡口，其中三首没有作者，剩余四首分别为甘肃籍诗人马乐庸和汪概桧、李希平、尹贤撰写。其中马乐庸存世诗有《咏洮砚》诗一首："九龙飞砚九龙飞，万里相迎港九归。去汲香江芳清水，好研朱墨写春晖。"

卓尼何世英饬炸峡石颂

中华民国三十七年（1948 年）

【碑文】

甘肃第九区行政督察专员何世英饬炸峡石颂①

经此峡石，横流障廷。
饬上凿炸，乃夷乃通。
孰藏厥事②，惟吾何公。
勒词山石，永垂厥声③。

临洮木业公会炸峡委员：高歧山、韦德如、黄俊三、费于瑾
中华民国三十七年六月吉日立

【注释】

①饬：整顿，使整齐。

②藏：完成，解决，把事情办完。厥事：厥，代词，其，这里指严重、重大的事。

③厥声：同上，指代其声名远播。

【释文】

《甘肃第九区行政督察专员何世英饬炸峡石颂》刊刻于甘肃省甘南藏族自治州卓尼县九巅峡，在《重修九巅峡石桥碑记》的左下方，为摩崖石刻，高56厘米，宽49厘米，书体为行书。九巅峡刻石多为记述修桥筑路的记事文，这块摩崖石刻也与凿炸峡石、兴修水运有关。摩崖诗碑以四言诗的形式，庄重地记载了甘肃第九区行政督查专员何世英协修水利、有利民生的功德伟绩，具有重要的史料价值。

南谷瀑布歌

民国末年

【碑文】

南谷灵秀天下钟①，翠屏千仞列晴空。

宛若奔流匹练坠②，乱沫飘洒急雨雾。

银丝条条垂万缕，喷雪团团落九重③。

最好朝晖升岭东④，飞泉激滟露华浓⑤。

日光映射霞彩曜，五色灿烂若蟛蜞⑥。

我来节序值初冬⑦，山林叶脱岭秀松。

酣坐石前不忍去，景况光怪陆离妙难穷⑧。

若非珠廉洞，疑是水晶宫⑨。

想有鲛人潜织绢⑩，抱来晒在悬崖中。

否则织女弄金梭，机丝千垂倒苍穹⑪。

不然或是龙战野，抑为贯日飞白虹⑫？

穷思此山灵异踪，大造神妙真化工⑬？

世人任教公输巧，讵能倒挽银河碧落通。

【撰者】

杨国桢，字栋臣，甘肃漳县盐井镇人，民国末年甘肃籍诗人。

【注释】

①南谷：指贵清山南谷瀑布。钟：集中，专一。钟灵毓秀，指美好的自然环境孕育出优秀的人才。

②匹练：白绢。常常用来形容奔驰的白马、光气、瀑布及云雾等。

③九重：九层、九道；泛指多层；或指天门、天。

④朝晖：早晨的阳光。

⑤激滟：水满貌。泛指盈溢。唐刘禹锡《唐故衡州刺史吕君集纪》："其色激滟于颜间，其声发而为文章。"

⑥蝃蝀：虹的别名。

⑦节序：节令，节气；节令的顺序。南朝梁江淹《谢仆射混游览》诗："凄凄节序高，寥寥心悟永。时菊耀严阿，云霞冠秋岭。"

⑧光怪陆离：斑斓错杂；离奇古怪，奇形怪状，五颜六色。

⑨水晶宫：以水晶装饰的宫殿；传说中的月宫。

⑩鲛人：神话传说中的人鱼；捕鱼者，渔夫。

⑪机丝：织机上的丝。

⑫白虹：日月周围的白色晕圈。《周礼注疏》卷二十五："七曰弥"，汉郑玄注："弥者，白虹弥天也。"

⑬化工：指自然的造化者；自然形成的工巧。汉贾谊《鵩鸟赋》："且夫天地为炉兮，造化为工。"

【释文】

《南谷瀑布歌》刊刻于今甘肃省定西市漳县贵清山崖壁，为民国末年甘肃漳县籍诗人杨国桢所写。杨国桢曾出资在漳县风景名胜镌刻自己诗词中的得意之作，这首《南谷瀑布歌》即为他诗词中文学价值较高的一首，书法艺术也达到了很高的水平。

南谷瀑布位于定西市漳县新寺镇高家沟村西侧，又名滴水崖，为漳县八景之一，也是甘肃省最壮观的瀑布之一。历代有很多吟咏南谷瀑布的诗作。

游南谷瀑布歌诗刻（摩崖）

参考书目

一 古籍文献

（汉）班固：《汉书》，文渊阁四库全书本。

（南朝宋）范晔：《后汉书》，文渊阁四库全书本。

（唐）欧阳询：《艺文类聚》，文渊阁四库全书本。

（唐）徐坚：《初学记》，文渊阁四库全书本。

（后晋）刘昫《旧唐书》，文渊阁四库全书本。

（宋）欧阳修《新唐书》，文渊阁四库全书本。

（宋）祝穆：《方舆胜览》，文渊阁四库全书本。

（宋）李昉：《太平广记》，文渊阁四库全书本。

（宋）孙光宪：《北梦琐言》，文渊阁四库全书本。

（宋）欧阳忞：《舆地广记》，文渊阁四库全书本。

（宋）郭茂倩：《乐府诗集》，文渊阁四库全书本。

（明）冯惟讷：《古诗纪》，文渊阁四库全书本。

（明）彭大翼：《山堂肆考》，文渊阁四库全书本。

（明）胡瓒宗纂修《秦安志》，明嘉靖十四年刊本。

（明）孟鹏年修、郭从道纂修《徽郡志》，明嘉靖四十二年抄本。

（明）张瀚：《松窗梦语》，上海古籍出版社1986年影印本。

（清）耿喻修、郭殿邦等纂修《金县志》，康熙二十六年抄本。

（清）赵世德纂修《秦州志》，康熙二十六年刻本。

（清）黄泳第纂修《成县新志》，乾隆六年刊本。

（清）王烜纂修《静宁州志》，乾隆十一年修民国重印本。

（清）张廷福纂修《泾州志》，乾隆十八年抄本。

（清）陶曾纂修《合水县志》，乾隆二十六年抄本。

（清）陶奕纂修《秦州直隶州新志续编》，乾隆二十六年抄本。

（清）呼延华国纂修《狄道州志》，乾隆二十八年修官报书局排印本。

（清）费廷珍纂修《直隶秦州新志》，乾隆二十九年刊本。

（清）邵陆纂修《庄浪县志》，乾隆三十四年抄本。

（清）周铣修、叶芝纂修《伏羌县志》，乾隆三十五年刊本。

（清）邱大英等纂修《西和县志》，乾隆三十九年抄本。

（清）朱超纂修《清水县志》，乾隆六十年抄本。

（清）张伯魁纂修《徽县志》，嘉庆十四年刊本。

（清）张伯魁纂修《崆峒山志》，嘉庆十四年刊本。

（清）徐敬等纂修《会宁县志》，道光一十年刊本。

（清）陈士桢修，徐鸿仪纂修《兰州府志》，道光十三年刊本。

（清）徐敬等纂修《两当县志》，道光二十年抄本。

（清）高蔚霞修，苟廷诚纂修《通渭县新志》，光绪十九年刊本。

（清）张彦笃修，包永昌等纂修《洮州厅志》，光绪三十三年抄本。

（清）王学伊等纂修《固原州志》，宣统元年刊本。

（清）仇兆鳌注：《杜诗详注》，中华书局 1979 年版。

（清）叶恩沛修、吕震南纂修《阶州直隶州续志》，兰州大学出版社 1987
　　年版。

（清）顾祖禹撰，贺次君、施和金点校：《读史方舆纪要》，中华书局
　　2005 年版。

（民国）陈鸿宾等纂修《渭源县志》，民国十五年抄本。

（民国）张明道等修、任瀛翰等纂修《崇信县志》，民国十五年重修手
　　抄本。

（民国）王存德修，高增贵纂：《临泽县志》，民国二十一年铅印本。

（民国）郑震谷等修、幸邦隆总纂修《华亭县志》，民国二十二年石印本。

（民国）焦国理总纂，贾秉机总编《重修镇远县志》，民国二十四年铅
　　印本。

（民国）杨渠统等修，王朝俊等纂修《重修灵台县志》，民国二十四年铅
　　印本。

（民国）桑丹桂修、陈国栋纂修《德隆县志》，民国二十四年石印本。

（民国）王士敏修、吕钟祥纂修《新纂康县县志》，民国二十五年石印本。

（民国）马福祥等主修、王之臣等纂修《民勤县志》，民国手抄本。

（民国）周树清等纂修《永登县志》，民国手抄本。

（民国）张维：《陇右金石录》，《中国西北文献丛书》第七辑，甘肃兰州
　　1990 年版。

《御定全唐诗》文渊阁四库全书本。

《山西通志》文渊阁四库全书本。

《集千家注杜工部诗集》文渊阁四库全书本。

　　二　近人、今人著作

徐仁甫：《杜诗注解商榷》，中华书局 1979 年版。

谭其骧：《中国历史地图集》，中国地图出版社 1982 年版。

庆阳县志编撰委员会：《庆阳金石记》，1985 年。

甘南州志办公室：《临潭县志稿》，1988 年。

路志霄、王干一：《陇右近代诗钞》，兰州大学出版社 1988 年版。

徐化民：《莲峰山风土录》，渭源县文化局，1993 年。

徐娟：《平津馆鉴藏书画记》，中国大百科全书出版社 1997 年版。

范三畏：《旷古逸史》，甘肃教育出版社 1999 年版。

张思温：《张思温文集》，甘肃民族出版社 1999 年版。

郭友实：《炳灵寺史话》，甘肃文化出版社 2008 年版。

张俊立：《临潭金石文钞》，甘肃文化出版社 2011 年版。

刘燕翔：《杜甫秦州诗别解》，甘肃教育出版社 2012 年版。

孙映逵：《唐才子传校注》，中国社会科学出版社 2013 年版。

兰州文史资料选辑：《兰州古今碑刻》，《兰州文史资料》第 21 辑。

后　记

我对陇右地域文献的涉猎，始于我的导师王晶波先生。她对《胡缵宗集》的校点及《二酉堂丛书史地六种》等陇右地方著作的整理和研究，使我对地方文献产生了强烈的兴趣。到天水师院工作后，这里以陇右文化研究中心为依托，为地域文化的研究搭建了广阔的平台。汇集了一大批以地域文化研究为方向的学者，凝练了以杜甫陇右诗、陇右方言民俗、陇右历史地理等多个方向的研究课题，形成了良好的科学研究的氛围。

虽然之前我也曾接触到地域文献的研究领域，对地域文献研究的思路和方法有基本的认识，但由于个人学养的桎梏，很难在浩繁的文献研究领域，找到适合自己而尚未被学界深挖开垦的方向。通过对地域文化了解的深入，使我从全新的视角看到了陇右丰富的地缘文化特征和价值。通过整理陇右作家作品文献，我涉猎了大量有关陇右文学、文献的背景资料。对陇右文化有了深入的看法和理解。我认识到陇右金石文献是陇右文化中的重要组成部分。金石文化所蕴含的丰富的地域文化价值，值得我们投入大量的精力和时间进行研究。

《陇右诗碑辑释》这本书围绕陇右地域的界定，以古籍和民间习称的今甘肃省黄河以东、青海省青海湖以东至陇山的地区，习称"小陇右"，以雍际春《陇右文化概论》中的界定为依据，逐次对该市州的金石遗存情况，进行详细的摸底和调查。对于有碑有文和有碑无文的情况，通过田野考查，访寻石碑，对其上的文字进行誊录、考释，参校方志及其他地方文献资料；对于无碑有文或仅有著录的情况，则通过各类文献资料，进行还原，并对存佚的确切情况给出释文。通过以上几种方式，整理出了200余通诗歌文献，逐篇对其进行了注释、释文，就诗歌中存在的有关问题进行了进一步考证。通过以上工作，强化了我对陇右文化的认识。由于地缘、经济等原因，这些丰富的地域文化并未得到重视，其价值也并未为学界所公认。书稿的出版，以期能填补陇右金石文献研究的一些空白。

　　从 2010 年至今，已经过去了近五年的时间，除了日常的高校工作之外，我将主要精力放在陇右金石文献的整理和研究上，先后发表论文多篇，并于 2013 年获得国家社科基金项目的资助。这部书稿出版之际，我非常感谢引我进入学术之门的王晶波教授及在学术道路上给予我指导的各位师友，你们的指导和帮助我将终身铭记。还要感谢在我研究和写作的过程中给予我帮助的陇右文化研究中心的各位同仁，他们的学术思想、方法及对我研究思路的拓展，产生了重要的影响。

　　同时也要感激我的家人对我工作的鼎力支持和关心帮助。无论在田野考查，还是书稿的编辑校对中，都给予我最大的支持，成为我前进中的动力。

　　最后，特别感激中国社科出版社的编辑同志。编辑、审阅这部含有大量生僻字、异体字的书稿，需要花费比其他书稿更多的精力和时间，感谢他们的认真和负责，为书稿改正了诸多错误，他们的敬业精神实在令人感动。

邵　郁

2015 年 3 月 7 日于天水